Denkwürdigkeiten
und Geständnisse des Scharfrichters
zu London

John Ketch

Denkwürdigkeiten und Geständnisse des Scharfrichters zu

London

Nach dessen Diktaten niedergeschrieben von dem Wundarzte des Newgate zu London

Verlag Das Neue Berlin

Herausgegeben und nach einer alten Übersetzung
von Ferdinand Freiherr von Biedenfeld (Weimar 1840)
bearbeitet von Hans Joachim und Irene Kruse

ISBN 3-360-00072-2

Einleitung

Ein Besuch bei dem Henker von London.

In England besteht ein nach seiner Quelle sehr ehrenwertes, aber der Wissenschaft sehr schädliches Vorurteil: die bis auf das Äußerste getriebene Achtung für die Toten. Hieraus entspringt natürlich die große Schwierigkeit, sich zu anatomischen Studien und Versuchen Leichname zu verschaffen.

Mein Vater, ein gleichermaßen ausgezeichneter Professor der Klinik und Anatomiker an der Universität, hatte zur Vermeidung aller Unterbrechung seiner anatomischen Studien die Vorsicht geübt, mit dem Scharfrichter von London in freundlichen Verkehr sich zu setzen. Bald zwangen mich meine eigenen Studien, bei John Ketch um die meinem Vater bewiesene Gefälligkeit auch für mich selbst zu bitten. Indessen hielt mich anfänglich ein geheimer Widerwillen von jedem persönlichen Besuch in der Wohnung dieses berühmten und traurigen Staatsbeamten ab, den ich mehr als einmal im Sektionssaal gesehen hatte.

Die Anwesenheit eines Scharfrichters flößt den meisten Menschen einen unwillkürlichen Schauder ein. Lange Zeit teilte auch ich diesen allgemeinen Schauder, ein an sich in der Tat grundloses, aber doch sehr verzeihliches Vorurteil. Diese Person ist eigentlich nichts mehr, sobald sie sich von ihrem öffentlichen Schauplatz zurückgezogen hat, aber furchtbar, gräßlich auf ihrer Schaubühne, unter dem Galgen. Zu Haus, bei seiner Frau, inmitten seiner Familie, ist der Scharfrichter ein Gatte und Vater geradeso wie jeder andere.

Eines Tages hatte ich den athletischen Bau eines Banditen bemerkt, der hingerichtet werden sollte; ich überwand daher meinen innersten Widerwillen und Ekel, entschloß mich zu den unumgänglichen Schritten, um diesen Leichnam für meinen

Sektionstisch zu erhalten, und nahm daher all meinen Mut zusammen, machte Herrn Ketch einen Besuch.

Es war an einem finstern Novembertag gegen zwei Uhr nachmittags. Ketch hatte an diesem Tag eine schwere Arbeit zu Bailey gehabt, bei mehreren Hinrichtungen fungieren müssen. Ich pochte hastig an seine Türe, aber niemand antwortete. Ich klopfte abermals, und jetzt öffnete mir eine kleine Frau mit weinrotem Gesicht und ziemlich schlechter Laune.

Ich fand Ketch, wie er, gerade vom Tisch aufgestanden, sein Mittagspfeifchen rauchte. Man denke sich einen gedrungenen, kräftigen Mann mit krausem, weißem Haar, sehr sinnreichem Gesicht. Zwei Büschel grauen Backenbartes bedeckten seine Wangen, deren Purpurfarbe eine lebhafte Neigung zu Gin und Rum beurkundeten; aus seinen durch lange Wimpern umschatteten Augen blitzte ein lebhafter Blick, woraus ein gewisser Stolz hervorleuchtete, eine gewisse Zufriedenheit mit sich selbst, welche uns sogleich den Mann zeigte, wie er war: voll Gefühl der Wichtigkeit seines Amtsgewerbes.

So war John Ketch. In seiner Kleidung herrschte etwas Gesuchtes und Anspruchsvolles. Man sah darin allerdings den John Bull, aber den John Bull im Sonntagsstaat, mit einer großen, goldenen Kette an der Seite und mit einer weißen Halsbinde, deren Zipfel mit Koketterie über die Brust hinabflossen.

Was dagegen die Erziehung betrifft, so ließ die von John Ketch viel zu wünschen übrig; jedoch war er keineswegs unbelesen und hatte vielleicht, nach seiner Weise, mehr Kenntnisse von der Welt als ihr, meine Leser, und ich selbst. Er erzählte viele Anekdoten, war sehr mitteilend gegen alle, welche seinen Erinnerungen aus der Welt und seinen Abenteuern Teilnahme zu schenken schienen. So geschah es denn, daß ich trotz aller meiner Vorurteile schon bei meinem zweiten Besuch vollkommen davon überzeugt war, daß dieser Mann nicht mehr und nicht weniger wert sei als der große Haufe, die Mehrzahl der Menschen es ist; und diese Überzeugung bewog mich, immer dringender um eine schriftliche Niederlegung aller Verhältnisse und Begebenheiten seines Lebens ihn anzugehen.

Als ich seine Bekanntschaft machte, hatte er sein Amt schon mehrere Jahre hindurch verwaltet und war sehr stolz auf seine Würde. Alle seine Ansichten waren dem Galgen außerordentlich günstig, er hielt diesen geradezu für die einzige Panazee* gegen Diebstahl und Aufruhr und war sehr geneigt zu dem Glauben, daß man den Strick als bestes Mittel gegen alle Zerwürfnisse der politischen Parteien sehr erfolgreich anwenden könne. In dieser Epoche seines Lebens zeigte er sich sehr eitel, sehr vollständig und konsequent in seinen Ansichten und als ein eifriger Verfolger und Ausrotter des Verbrechens. Von Natur oder durch Erziehung und Umgebung Fatalist, hatte er sich in den Kopf gesetzt, Gott habe ihm dieses Amt lediglich übertragen, damit er an dem großen Werk der Umgestaltung des menschlichen Geschlechts und der radikalen Heilung aller Laster mitarbeiten sollte.

Um hiernach seiner Eitelkeit zu schmeicheln, sagte ich ihm öfters, daß kein Mensch unsrer Zeit in der von ihm gewählten Laufbahn einer so beständigen Protektion und eines so eklatanten Erfolgs sich zu erfreuen habe.

Dann rief er gewöhnlich: »Ja! Eure Polizeiagenten, eure Justizbeamten, eure Advokaten, eure Räte, eure Richter, eure Gesetzgeber, der König selbst – sagt, was tun sie? Nichts anderes, als für mich arbeiten, für mich, den Vollstrecker, der dem Gesetz erst die Krone aufsetzt, es gleichsam vollendet!«

Entschuldigen wir seine Schwächen. Eine plötzliche Erhebung macht oft die Leute im Kopf etwas verwirrt, oft gar lächerlich. Ketch hatte in steter Furcht vor seinem Vorgänger gelebt; jetzt lebte alle Welt in steter Furcht vor Ketch. Man darf sich daher über seinen Hochmut nicht allzusehr verwundern. Überdies lebte er in schwierigen Zeiten, in Tagen großer nationaler Unsicherheiten, in einer Epoche, wo man die Kirche und den Staat in Gefahr glaubte. Die englische Bank war auf dem Punkt, zusammenzustürzen, und zwar zufolge der Manöver einiger Gauner, welche den solidesten Materialien wahren Staub unter-

* Panazee, die – Wunder-, Allheilmittel (lat.)

schoben. Ketch intervenierte mit seiner furchtbaren Maschine. Er richtete damit eine solche Metzelei an, daß, hätte sich nicht die öffentliche Stimme bald dagegen sehr laut aufgelehnt, die Regierung niemanden mehr als sich selbst zu regieren gehabt haben würde. Indessen wurde dadurch die Bank gerettet.

Als ich einmal mit ihm darüber stritt, was ich einen Mißbrauch mit dem Galgen nannte, so erzählte er mir, man habe ihn vor einigen Tagen nach der Downing Street berufen und mit ihm ein sehr langes Examen über die Möglichkeit einer größern Anzahl von Hinrichtungen angestellt. Vorzüglich habe man ihn befragt, wie viele Delinquenten man an einem Tag hinrichten könne, falls das Interesse des Landes noch strengere Maßregeln erfordern sollte.

Unser Held hatte einen ziemlich starken Kopf; allein er war eigensinnig sogar, wenn er seine Ansichten änderte, und dies geschah ihm häufig, wie allen Leuten ohne eigentliche Erziehung. Seine politischen Ansichten, seine Religion, sogar seine Lebensweise in Essen und Trinken wechselten von einem Jahr zum andern: Oft nährte er sich geraume Zeit nur von Fleisch, oft wieder lediglich mit Vegetabilien. Und je älter er in seinem Amt wurde, desto eigensinniger, hartköpfiger und eingenommener zeigte er sich in allem; er überließ sich dem Methodismus und wurde völlig unerträglich.

Die ersten Symptome von Reue, Unruhe und Gewissensbissen über die Verwaltung eines solchen Henkeramtes äußerte er bei der Hinrichtung eines jungen Mannes, der einigen Widerstand vor der Schlußzeremonie leistete.

Dies war das erstemal, daß dergleichen unserm Ketch widerfuhr, daher dachte er auch sehr ernst darüber nach. Vor dem Ende desselben Tages hatte er noch den Beweis erlangt, daß der unglückliche junge Mann verrückt gewesen und statt auf das Schafott, den Ärzten hätte übergeben werden sollen. Von diesem Gedanken schwer betroffen, fand er keine Ruhe mehr, bevor er nicht noch andre Tatsachen zur Unterstützung seiner Ansicht gefunden hatte, und zum Unglück für die Ruhe seines Gewissens bestätigten ihn alle Nachforschungen bei seinen

Zweifeln. Er entdeckte tausend Beweise für den Wahnsinn des jungen Mannes. Eine Frau, bei welcher derselbe in der Lehre gewesen, sagte ihm geradezu, daß sie, falls man sie vor das Gericht berufen, den Wahnsinn des Verurteilten vollkommen erwiesen haben würde. Auf dieses Zeugnis sich stützend, eilt Ketch zu dem Gouverneur von Newgate und sagt dort: »Mein Herr Gouverneur, seit beinahe vierzig Jahren verwalte ich mein Amt, und alle Welt ist, glaube ich, darüber einverstanden, daß ich dem Staat einige Dienste geleistet habe. Trotz allem bin ich auf meinem Posten geblieben und habe gleich in den ersten Jahren meine Pflicht erfüllt wie ein alter Feldherr. Ich knüpfte alle die auf, welche andernfalls der Regierung die Kehle abgeschnitten und das ganze Land umgestürzt hätten, dies alles habe ich getan und noch viel mehr, woran ich hier nicht erinnern will. Aber, mein Herr Gouverneur, deshalb bin ich kein Tiger! Heute bin ich ein Mörder, und Sie selbst sind ein Mörder; der Richter, der König, der Staatsanwalt, alle, alle sind Mörder. Das ist eine sehr traurige Sache, mein Herr Gouverneur, und noch trauriger ist es, daß mich dieser Fall an so viele andere ähnliche Fälle erinnert, daß mich ein Schauder dabei überfällt.«

»Ein Schauder, Sie, Herr Ketch, überfallen?« fiel der Gouverneur ironisch ein. »Haben Sie heute etwas getrunken, oder sind Sie wahnsinnig?«

»Keines von beiden, mein Herr Gouverneur, sondern ich habe meine früher verlorene Vernunft ganz und rein wiedergefunden und dabei entdeckt, daß der letzte Unglückliche, den ich an den Galgen befördert, wahnsinnig war, daß er es sein ganzes Leben lang gewesen. Bedenken Sie dies, mein Herr Gouverneur, erwägen Sie dies! Da gibt's auch noch den armen Bellingham; hätte ich einen solchen Fall mir denken können, so hätte ich ihn bis heute dort gelassen! [Dabei deutete er mit dem Finger durch das Fenster nach dem Ort, wo die Hinrichtungen geschehen.] Das ist schauderhaft, mein Herr Gouverneur, gräßlich, abscheulich!«

»Lieben Sie Ihre Stelle nicht, so können Sie ja austreten.«

»Ich austreten? Nein, mein Herr Gouverneur!« fuhr Ketch

mit steigendem Zorn fort, »ich möchte noch ein wenig in meinem Amt bleiben, und möge mir während der Zeit irgendein schlechter Richter in die Hände fallen, oh, den will ich – das soll mein einziges, mein schönstes Glück sein!«

Ketch sammelte also die Ereignisse und Tatsachen, welche gegen Ende seiner Laufbahn sein Gewissen beunruhigten. Seine Bekehrung zur Milde begann erst in dieser Periode, indem er erst als Greis seine Lebensgeschichte schrieb und sich beständig hinter diese beiden Gefühle flüchtete.

Von jenem Tag bei dem Gouverneur an bis zur Stunde seines Todes hörte er nicht mehr auf, den Autoritäten der Stadt sehr lästig zu sein, namentlich dem verstorbenen Arzt von Newgate, gegen den er oft die bittersten Vorwürfe losließ. Die Überzeugung, Wahnsinnige oder Unschuldige hingerichtet zu haben (wenigstens unschuldig an dem Verbrechen, wofür sie verurteilt worden), erregte in ihm Gewissensbisse, die er nicht mehr beschwichtigen konnte.

Oft hörte man ihn, selbst bis zu seinem Tod, zu sich selbst sagen: »Ich stand auf dem Gipfel des Gesetzes, gleichsam über dem Gesetz, meine Pflicht war es also, bevor ich so weit ging, alles genauest zu untersuchen; seine Geschäfte muß man selbst verrichten und dabei niemals auf andere sich verlassen!«

Es mag als ein Widerspruch erscheinen, daß Ketch ein so abstoßendes und widerliches Geschäft mit soviel Gleichgültigkeit geübt und dennoch sich zum Philanthropen erhoben hat. Aber diese Anomalie ist nur scheinbar und erklärt sich sehr leicht, sobald man die Bemerkung ins Auge faßt, daß er *anfänglich* sehr stolz auf sein Amt gewesen und erst *später* einen Widerwillen dagegen gefaßt habe.

Über diesen Punkt wurde er nie mehr vollkommen befriedigt und beharrte bis ans Ende seines Lebens bei der Ansicht, daß er mehr als jeder andere in dem Stand gewesen zu wissen, welcher Delinquent geschont und welcher hingerichtet werden sollte. Diese Ansicht war auch in der Tat nicht ganz grundlos. Er kannte das Heer der Bösewichter genau, da er selbst lange Zeit ihr Genosse gewesen. Er befand sich in einer speziellen

Stellung, um alle derartigen Dinge beurteilen zu können. Übrigens erklären der Tod, den er zufolge einer grundlosen Anklage so nahe vor sich gesehen, die in seiner Zeit nur allzu häufigen, so unglückseligen Mißgriffe, seine Eigenliebe und die stets ihn marternden Gewissensbisse den eigentümlichen Ton seiner Biographie vollkommen.

Ich hatte ihn aufgefordert, die Handschrift seiner Lebensgeschichte, im ganzen und wie sie auch beschaffen sein möchte, mir nach und nach zu übergeben. Auch noch während dieser Arbeit erlitten seine Ideen manche Wandlung.

In den ersten Zeiten sprach niemand demütiger von sich selbst, aber mit zunehmendem Alter wurde er täglich von sich selbst eingenommener, anmaßender. Ich ermutigte ihn durch fortwährende Schmeicheleien und gewann ihn vorzüglich dadurch, daß ich ihm begreiflich machte, wie sehr jeder öffentliche Mann seinen Namen gedruckt zu sehen und die ganze Welt mit seiner Person beschäftigt zu wissen liebe. Mehrere Beispiele bewiesen ihm, daß dieser Ehrgeiz an sich selbst sehr natürlich ist und daß beinahe niemand jeweils ganz frei davon sich gezeigt hat.

Ketch war sehr eifersüchtig auf seine sozialen Rechte und Ansprüche; davon überzeugte ich mich lebhaft bei dieser Gelegenheit.

In eine imposante Stellung sich erhebend, rief er mit flammenden Augen: »Wissen möchte ich einmal, ob man für Dienste Belohnungen und Ehrenbezeigungen schuldig sei. Ist dem also, so frage ich: Was hat die Regierung für mich getan? Kommen ihre Dienste den meinigen gleich?« Dann schlug er mit der Faust krachend auf den Tisch und fuhr fort: »Wellington hat sich in der Tat einmal oder zweimal geschlagen, aber das Eigentliche bei der Sache haben andere für ihn getan. Überdies ist dabei wohl zu bedenken, daß er für jeden getöteten Ausländer drei bis vier Engländer in das Grab geliefert hat, und das arme Volk bezahlte die Musikanten. Zudem, sagen Sie selbst, hat nicht der große Mann Leute geschlachtet oder vielmehr schlachten lassen, die uns gar nichts zuleide getan? Wäre es nicht viel besser gewesen, er wäre bei uns geblieben? Welche Notwendigkeit war denn vorhanden, in andern Ländern herumzulaufen und auf die Leute wie auf Kaninchen schießen zu lassen? Auf Leute, die uns kein Übel zugefügt hatten, ihm nicht und uns nicht, und welche nichts anderes verlangten, als ungehudelt in ihrer Heimat leben zu können? Ich sage laut, daß alle diese Leute niemals unsere Feinde gewesen und daß Held Wellington kein Recht gehabt, so kaltblütig, wie er es getan, sie abzuschlachten. Ich dagegen, bin ich nicht im Land geblieben, um dem Land wesentliche Dienste zu erzeigen, mich als seinen wahren Freund zu beweisen und ewiges Stillschweigen allen Spitzbuben aufzuerlegen, welche, hätte man sie schalten und walten lassen, die ganze Regierung über den Haufen geworfen haben würden! Ich bin auf meinem Posten geblieben wie ein Mann; bei Tag und bei Nacht, bei Sonnenschein und bei Regen rannte ich umher, für wen? Für die Regierung! Und dennoch gibt es kein Lob und keinen Dank als nur für diesen einzigen Mann, der an der Spitze von 70 000 bis 80 000 Soldaten von Land zu Land verwüstend umherzog. Hängen lasse ich mich, wenn er den Mut hat, einem Mann Auge in Auge gegenüberzutreten. Eine jämmerliche Windbeutelei ist es, behaupten zu wollen, dieser Mann habe seinem Vaterland Dienste geleistet! Schimpf und Schande ist es, daß unser Land ihn für den Mord einiger unschuldiger Ausländer so teuer bezahlen muß! Ich, mein Herr, ich tue nur meine Pflicht, wie der Richter und der Almosenier; wir packen nur die Schlechten, um die Unschuldigen zu retten. *Er* schlachtet blindlings, ohne Wahl und ohne Justiz, alles, was ihm in den Weg kommt. Ich sage es noch einmal, abscheulich ist es, einen solchen Mann für solche Taten so teuer zu bezahlen!«

»Genug, genug, mein Freund, Sie stellen sich durch solche Äußerungen gewaltig bloß.«

»Indessen sage ich nur die Wahrheit!« schrie er.

Eines Tages wurde ich unwillkürlich Zeuge einer merkwürdigen Szene zwischen Ketch und einer andern Person. Da diese Anekdote Ketchs Manier auf dem Gipfel seiner Laufbahn sehr anschaulich darstellt, so hielt er selbst es für nicht gelegen, davon in seinen Denkwürdigkeiten zu sprechen, aber ich glaube um so mehr, derselben hier Erwähnung tun zu müssen.

Ich war, wie eingangs gesagt, an einem düsteren Novembertag gegen zwei Uhr nachmittags zu der Wohnung von Ketch gegangen, nachdem dieser zu Bailey ein schweres Amtsgeschäft verrichtet hatte, wie er selbst stets Hinrichtungen mehrerer an einem Tag zu nennen beliebte. Ich bat ihn, mir zu einer anatomischen Vorlesung eine der Leichen zu verschaffen, welche einen merkwürdig gut entwickelten Muskelbau am Thorax hatte. Zur freundlichen Befürwortung meiner Bitte ließ ich sogleich eine Pinte Wacholderschnaps kommen und war schon im besten Zug über meine Angelegenheit, als plötzlich jemand an seiner Tür pochte.

Da ich in solcher Gesellschaft nicht gern gesehen sein wollte und überdies den Pocher für einen Nebenbuhler in betreff der erwähnten Leiche hielt, so zog ich mich in das dahinterliegende Gemach zurück. Auch war ich neugierig zu erfahren, wie Ketch diesen Herrn aufnehmen würde, da er mir beteuert hatte, daß er seit seiner Bestallung als Scharfrichter meiner Familie allein sowohl Leichname als Nachweisungen über die Missetäter geliefert habe.

Die Mehrzahl der Leute, welche aus dem westlichen Teil der Stadt nach der City gehen und die kleinen Gäßchen lieben, stiegen über die Stufen von Breack Neck auf und ab, die von Bear Alley nach Green Arbourcourt und von da nach Old Bailey führen. Das Haus, in dem ich mich befand, ist nur einige Türen weit von diesen Stufen entfernt; Ketch und seine Frau bewohnten die drei Zimmer zu ebener Erde. Ich war nun in dem mittleren, das als Schlafzimmer diente.

Kaum war ich eingetreten, so empfand ich eine eigentümliche Unruhe und eine drängende Sehnsucht, wieder hinauszukommen. Da ich jedoch durch das Hinterhaus entschlüpfen zu können glaubte, so öffnete ich die Tür zu dem dritten Zimmer, während ich unwillkürlich zu mir selbst sprach: »Oho, mein

Herr Ketch, Sie liefern nur mir und meinem Vater Ihre Leichname?«

In dem dritten Zimmer erblickte ich nämlich drei Leichname, die erst kürzlich ausgegraben zu sein schienen, einen ohne Körper, den andern ohne Arme. Die fehlenden Glieder waren ohne Zweifel im Detail verkauft worden, wahrscheinlich an Studenten, welche immer je nach Zeit, Umständen und Geld nur einzelne Leichenstücke kaufen und dem Kaufmann den übrigen Rumpf zu seiner Verfügung lassen. Daneben stand noch ein Behälter mit mehreren Leichnamen von beiden Geschlechtern; genug, alles deutete einen regelmäßigen und ausgebreiteten Handel mit Menschenfleisch an.

Weil ich hier keinen Ausgang finden konnte, schloß ich wieder die Tür zu diesem schauderhaften Warenlager und setzte mich ihr gegenüber an die Tür, welche ins erste Gemach führte. Sie stand halb offen, ich konnte deshalb alles, was im ersten Zimmer vorging, genau hören und sehen. Der Pocher war eingetreten, hatte bereits Platz genommen, saß einige Zeit stumm, sein Gesicht in seinem Taschentuch bergend, wie von einem lebhaften Schmerz überwältigt. Nach einer stummen Pause von einigen Minuten eröffnete Ketch die Konversation.

Ketch: »Sall [der Name seiner Frau], diesem Herrn ist unwohl. Sieh zu, was du zu seiner Erleichterung tun kannst.«

Sall: »Was fehlt Ihnen, mein Herr, ich bitte, reden Sie, worin besteht Ihr Wunsch?«

Der Fremde: »Man sagte mir, daß hier der Nachrichter von Newgate wohne. Bin ich recht berichtet?«

(Frau Sall deutet auf ihren Mann; Ketch tritt einen Schritt näher.)

Ketch: »Ich bin derjenige, welcher die nötigen Geschäfte des Bailey besorgt. Mein Herr, was steht zu Befehl?«

Der Fremde (erbebt unwillkürlich, sammelt sich aber bald wieder): »Ich wünsche, einen Augenblick mit Ihnen zu sprechen.«

Ketch: »Reden Sie, mein Herr, ohne Umstände! Ich liebe auf dem schnellsten Weg an das Ziel zu gelangen.«

Der Fremde: »Dies will ich versuchen. So erfahren Sie denn, daß ich von Norfolk komme und erst seit diesem Morgen zu London bin. Ich reiste die ganze Nacht, dies mag wohl die Ursache meiner Unpäßlichkeit sein. Haben Sie die Güte, mir ein Glas Wasser zu geben.«

Ketch: »Aha! Ich durchschaue die Geschichte. Der Herr sind wohl der Gouverneur des Gefängnisses oder vielleicht einer der Sheriffs, die im Land umherreisen, einen wohlfeilen Mann zu suchen, und sich genötigt sehen, bei mir einzusprechen. – Das gleicht auf ein Haar Euch Landbewohnern. Solche Leute sind nicht gewohnt, irgend jemanden voraus zu benachrichtigen, wie wollen sie denn, daß dann alles doch gut und tüchtig gemacht werde? Mein Herr, ich kann unmöglich hier, dort und allerwärts zugleich sein. Denken Sie sich nun, ich hätte schon eine andere Verbindlichkeit übernommen, was würde dann aus Ihnen? Mein Herr, bevor Sie einen Tag bestimmen, sollten Sie stets mich benachrichtigen, dann könnte ich Ihnen stets sagen, wie die Sachen hier, in Bailey und anderwärts stehen. Sie wissen, daß ich viel reise, heute zum Beispiel hätte ich können abwesend sein.«

Der Fremde: »Sie irren, ich bin weder ein Kerkermeister noch ein Sheriff, sondern [hier schlug er sich mit der Hand vor die Stirn] der unglückliche Bruder eines unglücklichen Verurteilten, welcher nächsten Mittwoch früh in unserer Stadt hingerichtet werden soll. Wir haben heute Montag, also sehen Sie wohl ein, daß nicht mehr viel Zeit zu verlieren ist.«

Ketch: »Sie, der Bruder eines Missetäters! Welchen Dienst könnte ich Ihnen denn leisten? Gehen Sie vielmehr zum Sekretär, dem Lord-Sekretär – übrigens ist das auch überflüssig, dieser Mann verzeiht niemals, er hat sogar geschworen, es niemals zu tun; er behauptet, die Richter und die Geschworenen hätten immer recht! Gott segne seine Dummheit! Ich möchte ihn wohl eines Tages unter meine Hände bekommen, dann würde er bald wie ein neuntägiger Hund sein, seine Augen würden sich öffnen. Jetzt aber ist er so blind wie ein Maulwurf, und dabei hilft alles nichts. Nehmen Sie die

Sonne, wenn Sie können, und halten Sie solche ihm unter die Nase, so wird er darum doch nicht minder unfähig bleiben, einen Fall des Vergehens von einem Fall der Unschuld zu unterscheiden.«

Der Fremde: »Halten Sie ein. Ich kann es kaum übers Herz bringen, Ihnen zu erklären, was mich so weither zu Ihnen geführt, allein, ich muß nun sprechen. Sie begreifen wohl, daß, wenn man auf dem Punkt steht, den Tod nicht mehr vermeiden zu können, man ihm wenigstens mutig entgegengehen müßte.«

Ketch: »Allerdings ist es besser, diese Sache mit kaltem Blut zu bestehen.«

Der Fremde: »In betreff des Muts habe ich bei meinem Bruder nichts zu befürchten; ohne Zweifel wird er sein Schicksal mit soviel Festigkeit ertragen wie die meisten Leute in diesem traurigen Augenblick. Aber ich wünsche nur, daß ihm dabei kein unglücklicher Zufall begegne und er keinen Schmerz zu erleiden habe, den man ihm ersparen könnte. Vorzüglich wünschen wir jeden Umstand zu vermeiden, der dieses unglückliche Ende dem Gedächtnis der Welt für lange Zeit merkwürdig machen könnte, wie es zu Lincoln und zu Fowey in Cornwallis geschehen, was unsere Familie mit Schauder gelesen hat. Schon der Gedanke daran fährt mir durch Mark und Bein. Großer Gott! Aus welchem Stoff bestehen denn die Leute, welche die Gesetze machen? – Geben Sie mir Wasser! – Sie glauben aus einem edlern Teig geformt zu sein und nennen die Armen, gegen welche die Strafgesetze gemacht werden, eine rohe, plumpe Masse. Aber von allen Geschöpfen Gottes haben gewiß die Regierenden das wenigste Menschengefühl; das sind die Folgen einer Gesetzgebung, welche die Dienste mit Gold statt mit Ehre bezahlt. Der Reiche überschwemmt die Erde mit Blut, um sein Eigentum zu erhalten, er bezahlt Livreen, um den Wohlstand und Müßiggang auf Eiderdaunen behaglich schlürfen zu können, während der geringste Fehler des Armen mit der Folter bestraft wird.«

Sall (reicht dem Fremden ein Glas Wasser): »Ärgern und ängstigen Sie sich nicht so sehr, mein Herr, Sie können auf meinen Mann rechnen; er hat die sicherste Hand, die jemals im Land gesehen worden, und seine Manier ist die sanfteste von der Welt. Sie sollten ihn nur einmal bei der Arbeit sehen.«

Ketch: »Still, Sall. Siehst du denn nicht, daß dem Herrn übel ist?«

Der Fremde: »Einmal muß ich es doch überstehen.«

Ketch: »Ihr Bruder, wollen Sie sagen. [beiseite zu seiner Frau:] Er wird ganz im Kopf verwirrt.«

Der Fremde: »Ja, es ist wahr, mein Bruder. Der schnelle Übergang vom Leben zum Tod, die Trennung der Seele vom Leib – und dies alles durch die ekelhafteste und schaudervollste Gewalttätigkeit. Wer hat das Recht, solche Dinge zu tun?«

Ketch: »Mein Herr, ich bin durch Seine Majestät und den Gerichtshof der Aldermen dazu bevollmächtigt.«

Der Fremde: »Ein Mensch kann einem andern das Recht übertragen, seine Person zu beaufsichtigen, sein Betragen zu leiten, Dienste von ihm zu verlangen, die Vorteile davon ziehen; für diese Zugeständnisse kann er einen Lohn oder Ersatz annehmen. Aber niemand kann einem andern sein Leben oder das Recht, dieses Leben ihm zu rauben, jemals abtreten.«

Ketch: »Mein Herr, ich bitte sehr um Verzeihung, allein ich bin imstand, mein Recht Ihnen zu beurkunden.«

Der Fremde: »Hören Sie mich an. Seit der Verurteilung meines Bruders geht meinen Schwestern nichts mehr im Kopf herum als jene abscheulichen Ereignisse von Cheshire, Lincoln und Fowey; ich weiß nicht, wo die Mädchen alle diese Dinge gelesen haben, allein die Furcht vor einer Erneuerung solcher Scheußlichkeiten an ihrem unglücklichen Bruder scheint sie noch schmerzlicher zu betrüben als die Verurteilung selbst. Sonderbar mag Ihnen dies erscheinen, allein, es ist einmal so. Von diesen Gedanken gemartert, bewogen mich meine Schwestern endlich zu dem Beschluß, zu Ihnen zu gehen.

Deshalb bin ich hier, um Sie zu bitten, daß meinem Bruder nicht ein ähnliches Unglück widerfahre. Sie sind, soviel ich weiß, an solche traurigen Verrichtungen gewöhnt.«

Ketch: »Sind Sie, mein Herr, gekommen, um mich zu solchem Amtsdienst zu engagieren, so können Sie vollkommen beruhigt sein.«

Der Fremde: »Der Mann, der das Nachrichteramt in unserer Stadt verwaltet, ist früher bei meinem Bruder Diener gewesen, hat ihn bestohlen und wurde auf Betrieb unserer Familie verfolgt und verurteilt. Dieser Umstand schwebt, wie Sie sich leicht denken können, täglich lebhafter vor unserer Seele, und meine Schwestern quälen sich mit dem Gedanken, daß Rachsucht diesen Menschen zur Vermehrung der Leiden des Bruders bewegen könne, wenn man auch in betreff seiner Geschicklichkeit keinen Zweifel haben dürfte. Jetzt kennen Sie den Grund meines Besuchs. Die Sheriffs haben bewilligt, daß Sie zu diesem Geschäft genommen werden, wofern die Familie selbst alle Ausgaben dafür bestreiten will. Also, mein Herr, was ist Ihr Preis? Dabei bitte ich zu erwägen, daß Sie mit der Postkutsche heute abend abfahren müssen.«

Ketch: »Mein Preis? Je nachdem; zuweilen mehr, zuweilen weniger. – Sehen Sie, mein Herr, unsere Profession hängt beinahe wie alle anderen Professionen sehr viel von der Natur der Geschäfte, der Assisen, der Zeiten, der Staatsverhältnisse und anderer allgemeiner Dinge ab. Trübt sich das Wetter, und geht manches schlimm, so setzt die Regierung den Galgen in Bewegung, um das Volk zum Schweigen zu bringen und die Leute in Lumpen zu erschrecken, so hörte ich wenigstens unsern Untersekretär nach einem Sermon an einen Verurteilten zu Newgate sich äußern. Die schlechten Zeiten füllen, wie Sie selbst wissen, die Gefängnisse und bringen mein Amt in lebhaften Gang, weil die Herren vom Gerichtshof zwei- bis dreimal mehr als gewöhnlich aufhängen lassen, sobald ein gewisser Überschuß an Gefangenen vorhanden ist. Das ist so Sitte beim Gerichtshof, darüber bin ich längst im klaren.«

Der Fremde: »Was sprechen Sie von den Herren vom Gerichtshof? Ich war stets der Meinung, daß der König und sein Conseil über solche Dinge entscheiden.«

Ketch: »Gott segne Sie! Was man doch den Leuten alles weismacht! Unser Gouverneur von Newgate und einer seiner Commis haben dabei das meiste zu tun und gewiß in einem Jahr mehr Menschen aufhängen lassen als alle Könige von England zusammen. Aber die Geschäfte gehen, wie gesagt, nicht immer gleichen Ganges. Zuweilen trifft sich's, daß ich auf demselben Weg zwei oder drei Geschäfte abzumachen habe. Sie begreifen wohl, daß ich in solchem Fall meinen Preis etwas heruntersetzen kann, weil jedes einzelne Geschäft meine Reisekosten mir bezahlt. Auch weiß ich einen Unterschied zu machen, wenn ich an einem Ort ein halbes Dutzend zugleich zu expedieren habe. Aber außerdem ist noch eine andere Sache wohl zu berücksichtigen: Welche Gattung von Strick wollen Sie haben?«

Hier beginnt der Fremde mit sichtbarer Anstrengung zu atmen, er seufzt oder vielmehr stöhnt so heftig, daß ich glaube, die Brustmuskeln müßten ihm springen. Er fährt vom Stuhl auf, schlägt sich vor die Stirn und fällt dann wieder auf den Stuhl zurück. Ketch bedeutet seiner Frau, daß sie frisches Wasser in das Glas schütten soll, und gießt selbst den Rest aus der Flasche seines Wacholderbranntweins hinein. Der Fremde kostet in höchster Aufregung dieses Gemisch und stellt dann das Glas wieder auf den Tisch.

Der Fremde: »Großer Gott! Welche Mühe geben Sie sich, um mich zu martern! Indessen muß ich den Becher bis zur Hefe leeren, deshalb bin ich hier. So sagen Sie mir denn, was verstehen Sie unter Ihrer Frage, welche Gattung von Strick ich verlange?«

Ketch: »Ich sehe wohl, daß Sie von dergleichen Dingen gar nichts verstehen, aber ich will Sie darüber unterrichten.«

Der Fremde (beiseite): »Großer Gott! Mit welchem Ungeheuer hast du mich zusammengeführt! Welche Entdeckungen machen wir im Unglück!«

KETCH (kaltblütig fortfahrend): »Hier beim Bailey wären die Geschäfte nicht der Rede wert, liefen nicht außer dem regelmäßigen Sold manche kleine Extras ein und gewänne man nicht dabei einen Namen, der dann die Kundschaft in der Provinz erwirbt. Hier geschieht alles nach fester Übereinkunft; die Sheriffs geben mir nur wöchentlich dreißig Schillinge und meinem Gehilfen zwanzig, und dies jahraus, jahrein, ob nun mehr oder weniger zu tun sein mag; und dies für das Aufhängen, das Aufstellen an den Schandpfahl, für alles und alles! Dazu muß ich selbst noch die Stricke liefern! Ich versichere Ihnen, es ist für soviel Arbeit verteufelt wenig Geld, jetzt schon haben wir jährlich acht Gerichtssitzungen, und man spricht nun gar von deren zwölf. Um alles tun zu können, müßte ich zwanzig Paar Hände haben, bei alledem sind noch einige Aldermen nicht einmal zufrieden, wenn ich nicht selbst auch auspeitsche. Solchen Herren kann man niemals genug tun.«

DER FREMDE: »Sie vergessen ganz, daß ich fort muß. Reden Sie nicht soviel und sagen Sie jetzt das Nötige in betreff des Strikkes!«

KETCH: »Ja so! Wir waren bei der Leine! Wohlan, mein Herr, Sie können Leinen zu einer Guinee bis zu fünf haben; zuweilen bezahlte man mir schon sechs Guineen.«

DER FREMDE: »Darüber bitte ich um nähere Erklärung.«

KETCH: »Sall, öffne die Schublade und zeige dem Herrn die Leinen!«

Sall gehorcht augenblicklich und legt ein Bündel Leinen auf den Tisch. Der Fremde wird von diesem Anblick wieder mächtig ergriffen, und man sieht, daß er sich sehr zusammennehmen muß, um diese Szene bis zum Ende durchzustehen.

KETCH (einen der Stricke hervorsuchend und dem Fremden zeigend): »Hier ist ein Strick für das Land. Sie sehen, er ist ganz ordinär und der dickste von dem ganzen Haufen. Je nun, die Herren Sheriffs bezahlen nun einmal nicht mehr als für einen solchen Strick, woran ein Mensch zweimal langsamer stirbt als zum Beispiel an diesem hier, wofür ich in der

Regel mir nur zwei Guineen bezahlen lasse. – Aber [einen sehr dünnen Strick vorzeigend] nehmen Sie einen von dieser Gattung, so ist alles in einem Augenblick vorüber.«

Der Fremde: »Aber dieser Strick kann unmöglich stark genug sein, um einen Mann mit Sicherheit daran aufzuhängen.«

Ketch: »Verlassen Sie sich ganz auf mich! Dasselbe meinte auch jener Bellingham, der auf den Percival geschossen, im Augenblick, als ich ihm die Schlinge um den Hals legte, obschon sein Freund, der mich bereits bezahlt hatte, ihm beteuerte, daß alles vortrefflich gehen würde. Dieser Patentstrick, das begreifen Sie wohl selbst, zieht sich so schnell zusammen, daß alles vorüber ist, bevor man nur Zeit gehabt, das Geringste zu fühlen. Hätten die Sheriffs nur einen Funken Menschlichkeit im Herzen, so würden sie immer diese Darmsaite anwenden, aber ich würde freilich dabei mein bißchen Akzidens verlieren. – Ereignete sich sogar der Zufall, von dem Ihre Schwester so Schauerliches gelesen hat, das heißt, rutschte auch diese dünne Leine unter das Kinn hinauf, so würde dadurch doch kein großer Unterschied entstehen, weil sie so außerordentlich schnell und scharf sich zusammenzieht. Aber keine Angst, wo ich arbeite, kann dergleichen nicht vorkommen, und Geschichten wie die zu Lincoln können in der Tat nur so miserabeln Provinzhenkern geschehen. Wie? Die Sache war so schlecht gemacht, daß Atkinson hätte eine volle Stunde hängen und mit dem Tod ringen können, wäre nicht ein Soldat vom Neunundsechzigsten Regiment herbeigeeilt, hätte ihn emporgehoben und sich selbst wie ein Gewicht an ihn angehängt. Der arme Teufel! Ich war wütend, als ich diese abscheuliche Geschichte hörte.«

Der Fremde: »Man sagt immer, daß vieles von dem Bau des Halses abhänge.«

Ketch: »Albernheit! Daran ist kein wahres Wort. Es handelt sich bei der ganzen Geschichte um nichts weiter, als daß man einen Strick finde, der sich fest und rasch genug zusammenzieht. Aber hört man die Herren Wundärzte, so sollte man glauben, man dürfe einen Menschen, der den Hals gebrochen, nur aufhängen, um ihm das Halsgelenke wieder einzurichten. Die gewöhnliche Welt versteht einmal von solchen Dingen gar nichts.«

Der Fremde: »Aber die Stricke können doch unmöglich so viel kosten, als Sie dafür verlangen.«

Ketch: »Allerdings nicht! Ich verkaufe sie ein bißchen teurer, das ist sehr einfach und natürlich. Da es aber lediglich von mir abhängt, welche Art Strick ich gebrauchen will, so müssen alle, welche es können und einen guten Strick haben wollen, dafür auch honett bezahlen, denn darin besteht mein ganzer Profit, und ich mache keinen andern Preis und lasse mir von meinen Preisen nichts abhandeln. Demnach haben Sie die Güte zu wählen, bevor man die Stricke wieder in ihre Schublade legt.«

Der Fremde war durch diese Szene so erschöpft, daß er, ohne einen Strick zu wählen, sich empfahl, einen Freund sogleich zu senden versprach, der die Unterhandlung mit Ketch beendigen und diesen vermögen sollte, noch an demselben Abende abzureisen.

Eine Stunde später erfuhr ich, daß ein Advokat zu Ketch gekommen, ihn gebeten habe, rundheraus seinen Preis zu bestimmen und daß Ketch nach Empfang von sechs Guineen zur Dekkung der Reisekosten sich auf den Weg gemacht habe.

Nichts hatte mir jemals so viele Gedanken gemacht wie dieser Auftritt. Zum erstenmal sann ich darüber nach, unter welchem vernünftigen Vorwand irgendeine Regierung sich das Recht anmaßen könne, ein menschliches Leben zu opfern, und ob ein solches Opfer unter dem falschen Vorwand der Notwendigkeit jemals von Nutzen gewesen oder sein werde.

Die öffentliche Sicherheit ist unbestreitbar das höchste Gesetz in der Politik, aber das Publikum hat niemals durch den Tod eines seiner Mitglieder seine Sicherheit gefunden, außer in den seltenen Fällen, wo Kronprätendenten den Frieden des Staates störten. Jede legislative Theorie und Praxis, welche auf ein anderes Prinzip sich stützt, gründet sich auf einen Irrtum. Bedenke ich hiernach, daß die Regierungen unsrer Zeit noch nicht den geringsten Versuch gemacht, die Strafen in ein richtiges Verhältnis zu den Verbrechen zu bringen, und daß in diesem Land die Verbrechen keineswegs verhältnismäßig nach dem verschiedenen Grad von Immoralität der Verbrecher bestraft werden, so erröte ich über die Unwissenheit und Barbarei meiner Landsleute. Der Egoismus, das Interesse, alle kleinen Leidenschaften sind bei gar vielen Gesetzgebern ein Medium, welches ihren Urteilen eine eigene Färbung verleiht, in ihren Augen die Tugend verkleinert, das Laster vergrößert.

Bisweilen übte Ketch seine Amtstätigkeit so kaltblütig aus, daß man ihn für fähig halten konnte, die ganze Stadt zu vertilgen. Kam ihm in den Sinn, daß man irgendeinen Irrtum begangen, so sah ich ihn durch die nervöse Reizbarkeit und Sensibilität seines Charakters, wovon er sich zuweilen hinreißen ließ, so heftig aufgeregt und gequält, daß er eine ganze Woche lang starke Portionen von Asa foetida einnehmen mußte, um wieder zu seiner gewöhnlichen Ruhe zu gelangen. Bei einer solchen Gelegenheit überschritt seine Erbosung alle Grenzen. Er tobte gegen das ganze Strafgesetzbuch, nannte es geradezu ein Buch des Meuchelmords, schwur hoch und teuer, daß er bei dem nächsten ähnlichen Fall im entscheidenden Augenblick seine Amtsverrichtung verweigern und vom Schafott herab dem Publikum die Wahrheit rein und vollständig sagen würde.

Vier desselben Verbrechens angeschuldigte Männer wurden zum Tode verurteilt. Nachdem dieses Urteil gesprochen war, erhoben sich im Geist der Sheriffs und einiger Aldermen lebhafte Zweifel über die Schuld zweier der Verurteilten. In der sehr löblichen Absicht, Gerechtigkeit zu üben, legten sie mit großem Aufwand von Mühe und Zeit Appellationen in dieser Sache ein, um die Unschuld der beiden Verurteilten zutage zu fördern.

Ketch hatte der Eröffnung des Spruchs beigewohnt; er kannte zwei der Gefangenen und einige von den Zeugen, denn es war einer der Fälle, wo man die Anklagen der Mitschuldigen angenommen hatte. Hiernach hatte er Nachforschungen angestellt und alle seine Leute in Bewegung gesetzt, um die Wahrheit zu entdecken. Das Resultat aller seiner Nachforschungen war seine volle Überzeugung von der Unschuld zweier und von der Schuld der beiden andern, welche er selbst schon zuvor für schuldig gehalten hatte.

Indessen rückte der Tag der Hinrichtung heran, und er erhielt den Befehl, seine Einrichtungen für die Hinrichtung aller vier Verurteilten zu machen; der Sekretär wollte aus Eigensinn einmal für immer von dieser Sache nichts hören noch sprechen. Gegen siebeneinhalb Uhr, also eine halbe Stunde vor der üblichen Zeit, wo man die Gefangenen herbeiführt, wurde Ketch in das Sekretariat berufen. Hier bedeuteten ihm die Sheriffs, daß zwei der Verurteilten begnadigt seien, daß man aber, weil diese Begnadigung erst in diesem Augenblick eingetroffen, für dienlich erachtet habe, alle vier Missetäter an das Schafott zu führen, damit sich die beiden zur Hinrichtung Bestimmten nicht für härter behandelt halten sollten als die beiden Begnadigten. Man empfahl ihm hiernach, er solle die beiden Hinzurichtenden expedieren, sobald sie das Schafott bestiegen haben würden, ohne das Hinaufkommen der beiden andern abzuwarten und ohne mit diesen auf die geringste Erklärung sich einzulassen.

Die Eitelkeit des Meisters Ketch fand sich hierdurch unendlich geschmeichelt. Er dachte bei sich selbst: Ich wußte wohl, daß ich recht hatte, ich wußte wohl, daß die beiden armen Teufel bei dieser Sache nicht schuldig waren; die Leute sehen gar nicht aus wie Schuldige, das hätte der Richter mit einem halben Auge sehen können, wenn der gute Mann nicht so blind wie ein Maulwurf wäre!

Hiernach kam er sehr vergnügt auf seinen Posten zurück, um zu warten, bis die Uhr von St. Paul die Todesstunde schlagen würde. Die zum Schafott hinaufführenden Stufen gehen in den Gang hinab, durch den man in die Küche des Gefängnisses gelangt. Ketch bohrte seine Blicke fest an den Ort ein, wo die vier Unglücklichen den Tod erwarteten. Einer von diesen steigt auf das Schafott, aber statt mit gewohnter Schnelligkeit seine Pflicht zu erfüllen, geht Ketch dreimal rings um den Verurteilten und wird erst durch den Blick des Sheriffs und des Almoseniers wieder zu sich selbst gebracht. Sobald die nötigen Vorbereitungen beendet sind, besteigt der zweite das Schafott, und Ketch zögert abermals mit der Erfüllung seiner Pflicht. Indessen vollbringt er die Hinrichtungen in Gegenwart der beiden andern Verurteilten, die unten noch warteten und diese Zögerung nicht begreifen konnten. In demselben Augenblick sehen sich diese beiden Spitzbuben ihrer Bande entledigt und in den Küchengang mitten unter einen Haufen von Leuten hinausgezogen, welche untereinander lebhaft fragen, ob das Frühstück fertig sei.

Einer ruft: »Komm doch, ich hungere wie ein Wolf, ich stehe nicht jeden Morgen so früh auf!«

Ein anderer: »Ich brenne vor Begierde, der Ochsenzunge meine Ehrfurcht zu bezeigen, sie ist hier vortrefflich, besser als irgendwo, das kann ich dir versichern!«

In feierlicher Prozession, mit dem die Sterbegebete lesenden Priester voran, waren diese beiden Männer durch feuchte und kalte Gänge hierhergekommen und hatten geglaubt, ihrem Grab entgegenzugehen. Jetzt thronten Heiterkeit und Lustigkeit auf allen Gesichtern, man sprach von einem köstlichen Frühstück und von der Ehre, solches in Gesellschaft der Sheriffs und der Aldermen genießen zu dürfen. Man kann sich das Erstaunen der beiden Begnadigten denken, als sie jetzt, statt zum Besteigen des Schafotts ermahnt zu werden, inmitten einer lustigen Schar zu einem Bankett fortgeschleppt wurden. Indessen gelangte man an das Ende eines der winkligen Gänge des Gefängnisses, hier verlief sich der fröhliche Haufe der Fashionables, welche gewöhnlich solchen Vorstellungen beiwohnen, ohne die unglücklichen Gegenstände ihrer bisherigen Neugierde auch nur eines Abschiedsblickes zu würdigen, während diese mehr tot als lebendig hier erfuhren, daß sie begnadigt worden und die Stunde ihrer Fortschaffung auf die Pontons erwarten sollten.

Der geneigte Leser ahnet gewiß schon selbst, daß die beiden Hingerichteten niemand anders gewesen als gerade die beiden Männer, welche Ketch für unschuldig hielt, daß mithin die beiden Begnadigten gerade die beiden eigentlichen Verbrecher waren. Als ich ihn besuchte, schäumte er vor Wut.

In der Meinung, ihn durch seine eigene Lehre vom Fatalismus am sichersten zu beschwichtigen, sagte ich zu ihm: »Sie sehen es nun abermals, daß das Schicksal oder Verhängnis in dieser Welt alles entscheiden. Diese beiden Leute waren einmal bestimmt, am Galgen zu sterben, und sind nun am Galgen gestorben.«

»Ja«, antwortete Ketch wütend, »ich sehe vollkommen ein, wie alles in der Welt geht. Ich sehe, daß die, welche sich weise dünken und die anderen regieren, Köpfe haben, so hart wie die Steine von Newgate, und ich würde mich gar nicht darüber ärgern, ein gewisses Gesicht auf dem Glockenturm der Heiligengrabkirche prangen zu sehen.«

Ketch war nicht der einzige, den diese Angelegenheit beschäftigte; das Publikum sprach viel und laut darüber. Jedermann fragte: Hat sich dabei nicht ein Irrtum ereignet? War es ein Irrtum, wie konnte er denn stattfinden?

Man versuchte alles Denkbare zur Aufklärung dieses Geheimnisses, allein die Regierung verschanzte sich stets hinter der Antwort: Wir kennen unsere Pflicht, und wir verweigern jede Art von Rechtfertigung über alles, was wir für klug und nützlich erachten.

Indessen erhaschte man doch endlich einen der Fäden dieser verworrenen Geschichte. Einer der Sheriffs schrieb aus Ärger über die Erfolglosigkeit aller seiner Schritte bei dem Sekretär eine lange und starke Protestation, unter dem Vorwand, sein Gewissen beruhigen zu müssen. Diese Schrift sendete er noch desselben Abends an den Untersekretär, der sich gerade im Parlament befand. Dieser Urkunde verdankte man ohne Zweifel die beiden Begnadigungen; allein diese Vermutung führt auch unwillkürlich zu einigen neuen Fragen.

Irrte sich etwa der Sheriff beim Schreiben in betreff der beiden Namen? Schrieb dieser Herr seine Protestation *vor* oder *nach* dem Mittagessen? Und, wenn nach dem Essen, *wie lange nachher*?

Der Sekretär erhielt diese Erklärung gegen sechs Uhr am Abend vor der Hinrichtung, und die Begnadigung gelangte erst um sechseinhalb Uhr des andern Morgens nach Newgate. Hatte etwa der Herr Sekretär in der Hitze der Debatten diese Schrift ganz vergessen, erst des andern Morgens sich daran wieder erinnert und nun in der Hast die Namen verwechselt? Oder ist der bei dieser Gelegenheit nötige Gerichtsschreiber damals schon nicht mehr nüchtern gewesen und Ursache des Irrtums?

Für den Sheriff spricht die Tatsache sehr günstig, daß er das Original seiner Erklärung zu sehen verlangte und daß man ihm diese so einfache und natürliche Gunst verweigerte. Dagegen will der Sekretär durchaus kein Mißverständnis bei dieser Sache anerkennen und ebensowenig Rechenschaft für seine Verschiebung des Begnadigungsaktes ablegen, obgleich durch sein Verschieben der Ausfertigung offenbar das Leben zweier Menschen von dem kleinen Zufall abhängig gemacht wurde, ob der Herr Sekretär auch noch zu rechter Zeit aufwachen würde.

Ketch hatte Gelegenheit genug zur Konstatierung einer erstaunlichen Zahl von ähnlichen Nachlässigkeiten. Er sagte mit sehr großer und sehr bedauerlicher Wahrheit, daß die Herren Richter von Old Bailey ohne tiefes Erwägen und langes Überlegen zum Tode verurteilen, weil sie stets mit der Ansicht sich beruhigen, daß nach ihrem Spruche noch ein zweiter Gerichtshof, der des Conseils, zu sprechen habe. Aber dieses Conseil läßt in der Regel die Verurteilten ohne weiteres hinrichten, weil es darauf fußt, daß die Richter der vorigen Instanz unfehlbar seien und daß alle Zeugen kraft des Eides stets die Wahrheit sagten.

Ein Journal von Bath erzählt einen andern im Jahre 1811 zu Gloucester vorgekommenen höchst merkwürdigen Fall von Nachlässigkeit.

William Fownley wurde zu Gloucester hingerichtet, und zwar am Abend des Sonnabends, wegen eines Einbruchdiebstahls. Am Freitag hatte man der Post von Herefort abends eine Schrift übergeben, welche einen Aufschub gebot. Aus Versehen adressierte man diese Schrift an Wilton Esquire, Untersheriff von Herefortshire, statt von Gloucestershire, und überdies wurde das Schreiben erst nach Schluß der Abendpost aufgegeben. Hiernach blieb es daselbst bis zum folgenden Morgen liegen und wurde erst gegen elfeinhalb Uhr von den Herren Birel und Wollaston, den Untersheriffs der Grafschaft Herefort, eröffnet. Man erkannte augenblicklich die Wichtigkeit der Schrift, und Herr Bennett sendete sie auf der Stelle und auf seine Kosten um elfdreiviertel Uhr durch einen Expressen nach Gloucester, wo dieser nach zwei Uhr ankam, als der Verurteilte schon zwanzig Minuten am Galgen hing.

Unser Held hatte ihn hingerichtet. Ich zeigte ihm den Artikel des Journals über diese Geschichte, und er ergriff diese Veranlassung, um über viele Details bei verschiedenen, ihm selbst vorgekommenen ähnlichen Fällen sich weitläufig auszulassen.

Nachdem ich nun in dieser Einleitung alles Nötige über die Persönlichkeit dieses Strickeführers gesagt zu haben glaube, so überlasse ich der Feder, welche die Veröffentlichung seiner Denkwürdigkeiten übernommen hat, die Sorge, dem Publikum eine Übersicht aller Angelegenheiten, wobei Ketch eine Hauptrolle gespielt und wie er selbst sie erzählt hat, geziemendst vorzulegen.

Erste Abteilung

John Ketch
als Knabe, Jüngling,
Wurstmacher,
Gauner und
Leichenhändler.

I.

Die Geburt von Ketch. – Wie er ein Autor wird. – Sein physisches Porträt. – Das Haus, worin er geboren. – Sein Vater, seine Mutter und die Sackwäscherei. – Häusliches Ereignis.

Man will, ich solle mein Leben beschreiben; späterhin wird der Leser erfahren, warum. Manche Leute betrachten die Feder als etwas sehr Unpassendes für meine Hand, oder vielmehr meine Hand unpassend für die Feder. Man sollte glauben, ich sei kaum fähig, an die Wand der Schenke die nötige Anzahl von Strichen zu zeichnen, um die Zahl der von mir getrunkenen Bierflaschen zu berechnen. Ich hoffe, das Gegenteil zu beweisen. Indessen erscheint es mir vernünftig, eine Schilderung von mir selbst, mein Porträt zu geben, bevor ich von meinen Handlungen spreche.

Ich bin groß, ich habe ein langes Gesicht, beinahe gar keine Stirn, tiefliegende Augen, die Haare flach und bis auf die Augenbrauen herabfallend; eine wohlgebaute, lange, flache Nase, die im Profil beinahe gar nicht hervortritt, einen auf beiden Seiten stark abwärts gedrückten Mund, der zwei Hundszähne von vollkommener Weiße sehen läßt. So war auch meine Mutter. Diese Hauzähne sind das Abzeichen der Familie. Ich bin bleich, etwas mager und bleifarbig, mein Backenbart stand ehemals sehr dicht und voll, meine Naslöcher sind gleichsam in die Backen selbst eingebohrt; meine ganze Physiognomie scheint den Leuten schon von ferne zuzurufen: Nehmt euch in acht!

Vor etwas weniger als vierzig Jahren wurde ich geboren, und zwar in einem kleinen Häuschen, welches nicht leicht zu entdecken ist. Dem äußersten Nordende des Gefängnisses von Newgate gegenüber, in dem bevölkertsten und schmutzigsten

Bezirk von London öffnet sich eine kleine, finstere Allee. Steigt nur ein Dutzend Staffeln hinab, so findet ihr einen ganz finstern Raum, eine Art von Brunnen, um welchen einige Häuser aus schwarzen Backsteinen, unregelmäßig und eigensinnig bald zurücktretend, bald vorspringend, einen bizarren Platz bilden. Dieses allerliebste Heiligtum nennt man »Hof der Rose und der Krone«. Um das Parterre dieser Häuschen zu erreichen, muß man beinahe immer noch unter das Niveau der Straße steigen, und das Tageslicht stößt auf manche Schwierigkeit, bevor es einzelne seiner Strahlen in die Keller hinabwerfen kann, welche die Bewohner sehr wohlgefällig ihre Sprachzimmer nennen.

Im allgemeinen wohnen hier Leute von der Sorte, die eigentlich keine großen Freunde der Sonne sind, niedrig fliegende Tauben, wie man sie in unserm Wörterbuch nennt, die die größte Dunkelheit der Tageshelle vorziehen. Sie haben beständig das Gefängnis vor Augen, welches das Schicksal ihnen früher oder später zur Wohnung angewiesen hat. Wundert man sich etwa, daß sie sich eine solche Perspektive, eine so drohende Nachbarschaft ausgesucht haben? Doch ist nichts natürlicher. Der Schmetterling umflattert beständig die Flamme, der Bankrotteur ermangelt niemals, die Zeitung zu lesen, worin sein Name beschimpft wird, und bist du selbst an irgendeinem Unglückstag in einen Abgrund gestürzt und mit heiler Haut davongekommen, so ist zwanzig gegen eins zu wetten, daß du abermals dahin gehen wirst, um die Tiefe des Abgrunds zu betrachten. Übrigens stammen diese Reflexionen keineswegs von mir selbst, sondern von dem ehrwürdigen Kaplan unseres Gefängnisses, dessen Unterhaltungen und Reden nach jeder meiner Amtsverrichtungen mir Erholung, Erheiterung gewähren und zugleich mich sehr erbauen.

Tölpel sind die Diebe, wenn sie nur dies einzige Handwerk haben. Mein Vater war ein kluger und gewandter Mann, er trieb ein ostensibles Gewerbe als trefflichen Schleier für seine Lieblingsbeschäftigung: Er war Lohnbedienter und leistete überall bei großen Gastmahlen, bei Festen, Hochzeiten seine nützlichen Dienste. Dabei zeigte er sich ausnehmend tätig und eifrig, trug mit vollkommener Gewandtheit ab und vergaß oft, diese oder jene Kleinigkeit wieder an ihren frühern Platz zu legen. Ein silberner Löffel wanderte unter die väterliche Schürze, statt in den Besteckschrank des Eigentümers zurückzukehren. Beim Entpfropfen einer Flasche erleichterte er die Taschen eines Nachbarn und räumte einen mit Servietten bedeckten Tisch zierlich ab. Die Wäscherei eröffnete unterdessen meiner ehrwürdigen Mutter ähnliche Hilfsquellen. Ohne ihren Wäschekorb betrat sie kein Haus und wußte stets manche Dinge, die man in der Regel nicht zur Wäsche zählt, darein zu bergen und mit fortzubringen; sie hatte ein sicheres Auge, kurze Entschlossenheit, gewandte und rasche Finger.

Diese beiden maskierten Batterien, diese beiden Scheingewerbe, dienten meinen wackern Eltern zu nicht geringem Vorteil und beförderten ihren Wohlstand; die nicht zum Gewerbe gehörenden Kunststücke bildeten jedoch dabei offenbar die Hauptsache.

Aber alles in dieser Welt erlebt sein Ende, alles nutzt sich ab. Man bemerkte endlich, daß meine Mutter die Taschen besser als die Taschentücher reinigte und daß mein Vater bei seiner Lohndienerschaft sich selbst vorteilhafter bedachte als die Wirte und die Gäste. In dem kleinen, ziemlich verpesteten Asyl, welches uns zur Wohnung diente, sah ich Abend für Abend aus den väterlichen Taschen eine Menge von Gegenständen hervorkommen, die unter sich gar keine Ähnlichkeit hatten und im Verlauf des Tages da und dort von ihm gefischt worden waren.

Meine Mutter betrieb ihr Geschäft mit gleicher Geschicklichkeit. Mit der Geschwätzigkeit einer Elster verband sie auch die andern räuberischen Eigenschaften dieses geistreichen und schlauen Tieres. Jeden Abend bewies sie durch eine überraschend reiche Darlegung von Gegenständen, daß sie die Stunden des Tages zu nutzen verstanden habe und ihres Gemahls vollkommen würdig sei.

Demnach war meine Erziehung keineswegs vernachlässigt, denn abgesehen von den täglich mir gegebenen guten Beispielen, bemühte man sich auch sehr oft, meine Gewandtheit zu üben, meinen Scharfsinn zu schärfen. Voller Neugierde, mein künftiges Schicksal kennenzulernen, forschte meine Mutter im Kaffeesatz und mittels vieler anderer symbolischer Versuche nach einer wahrscheinlichen Prophezeiung der Geschichte meiner Zukunft. Sie blieb dabei, daß mein Hals nicht dazu geschaffen sei, gehangen zu werden, aber eine Warze hinter dem linken Ohr gilt bei allen Sibyllen für ein sicheres Zeichen, daß man dem Galgen nahe kommen werde, und dieses Zeichen an meinem Kopf verursachte meiner lieben Mutter manches Grübeln, mitunter nicht wenig Bedenklichkeit. Oft fragte sich die gute Frau: Wie soll man nur diese doppelte Prophezeiung vereinigen?

Ha, ha, ha! Mein jetziges Gewerbe erklärt sie zur Genüge. Niemand steht dem Galgen so fern als ich, und doch kommt ihm niemand näher.

Mein Vater machte die ehrenvollsten Bekanntschaften mit den Männern der Polizei und den Magistratspersonen der Stadt. Nach und nach erhob er sich aus seiner Dunkelheit zum Licht und endlich zu der Würde der erlauchten Kumpane, welche Frankreichs Hauptstadt »les Grinches de la haute pêgre« und Englands Hauptstadt »Flash« nennt. Endlich verkündete eines Tages ein Beamter des Kriminalgerichts meiner guten Mutter, daß ihr Gemahl das Unglück erlebt habe, das Eigentum eines andern in seiner Tasche zu finden, und deshalb von Stunde an wohl verwahrt und eingeriegelt in einem königlichen Haus wohne.

Die Mutter erstaunte dabei über nichts so sehr, als daß kein einziger ihrer prophetischen Versuche ein solches Unglück ihr jemals geweissagt habe. Jedes Kind bei unserem Gewerbe weiß, daß bei solchen Bedrohnissen uns entweder fortwährend die Nase tropft oder jedes Feuer auf einer Seite brennt und auf der andern erlöscht, und von dem allen war meiner Mutter nichts begegnet, wie hatte sie also ein solches Unglück ahnen können? Was war indessen dabei zu tun? Als scharfe und tiefe Philosophin erkannte meine Mutter die völlige Nutzlosigkeit eines Gemahls, der sich hatte fangen lassen, tröstete sich bei ihrer Flasche Gin, und damit war alles abgetan.

Diese hier erwähnte Geschichte meines Vaters nahm eine ziemlich fatale Wendung. Die Anzeige eines Kameraden hatte erwiesen, daß ein Einbruch dabei stattgefunden, und hiernach spielte der Strick, den man gewöhnlich den unglückseligen nennt, den aber ich selbst der Natur der Dinge vollkommen angemessen finde, eine notwendige und unvermeidliche Rolle.

Meine Mutter wußte die meinem Vater noch bleibenden zwei Monate trefflich zu nutzen. Sie war überhaupt eine durch Politik höchst merkwürdige Frau. Tag für Tag rannte sie von Haus zu Haus, machte einen Umgang bei allen Nachbarn und Nachbarinnen, Freunden und Freundinnen, Vettern und Basen, sammelte überall Beiträge zur Unterstützung und Lebenserheiterung ihres Gemahls, wovon jedoch diesem kein Penny zufloß. Armer Gefangener! Sie machte aus ihm, wie mein guter Kaplan mir sagte, eine Art symbolischen Altar, vor welchem sie alle nur aufzutreibenden Opfer anhäufte. Obgleich die Stunde seines Todes noch nicht geschlagen hatte, so deutete sie doch der Zeiger auf dem Zifferblatt täglich an. Mithin handelte meine Mutter wohl sehr vernünftig, indem sie zum Unterhalt ihres eigenen Lebens behielt, was einem schon für tot erklärten, also wirklich toten Mann völlig nutzlos sein mußte.

Der Unglückstag kam heran.

II.

Letztes Gespräch zwischen Ketch und seinem Vater. – Letzter erhabener Augenblick. – Versammlung der alten Weiber bei der Witwe Ketch. – Was wird aus dem Kleinen werden?

Ich kann mit gutem Gewissen nicht wohl sagen, daß der Tod meines ehrwürdigen Vaters mir besonders viel Trauer eingeflößt habe. Sooft eine seiner Expeditionen keinen günstigen Erfolg gehabt, konnte ich einer Tracht Prügel zuversichtlich entgegensehen, und wenn der *Klang*, welcher alle Welt in Bewegung setzt, in unserm Haus fehlte, so öffnete er die nach der Straße führende Tür und lud mich mit sehr kurzen Worten höflichst ein, daß ich selbst in der großen Stadt mit allen ihren Hilfsmitteln mein Glück mir suchen solle.

Indessen besuchte ich ihn doch in seinem Kerker.

»Mein Sohn«, sagte er mit einer gewissen Feierlichkeit, indem er seine fünf Finger von so unmäßiger Länge, daß man sie mit Recht Harpunen nannte, auf meinen Kopf legte, »mein Sohn, morgen früh soll ich gehangen werden.«

Ich wollte weinen, aber ich konnte nicht.

Der Urheber meiner Lage stimmte sich noch feierlicher und fuhr fort: »Mein armer Junge, halte dich an das Gesetz, so wird dir gewiß niemals ein Unglück widerfahren, verstehst du mich? Was übrigens die Welt betrifft, siehst du –«

Bei diesen Worten legte mein Vater den Daumen auf seine Nasenspitze und reckte den Rest der Hand aus, wodurch die Bewegung eines sich ausbreitenden Segels vollkommen deutlich nachgeahmt wurde. »Was übrigens die Welt betrifft, so gebe ich nicht soviel dafür!« Und die Bewegung seiner Hand wurde krampfhaft hastig.

Diese telegraphische Bewegung scheint in der Tat in allen zivilisierten Ländern übereinstimmend ein Zeichen des Hohns und bitterster Ironie zu sein, denn ich sah die Pariser, italienischen, englischen und deutschen Gauner ganz dieselbe Bewegung gebrauchen, wenn sie ihr Gefühl von Superiorität und einer eignen innern Mystifikation ausdrücken wollten.

Hierauf verschwand alles Feierliche bei meinem Vater, er gewann das Aussehen eines Gelangweilten, Unzufriednen, Unruhigen. Endlich verabschiedete mich sein Fuß ganz ohne Umstände. Dies war seine letzte Zärtlichkeit. Die Tür ging auf, und der Geistliche, den man den Ordinarius nennt, trat ein, um meinen Vater zu seiner Reise vorzubereiten.

Ich glaube beinahe, daß dieser gute Pfarrer bei seinem damaligen Beruf seinen Zweck nichts weniger als vollkommen erreichte. Mein Vater verließ das Gefängnis nicht sehr gern. Bald geleitete ihn eine feierliche Prozession an das Ziel der Notwendigkeit, und die Wundärzte des Königs beeilten sich, seinen Leichnam zu wissenschaftlichen Beobachtungen und Versuchen zu benutzen. Währenddessen versammelten sich alle alten Weiber des Stadtbezirks bei meiner Mutter als ein wohlbestallter Senat zur Beratung und Dekretierung meiner künftigen Bestimmung.

Ich vergaß das Porträt meiner Mutter zu geben, obgleich sie diese Ehre in hohem Grade verdient. Also muß ich das Versäumte hier nachholen.

Man denke sich ein Gesicht beinahe ohne Nase und dabei noch das kleine Nasenstümmelchen in der Mitte gebrochen. Ihr Auge war grau, versteckt unter dicken Brauen, rund und durchdringender als das Auge meines Vaters. Einige schwarze und schlecht gekämmte Haare traten nachlässig unter einer Haube hervor, welche eine ihrer Kundschaften ihr unfreiwillig vermacht hatte. Die das Gesicht meiner Mutter besonders charakterisierende Eigentümlichkeit bestand in der ungeheuern Entfernung zwischen der Nase und dem Kinn und einem ungewöhnlichen Naheliegen der Augenbrauen und der Naslöcher; mit einem Wort, die ganze Physiognomie bestand eigentlich aus nichts als einer winzigen Nase und einem unermeßlichen Kinn.

Der auf den Tisch gestellte Gin belebte und begeisterte den ganzen Senat der alten Weiber zu einem reichen Erguß von Meditationen. Jede hatte ihren eigentümlichen Plan und erstattete darüber dem Kollegium einen ausführlichen Vortrag, und je mehr die alten Gehirne der Frau Basen von den Dünsten des köstlichen Getränks benebelt wurden, desto feuriger und bilderreicher schwang sich ihre Phantasie in alle denkbaren Regionen auf. Miß Nimblejan, die hinfälligste dieser Hexen, hatte bereits fünf bis sechs Gläser in den unausfüllbaren Schlund ihres Magens hinabgegossen, als auch sie endlich das Wort nahm.

»Seht, Base Ketch«, sagte sie, »hat man nur ein Kind in die Welt hinauszustoßen, so erlebt man davon eine Menge kleiner Vorteile, versteht Ihr mich? Das kommt ganz natürlich von dem Brik und Brok. Erinnert Ihr Euch noch des armen Jemmy?«

Eine andere hohle Stimme fiel krächzend ein: »Aha, Ihr meint den Kleinen, der in das andere Land abgezogen ist?«

»Ohne Zweifel«, erwiderte die zärtliche Matrone, indem sie eine Schürze von schwarzem Packtuch an ihre runzligen und trocknen Wimpern führte, als wolle sie Tränen trocknen, die doch nicht zum Vorschein kamen, »jetzt muß der arme Junge wohl in Botanibay angekommen sein! Er hat dort zwölf Stricke zu ziehen [12 Jahre zu bleiben], bevor er wieder zurückkommen darf. Solang er als Lehrling bei dem Apotheker Turluby stand, ach! was hat er mir nicht da für allerliebste Kleinigkeiten mitgebracht! Allerlei liebe, kleine Dingerchen, wahre Herrlichkeiten – und der Apotheker selbst dachte nicht einmal daran, den guten Jungen deshalb zu verfolgen, aber einer seiner Kollegen zwang ihn dazu. Oh, meine lieben Freundinnen, mit dem Jungen habe ich in der Tat Großes verloren!«

Alle die edlen Mütter und Basen beklagten voll süßer Sympathie und mit rührendem Pathos das Geschick eines Diebes, der schon bei seinem ersten Versuch ertappt worden.

III.

Der junge Ketch in einer Schule der Mildtätigkeit. –
Seine ersten Waffentaten. –
Sein Krieg gegen den Pedellen. –
Seine Mutter in Botanibay. – Sein Alleinstehen in der Welt. –
Er sucht seinen Oheim, den Scharfrichter, auf. –
Porträt von Jonathan Ketch, dem Scharfrichter von London. –
Haushalt desselben. – Mistreß Ketch,
die Henkerin des Henkers.

So wuchs ich heran und gedieh unter dem Schutz dieser Weiber, welche keine eigentlichen Schutzengel waren, und in der Furcht vor den Gerichtshöfen und den Sheriffs. Ich war noch sehr jung, und meine Geschicklichkeit fand selten einen Anlaß, sich durch Übung zu vervollkommnen und zu verfeinern. Indessen ging ich doch auf Beute aus, soweit meine geringen

Kräfte es gestatteten. Ich eskamotierte die Äpfel bei der Obstfrau, die, oft unreif, in meinem Magen stürmische Rache übten; allen Knaben meines Alters entführte ich ihre Kuchen und Leckereien; in der unentgeltlichen Schule waren das Pult und die Taschen des Lehrers die Ziele meiner Versuche. Während alle meine ernsten und stupiden Kameraden sich in Schlachtordnung vor der langen, magern, ausgetrockneten, aber ehrwürdigen Gestalt unsers Lehrers aufstellten, schlich ich mit Fuchstritten um den Tisch und versuchte einen Griff in die Tiefe seiner Taschen; so wurde der gute Mann für mich eine wahre Übungspuppe. Wenn der arme Lehrer diese lediglich für ihn geschriebenen Zeilen liest, so wird er mir alle meine Jugendstreiche, den Gebrauch, den ich von meinem schwarzen Kleid gemacht, und die vielen Tabaksdosen, deren Verlust er so oft bitter beklagte, gütigst verzeihen.

Was meine intellektuellen Fortschritte betrifft, so ging es damit um so langsamer, da der gute Lehrer dieser unentgeltlichen Schule für seinen Beruf nicht sehr geeignet war. Man mußte seinen hagern, bleifarbigen Kopf sehen, der über alle unsere Köpfe hoch emporragte, wenn er im Hintergrund des großen, nackten und öden Saals stehend, mit seinem ungeheuren Knochenfinger auf die griechischen Wurzeln und die Rudimente deutete, wobei wir ihm sehr schlecht folgten. Er schlief so gut wie wir und litt an derselben Langeweile. Nach Verfluß eines Jahres war ich dieser flachen Bahn ohne alle Abenteuer und Abwechslungen herzlich überdrüssig. Eine gegen die Zöglinge der unentgeltlichen Schulen gewöhnlich geübte Tyrannei zwang mich, jeden Sonntag die Orgel zu besteigen und deren Blasebalg zu treiben. Das Grollen, Beben, Pfeifen, Brummen und ungeheure Leiden dieses unermeßlichen harmonischen Körpers anhören zu müssen und, wenn man nur das Gesicht abwendet oder die geringsten Fehler macht, von dem lauernden Pedellen mit einem unbarmherzigen Puff zurechtgewiesen zu werden, ist wahrlich eine seltsame Unterhaltung für einen Knaben. Ich erlauerte eines Tages den Augenblick, wo er ungeheuer beschäftigt war und vor der sehr großen Versammlung beim Gottesdienst sich sehr zusammennehmen mußte, um aus seiner linken Wade ein eigentümliches Nadelkissen zu machen. An einem dünnen, sehr langen Stäbchen hatte ich eine große Nadel künstlich befestigt. Sooft sie in sein Fleisch eindrang, entfuhr seiner Brust ein sehr unmusikalisches Gestöhne, ähnlich der quiekenden Stimme junger, verlassener Katzen. Die Wiederholung dieser gräßlichen Töne trieb alle Köpfe in die Höhe, aller Blicke wendeten sich dahin, und die Zeremonie war gestört. Ich wurde nicht nur aus der Kirche gejagt, sondern die Vorstände des Kirchspiels erinnerten sich bei dieser Gelegenheit auch, daß mehrere der Schule oder den Mitschülern gehörige Gegenstände lediglich kraft meines Willens einen Übergang in andere Regionen gemacht hatten, was den Herren als ziemlich illegitim erschien. Sie eröffneten mir daher die Pforten ihres Reichs und sendeten mich meiner guten und ehrwürdigen Mutter zurück.

Diese liebe Frau selbst wurde bald darauf nach Botanibay geleitet, in dessen Schoß sie noch heute verweilt.

So stand ich allein, ganz allein auf dem großen Schauplatz der Welt. Was tun? Wohin mich wenden? Zum Glück entsann ich mich, daß ich noch einen Oheim hatte, Herrn Jonathan Ketch, der mich von frühester Kindheit an mit besonderm Wohlgefallen betrachtet hatte. Mit beiden Händen in meinen Taschen und ohne einen Gedanken an die Zukunft machte ich mich auf den Weg nach seiner Wohnung.

Hier beginnt eigentlich erst mein wirkliches Leben.

Herr Jonathan Ketch, dessen gastfreundliches Dach meine Jünglingschaft schirmte, verwaltete seit einer langen Reihe von Jahren das wichtige und ehrenwerte Amt eines Scharfrichters in der Haupt- und Residenzstadt London. Er war also der Mann, welcher die Unglücklichen von allen Mühen, Lasten, Besorgnissen, Ängsten und Schmerzen dieses Lebens auf das schnellste und sicherste befreite. Gleich einem gewissen französischen Philosophen, von dem mein Doktor mir einst gesprochen hat, überzeugt, daß sein Beruf ein wahrhaft providentieller sei, hielt er alle diejenigen, welche er nicht aufhängen durfte, für Verkürzer und Diebe an seinem Amt. Das mit so zahllosen Fehlern befleckte Menschengeschlecht erschien ihm als sein natürliches Eigentum und notwendiges Erbteil. Er betrachtete sich als den Besitzer eines emphyteutischen Lebens; seine Mieter vergessen, daß er besteht, aber nach Verfluß eines gewissen Termins muß man seine Schuld bezahlen und abmarschieren.

Wie oft sagte mir mein lieber Oheim lachend: »Mein guter Junge, du wirst gehangen werden!«

Ich gab mir alle erdenkliche Mühe, meinen lieben Oheim der Lüge zu strafen.

Sein Äußeres war eigentümlich und seltsam. Er hatte ziemlich krumme, beinahe verschrobene Beine, ein fast viereckiges Gesicht, glotzende Augen, eine dreieckige Nase wie der Zeiger an einer Sonnenuhr, die Ohren so hoch oben am Kopf, daß sie wie zwei Handhaben erschienen, woran die Natur diesen außergewöhnlichen Kopf gefaßt hatte, um ihn auf diesen korrupten und buckligen Körper zu setzen. Eine sehr gute Seele oder, wenn man lieber will, die Seele eines gutmütigen Tropfes wohnte in diesem sonderbaren Körper. Es ist mir wahrlich eine heilige Pflicht, meinem vortrefflichen Oheim Gerechtigkeit widerfahren zu lassen. Wie friedlich und leutselig war sein Charakter! Weder die Hunde, welche ohne Anstoß unter der Arkade seiner beiden Beine durchgingen, noch die unheilbaren Patienten, deren Heilung seine Hand durch Einschnürung ihrer Glieder zustande bringen sollte, hatten sich im geringsten über ihn zu beklagen. Niemals tilgte ein Mann mit mehr Leichtigkeit und graziöser Gewandtheit die Schwiele, welche man gewöhnlich das Leben nennt.

Während des größten Teils des Jahres schlief er wie ein Murmeltier, mit den Ellbogen auf einen Tisch gestützt, der mit Ale und Gin reichlich belastet war. Er erwachte nur selten zu einer andern Zeit, als wenn die Eröffnung der Gerichtssitzungen für ihn von neuem die Laufbahn der öffentlichen Tätigkeit erschloß. Dann beschäftigte ihn die Überwachung und Besorgung der zu seinem Beruf nötigen Zimmerhölzer, die Einrichtung aller Details, die Organisation des vollkommensten Ensembles in allem, was sich auf das große Opfer bezog, dessen Oberpriester er war, in so hohem Grad, daß er an anderes während dieser Periode nicht wohl denken konnte.

Zeitlebens hätte ich mich nicht nach einem andern Asyl gesehnt, wäre nicht der Genius meines Lebens mir unaufhörlich im Ohr gelegen, um mir stündlich die Sehnsucht nach Freiheit, diesem heiligsten Bedürfnis des Menschen, lebhafter einzuflüstern. Auch hatte der liebe Oheim die abscheuliche Gewohnheit, den Leuten der Polizei alle seine moralischen und philosophischen Beobachtungen und noch vieles andere zu erzählen, was sich für ihn in bares Geld verwandelte, aber die übrigen Menschen mitunter bedeutend genierte oder in namhafte Verlegenheiten bringen konnte.

Wer diese Denkwürdigkeiten liest, sieht hoffentlich auch ein, daß ich nicht zu der ärmlichen Klasse von Schriftstellern gehöre, welche sich selbst mit einem Nimbus zu schmücken bestreben, indem sie um alle ihre Angehörigen eine strahlende Glorie zu verbreiten suchen. Weder mein lieber Oheim noch mein ehrwürdiger Vater noch meine brave Mutter sind hier als vollkommene Heilige geschildert. Bei ihnen wie bei mir hatten die Begriffe von Eigentum, Recht und Unrecht weder die gehörige Klarheit noch die übliche Festigkeit gewonnen. Indessen muß ich Herrn Jonathan Gerechtigkeit widerfahren lassen. Dieser arme Oheim, den seine Mißgestaltung und Schlafsucht aus der menschlichen Gesellschaft verbannten, war ohngeachtet aller auf seinem Amt lastenden Schrecknisse in seinem Haus ein wahrhaft gutmütiges Schaf.

Seiner furchtbaren Gemahlin antwortete er niemals anders als durch übermäßige Gefälligkeiten, demütiges Lächeln und wahrhaft pathetisches Bitten. Vollstreckte er die Werke der menschlichen Gerechtigkeit, so vollstreckte Mistreß Jonathan an ihm den Spruch irgendeines Gottesurteils; ihr auffallender Überfluß an Energie verwandelte sich in eine fürchterliche Geißel, es verfloß selten ein Tag, ohne daß nicht diese Dame alles im Haus auf den Kopf gestellt hätte. Stühle flogen umher, Tische wurden zertrümmert, Geräte und Geschirr zu Türen und Fenstern hinausgeworfen; zerstörend wie Blitze und Lavaströme fuhr sie vom Parterre in den ersten Stock hinauf und wieder herab, die Bettvorhänge seufzten unter ihrer mächtigen Faust, und die umgestürzten Bettstellen schienen durch ihr Ächzen sich beklagen zu wollen. Mein sanfter Oheim wurde unter dem dreifachen Despotismus einer dreifachen Übermacht erdrückt, der Übermacht der Beredsamkeit einer unerschöpflichen Lunge, der Intelligenz und der physischen Kraft. Man mußte sie nur sehen, wie sie mit stürmischer Leichtigkeit und Vehemenz Schlag auf Schlag ihre Argumente durcheinanderwarf, herausdonnerte, herauszischte, herausschleuderte, dann den gutmütigen Gemahl an beiden Ohren in die Höhe hob, wieder unsanft fallen ließ und die eheherrliche Beredsamkeit in dem weiblichen Geheul und Gebrüll völlig ersäufte.

Kam mir einmal in den Sinn, zugunsten der Unschuld des Oheims Partei zu nehmen, so wurde ich im Nu wie ein Strohhalm aufgehoben, in einen Schrank oder in ein sonstiges Behältnis geschleudert und dort meinen Meditationen überlassen. Äußerte ich nur die geringste Widersetzlichkeit, so lag ich auch gewiß augenblicklich in der Steinkohlenkammer, wo ich mit aller Bequemlichkeit über mein Schicksal nachdenken, die Weichheit, Fettigkeit oder Magerkeit der angehäuften Vorräte von Steinkohlen und Torf durch Betasten studieren konnte. Mein lieber Oheim, der niemals den Mut hatte, selbst sie offen anzugreifen, ermutigte mich auf alle erdenkliche Weise zu mancherlei Finessen und Bosheiten, wodurch ihr Ärger erregt oder ihr ein Streich gespielt werden konnte. War die Tabaksdose von Mistreß Ketch versteckt, ihre Ginflasche zur Hälfte mit Wasser gemengt, so äußerte mein guter Oheim seine kindliche Freude durch ein ironisches Lächeln und beifällige Winke, verzog aber sein Gesicht augenblicklich zu der vollkommensten Gleichgültigkeit und Ruhe, sobald die schreckliche Megäre den Kopf nach ihm umwendete; alle seine Muskeln erstarrten, er wagte kaum mehr zu atmen und zitterte, daß Arme und Beine ihm schlotterten.

IV.

Häusliche Szenen. – Der Scharfrichter und seine Frau. –
Intervention des Neffen. – Eine neue Person. –
Was ein Attorney ist. – Porträt von Jabel Snavez. –
Was er unter Rechtspflege versteht. –
John Ketch bei dem Attorney. –
Philosophische Theorien über das Eigentum.

Als mein Oheim eines Tages (weit besserer Laune als gewöhnlich) in einer Ecke hinter dem Kamin ruhig sein Lieblingsgetränk, einige Flaschen Ale, schlürfte, hörten wir die furchtbare Stimme seiner Gemahlin. Das Gehirn meines guten Oheims war an diesem Tag etwas exaltiert, so kam es denn, daß er, der in der Regel bei den heftigsten Stürmen schweigend und ruhig blieb, diesmal Worte und Mut fand.

Er rief: »Wahrhaftig, dieses Weib läßt mich ein wahres Kamelleben führen!«

»Wahr ist's, mein Oheim«, rief ich, indem ich ihn auf seinen Buckel klopfte.

»Laß meinen Buckel in Ruhe! Dieses Weib ist ein Scheusal, und ich möchte ihr wohl einmal einen kleinen Freundschaftsdienst meines Handwerks erweisen.« Und dabei machte er eine Pantomime, wie ich solche sehr oft von ihm auf der Höhe seiner Leiter im entscheidenden Augenblick gesehen hatte.

»Ha! Das möchtest du? Ei! Das wolltest du?« donnerte eine furchtbare Stimme. »Geduld, Meister, ich will dir's zeigen!«

Die unter den Krallenfingern seiner Ehehälfte beinahe zermatschte Nase schien sich ganz von dem Gesicht ablösen zu wollen. Als ich den vollen Ernst dieses Paroxysmus bemerkte, ergriff ich das Schüreisen und paßte auf. Die vollkommene Resignation meines Oheims schien unsere Verfolgerin zu entwaffnen, aber ihre Wut suchte bloß einen andern Gegenstand, sie wendete sich gegen mich. Ich fand gar nicht für nötig, ihren Angriff geduldig abzuwarten, versetzte meiner Tante mit der Spitze meines Schüreisens einen soliden Stoß zwischen die Rippen, versetzte ihr eine zweite, tüchtige Benachrichtigung auf den Schädel und brachte sie dadurch nicht nur zum Schweigen, sondern auch zu augenblicklicher Unbeweglichkeit. Beim Anblick seines auf den Boden hingestreckten Erbfeindes strahlte ein Lächeln des Behagens durch die Tränen meines Oheims, und er konnte sich der Worte nicht enthalten: »Also hast du dich meinem Amt unterzogen!«

Von dem Lärm angezogen, strömten alle Nachbarn in das Haus, und jeder nahm, je nach der Spezialität seines Charakters und nach der augenblicklichen Laune, Partei für einen der Schauspieler. Man mußte Mistreß Ketch zu Bett bringen und den Arzt erwarten. Indessen blieben wir beide unbeweglich einander gegenüber, Auge in Auge, da entriß uns plötzlich die Ankunft einer neuen Person dieser Art von Erstarrung.

Es war ein kleiner, sehr schmächtiger Mann, in Schwarz oder ohngefähr so gekleidet, mit einem Gesicht wie eine Messerklinge und sehr spitzer Nase; bleich wie ein Mondstrahl, gesprächig wie ein Gerichtsdiener, dem man soeben die Kosten bezahlt hat, leise sprechend, flüsternd, aber in dumpfem, heiserem Tone; aufmerksam auf alle seine Bewegungen, abwärts blickend und schief gehend. Sehr neugierig untersuchte er den Rohrstuhl, bevor er sich darauf setzte, schob die Schöße seines Rocks sorgfältig beiseite, damit das Gewicht seines Körpers deren Draperie nicht beeinträchtigen könne, und redete dann erst uns an.

Er nannte sich Jabel Snavez. Von Gewerbe war er ein Attorney, das heißt ein Rechtsanwalt, Advokat und Huissier zugleich. Er kam sehr oft zu meinem Oheim, so ohngefähr wie ein Jäger gern im Wald spazierengeht. Das Geschäft meines Oheims und das des Herrn Jabel hatten einige Verwandtschaft miteinander. Der eine wie der andere lebte nur von menschlichen Verirrungen und Fehlern, und wer die Grincherie unterdrückt hätte, würde damit auch sie beide unterdrückt haben.

Jabel beschäftigte sich hauptsächlich mit Verteidigung der Delinquenten, deren Leben sehr in Gefahr stand, und mein Oheim wies ihm oft vortreffliche Kranke dieser Gattung zu. Jabel bereitete sie vor, Ketch richtete sie hin, so entspann sich zwischen beiden eine intime Freundschaft.

Jabel sagte: »Wird ein Gesetz verletzt, so muß man zum Gesetz selbst seine Zuflucht nehmen, um zu beweisen, daß es nicht verletzt worden sei. Gift ist das beste Mittel gegen Gift; es gibt keinen bessern Spürhund als einen alten Dieb; kein Mensch auf dieser Welt ist gelehrter in der Kunst, die Gläubiger an der Nase herumzuführen, als ein Huissier. Mithin bin ich der beste Verteidiger in Kriminalangelegenheiten. Ich weiß die Sache immer so einzurichten, daß ich der Justiz und mir selbst Genüge leiste, mein Klient wird gehangen und mein Honorar bis zum letzten Heller bezahlt.«

Diese der Bevölkerung von Altengland wenig zuträgliche Methode hatte Jabel bis zu seinem fünfundvierzigsten Jahre durchgeführt und schwebte dabei immer zwischen Hunger und Durst. Jabel bewunderte die Geschicklichkeit meines Oheims, und mein Oheim bewunderte Jabels Finesse. Beide teilten sich gegenseitige Vorteile mit und wiesen sich gleichsam gegenseitig Verdienst zu. Ich glaube nicht, daß Snavez von Neid, Haß und Ehrgeiz etwas wußte. Er liebte seinen Nächsten sehr, sofern dieser sich geduldig nehmen ließ, was der Attorney nehmen wollte und konnte.

Die Philosophen machen viel Gerede von Gewissen und Gewissensbissen; Herr Jabel würde beim Anhören eines solchen Wortes in nicht geringes Erstaunen versetzt worden sein. Nachdem er aus seiner Tasche eine jener kleinen Büchsen von weißem Holz gezogen hatte, deren sich einfache Menschen zur Aufbewahrung ihres Schnupftabaks bedienen, schlürfte er behaglich seine Prise.

Dann begann er lächelnd seinen Dialog: »Wohlan, Vater Jonathan, haben wir ein bißchen zu tun? Sind wir zufrieden? Halb und halb, nicht wahr? Die Geschäfte gehen schlecht: armselige kleine Diebereien, es ist ein wahrer Jammer! Aber es scheint ja, als hörtet Ihr mich gar nicht an; was bedeutet denn die Entstellung Eures Gesichts? Was ist Euch widerfahren? Ihr habt eine vortreffliche Gesundheit, ein köstliches Geschäft, was zum Teufel wollt Ihr denn mehr? Ihr seht heute eher aus wie ein Gefangener als wie ein Henker!«

Herr Jabel hatte damit eines der grausamen Wortspiele ausgesprochen, welche sein charmanter Witz von Zeit zu Zeit ihm eingab. Er betrachtete mich mit dem Ausdruck ernster Zufriedenheit, und ich antwortete ihm durch eine Art von Lächeln. Mein Oheim hatte sich wieder gesetzt und versuchte ebenfalls, sich ein Lächeln abzugewinnen.

Ich nahm die Erzählung der ehelichen Szene auf mich, und Herr Jabel versicherte, die ganze Geschichte freundlich und zu allgemeiner Zufriedenheit abmachen zu wollen. Zu diesem Zweck verfügte er sich hinauf zu der Kranken, die ihm stets viel Achtung und Rücksicht bewiesen hatte, und bald kam er mit der Neuigkeit wieder herab, daß Mistreß Ketch vor allen Dingen meine augenblickliche Entfernung aus dem Haus verlangte.

Als wahrer Freund fügte Herr Jabel hinzu, er wolle mich mit sich nehmen, vorderhand in seiner Kanzlei verwenden und bis auf weitere Befehle mir Wohnung und Kost geben. »Vielleicht«, fuhr er fort, »wird bald eine Zeit kommen, wo der kleine John durch seine Tätigkeit sich eine kleine Besoldung erwerben kann.«

»Wirklich?« rief mein Oheim ganz erstaunt. »Snavez, Sie sollen dabei nichts verlieren. John ist ein feiner Junge und kennt sich in der Welt schon aus. Nicht alles, was man will, kann man aus ihm machen, aber der kleine Spitzbube berechtigt zu den schönsten Hoffnungen, nicht wahr, mein Täubchen?«

Er begleitete diese Worte mit einem freundlichen Klaps. Mehrere Gläser Grog berichtigten vollends alle Stipulationen des Vertrags, und am folgenden Morgen rüstete ich mich, diese Wohnung zu verlassen, die mir teuer geworden war, deren alte, zerbrochene Stühle und übrige wenig grandiose Möbel ich sehr liebte. Aber alle sentimentalen Schwachheiten äußerten sich bei mir von jeher nur sehr vorübergehend. Ich ging hinab, wichste meine Schuhe und wandelte dann festen Schrittes zu Herrn Jabel.

V.

Die Schreibstube eines Attorney zu Cheapside. – Der Schreiber des Attorney. – Das Frühstück in der Kanzlei. – Der einzige Klient.

Der Attorney Jabel Snavez wohnte im Bezirk von Cheapside. Eine jener kleinen Gassen, welche dem Riß in einem Felsen ähnlich sehen und zwischen der dichten Masse anderer Gebäude sich fortschlängeln, verbarg aller Augen sein dunkles Kanzleibehältnis. Als ich meinen Fuß in die Schreibstube setzte, fragte mich ein junger, großer, magerer Mensch mit gebeugtem Rücken, schmaler Brust und schwarzem Auge, das über einem ausgehungerten Gesicht funkelte, um mein Begehren.

»Ich wünsche mit Herrn Jabel zu sprechen«, antwortete ich einfach, aus Besorgnis, dem jungen Mann nicht zu verraten, daß ich eigentlich gekommen, seine Herrschaft hier zu teilen, dabei fuhr ich ruhig fort, das Lokal ringsumher zu betrachten, und machte in der Stille meine eigentümlichen Bemerkungen.

An dem jungen Mann bewunderte ich die kleine, vergilbte, eingeschrumpfte Krawatte, welche wie ein Strick um den Hals eines Delinquenten gewunden war, ferner den bis ans Kinn zugeknöpften Frack und diese gelbe, für den Frack viel zu lange Weste und diese Ärmel, welche aus Eigensinn oder aus Verachtung bei weitem nicht bis an den Handknöchel hinabreichten. Nach vollendeter Betrachtung drehte ich einen meiner Finger um den andern, hielt die Hände zwischen den Knien, wie es seit undenklichen Zeiten bei allen verlegenen Leuten geschieht, und sah dabei an die Decke empor. Der junge Mensch, dessen Feder zu schreiben aufgehört hatte, schien desto mehr Lust zum Plaudern zu gewinnen, je hartnäckiger ich jeder von ihm angeknüpften Konversation auswich. Er verließ sein Schreibpult und seinen großen Stuhl und schürte das armselige Feuer, welches kaum bemerklich in einer Ecke das Kamins vegetierte. Dieses Feuer bestand aus zwei Bruchstücken von ausgebrannter Kohle, welche alle Anstrengungen des Schüreisens sehr ironisch mit einem Pfeifen und einem Fünkchen beantwortete.

»Ist es von großer Wichtigkeit, was Ihr dem Herrn Jabel zu sagen habt?« fragte mich der Schreiber, indem er das kleine Werkzeug von verrostetem Eisen, das er so geschickt zwischen das Gitter des Herdes einzuschieben gewußt hatte, wieder an seine Stelle brachte.

Ich nannte meinen Namen und den Grund meines Erscheinens.

Barsch fuhr der Schreiber fort: »Kennt Ihr den alten Jabel?«

»Sehr wenig, mein Herr.«

»Nichts von Herr unter uns, wenn es Euch gefällig ist. Ich heiße Wisp, Ihr heißt Ketch, und damit holla! Was zum Teufel will dieser alte Jabel mit Euch anfangen? Er hat nicht genug Arbeit für einen Schreiber, woher soll er denn nun Beschäftigung für deren zwei finden? – Indessen – habt Ihr Geld bei Euch?«

»Achtzehn Pence, die mein Oheim vor meinem Abgang mir gegeben hat.«

»Ich frage nicht etwa, als ob ich dessen bedürfte, auf Ehre nicht! Aber wie wäre es, wenn wir vor der Ankunft des Patrons uns ein wenig erfrischten? Nehmt Ihr den Käse und das Bier auf Euch, ich habe da in meinem Pult einige Stückchen Brot, welche wir dabei trefflich benutzen können.«

Um wohlfeilen Preis einen kostbaren Freund gewinnen, der mich in alle Mysterien des Hauses einweihen konnte, kam mir sehr gelegen. Nach zwei Minuten war ich wieder mit allen Elementen zu unserem Mahl zurück.

»Das nenne ich mir doch einen liebenswürdigen Jungen!« rief Wisp. »Zum Teufel! Keine Steinkohlen mehr, und der Fruchthändler ließ uns beide lieber hängen, als uns Kredit zu geben. Hervor mit euch alten Aktenstößen! Diese für die ganze Welt unnützen Papiere werden wenigstens uns ein bißchen wärmen. Jabel wird ohngefähr erst in einer Stunde zurückkommen, machen wir's uns indessen bequem. Seht, es gibt auf der ganzen Welt keinen geräucherten Fisch, der nicht an Bankzetteln und barem Geld reicher wäre als dieser alte Spitzbube! Bald sind es vier Jahre, daß ich hier bin, und der Teufel soll mich holen, wenn ich jemals mehr als fünfzehn Schillinge wöchentlich verdient habe, fünfzehn miserable Schillinge! Das ist nicht Kohle genug, um ein gutes Feuer zu machen, nicht wahr? Ich wollte mich bei dem alten Racony verdingen, aber es sind noch nicht zwei Monate her, daß dieser seine Bude schließen mußte und ausgespielt hat.«

Dies alles flößte mir kein großes Vertrauen auf die Börse und den Edelmut des Freundes Jabel ein. Mein Kamerad bemerkte meine Ängstlichkeit.

»Deshalb nur nicht verzweifeln, mein Lieber! Habt Ihr nur eine halbwegs gute Konstitution und ein kräftiges Temperament, so läßt sich alles aushalten. Ihr seht mir wenigstens etwas besser aus als der arme kleine Billy, der knickte um wie ein Rohr, und weg war er! Verraucht, verronnen wie dieser Schluck Bier. Hier schlief er, unter diesem Pult, auf derselben Stelle, wo Ihr heute nacht liegen werdet. Oho! Euer Gesicht wird so lang wie ein brotloser Tag, und Ihr lächelt so greulich, daß einem dabei angst und bange wird. Mit Snavez wird es auf diese Weise nicht lange fortgehen, und bis bessere Zeiten kommen, habt Ihr einstweilen meine Unterhaltung, die wohl soviel wert ist wie manche andere, diese Höhle zum Schlafen und eine Matratze von schönem Umfang, aber so hart wie altbackenes Brot. – Pst! Er kommt.«

Wie eine Kaatze sich über ein Dach wegschwingt, sprang er auf seinen Schemel; in einem Nu war der leere Bierkrug in das Pult begraben, man hörte die tätige Feder meines Dienstbruders mit wundervoller Schnelligkeit über das Papier wegrauschen, und Snavez trat ein, hinter ihm ein großer, schwarz gekleideter Mann, schon hoch in den Jahren.

»Wisp«, sagte Jabel mit seiner süßlichen und heiseren Stimme, »du mußt diesem jungen Mann Arbeit geben. Sein Oheim, der wackere Jonathan Ketch, mein Freund, will aus ihm einen Advokaten machen.«

»Ich will ihm welche geben«, antwortete Wisp mit ehrfurchtsvoller Miene und unterwürfigem Ton.

Die beiden Herren gingen in das Kabinett des Advokaten. Wisp zog seine Augenbrauen zusammen, riß das Maul schief auf, streckte die Zunge heraus und schnitt hinter ihrem Rücken eine jener Grimassen, wovon man keinen Begriff hat, solange man nicht den Schreiber eines Huissier oder eines Advokaten in seinen Ergüssen zu sehen das Glück hatte.

»Sagt mir, Ketch«, fuhr er fort, während seine sklavische Feder den Galimathias einer Anweisung langsam abschrieb, »habt Ihr den Herrn, der mit Jabel hineinging, ordentlich betrachtet? Das ist unser einziger Klient, ein braver Mann, meiner Treu! Die anderen zähle ich gar nicht mit, das ist nur Galgenfutter, was uns mit alten Kleidern bezahlt. Aber dieser Herr war früher Militär; ich weiß nicht, auf welche Weise Jabel ihn in sein Netz gezogen hat, genug, er wird bei ihm viel gewinnen!«

Jabel und sein einziger Klient kommen wieder aus dem Kabinett, und Wisp wird sogleich stumm wie ein Trappist.

»Wisp, ich gehe aus«, sprach Jabel mit demselben Flöten der Stimme. »Wahrscheinlich werden mich die Angelegenheiten des Herrn Wilmot bis zur Nacht beschäftigen. Man sorge für diesen jungen Mann, und Ihr, mein Lieber, tut alles mögliche, daß er sich bei mir wohlbefinde!«

»Alles mögliche! Alter Spitzbube! Habt Ihr's wohl gehört? Er geht fort, er, das ist ihm gleichgültig. Hier im ganzen Hause ist kein Stümmelchen Licht, kein Span Holz, kein Tropfen Wasser, kein Schluck Wein, keine Handvoll Kohlen. ›Ihr tut alles mögliche, mein Lieber!‹ – Verehrungswürdiger Greis, geh nur! – John, die Stunde des Mittagessens ist da; bei meiner Treu, ich will zu Mittag essen. Nach zwei Stunden werden wir uns hier wiederfinden.«

Und er ergriff hastig die ungeschlachten Trümmer eines Hutes, der ganz in Stücke zu gehen drohte. Ich eilte zu meinem lieben Oheim, bei ihm mich Rats zu erholen und eine milde Gabe zu erschnappen. Bei meiner Rückkehr in die Schreibstube fand ich Wisp wieder, der mir den Vorschlag machte, ihn in die Schenke »Zur Flasche und Elster« zu begleiten.

VI.

Die Schenke »Zur Flasche und Elster«. –
Ihr Inneres. – Ihre Bewohner. – Die Gaunersprache. –
Herr Wilmot, der Oberst außer Dienst. –
Der erste des Galgens würdige Streich. –
Meister Spitzbube findet seinen Meister.

Die »Flasche und Elster« war eine jener kleinen Schenken, wo sich alle Leute versammeln, welche mit der menschlichen Gesellschaft nicht auf einem allzu freundlichen Fuß stehen. Das halbzerfallene Tavernenzeichen hing in einer kleinen Gasse nahe bei Drury-Lane und wiegte sich bei jedem Wind.

Es war vielmehr nur die Ruine einer Schenke als eine eigentliche Schenke. Ein schwaches Licht ließ seinen ärmlichen Schimmer durch die Scheiben von Holz und grauem Papier, welche die böhmischen Gläser ersetzt hatten, mühsam eindringen. Keine äußere Pracht diente hier zur Verführung von Kunden, auf die man gar nicht mehr rechnete, und die alten Fensterläden waren halb geschlossen. Indessen fuhr die Eigentümerin, Mistreß Malking, doch immer lustig fort, diese Ruine auszubeuten, und zwar mittels einiger Personen, die nicht minder entblößt, verarmt und verwittert waren als das Haus selbst. Die Spinnengewebe waren die einzigen Draperien in der alten Wirtsstube. Nahe am Comptoir verzehrte eine alte Frau von sehr merklichem Embonpoint, mit einer eisernen Gabel in der Hand und mit starrem Blick auf eine Schüssel voll Gemüse, ihre frugale Mahlzeit.

»Nun, Mutter Malking«, redete Wisp sie an, »wie geht's, wie steht's?«

»Schlecht, sehr schlecht! Der Katarrh erstickt mich beinah und raubt mir allen Appetit.« Und behaglich fuhr sie in ihrer Mahlzeit fort.

Wisp grüßte ehrfurchtsvoll einen kurzen, untersetzten, breitschultrigen Mann, der im Winkel am Feuer seine Pfeife rauchte, dann Miß Susanne, die ältere Tochter, welche an der mütterlichen Mahlzeit teilnahm, hierauf Miß Betsy, die jüngere und rothaarige, deren Kamm die Jungfräulichkeit geschont hatte, nun einen kleinen, runden Mann, der völlig frisiert war und mit seinem Gin sich lebhaft beschäftigte, endlich meinen sehr ehrwürdigen Lehrer, den ich augenblicklich erkannte und den das Mißgeschick hier her geschleudert hatte. Kein Kleid im ganzen Zimmer, welches nicht abgeschabt, verfärbt und schmutzig gewesen wäre; kein Hemd, welches nicht mit Ausnahme von Weiß in irgendeiner Farbe des Prismas gespielt hätte; kein Glas ohne Sprung oder Bruch; kein eiserner Leuchter ohne die Fettspuren langjähriger Dienste. Die alten Bänke, welche ehemals gedient hatten und worauf sich jetzt niemand mehr setzen wollte, waren alle aufrecht oder umgekehrt an die mit Hieroglyphen bedeckte Wand gelehnt.

Meine von der zärtlichen Mutter vor ihrer Deportation nach Botanibay begonnene Erziehung hatte bei meinem Oheim keine großen Fortschritte gemacht; die Schenke sollte meinen Kenntnissen, Manieren und Talenten die letzte Politur verleihen. Hier lernte ich die in allen Spitzbubenherbergen übliche Sprache, das Idiom der Gauner, das Rotwelsch, diese sehr nützliche Wissenschaft, welche mir auch in meinem jetzigen Stand noch die trefflichsten Früchte bringt.

Ihr Herren und Damen, die Ihr in der höhern Welt lebt, glaubt doch ja nicht, daß die Sprache der Galgenvögel etwas sehr Hartes oder Abschreckendes sei. Der Kauz, den ihr einen Spitzbuben nennt, ist heiter, jovial, übt sich in Wortspielen, reißt seine Witze, macht ein Trinklied, ist galant. Wollte ich einige unserer Konversationen hier wiederholen, so würde man über unsern guten Humor und die Naivität erstaunen, womit wir allen Dingen eine eigene Gestalt zu geben wissen. Ein Gehangener »hat einen Unfall erlebt« oder litt an einem kleinen »Halsübel«, ein nach Botanibay Deportierter wird kurzweg ein »Reisender« genannt. Grimes, der nicht viel Umstände mit dem Leben eines Menschen machte und während seiner Laufbahn so viele Menschen geopfert hatte, als ein Holzhauer Bäume fällt, war unerschöpflich in Wortspielen. Mein Schulmeister wollte alle diese Bonmots sammeln und daraus ein Buch machen, dem er den Titel der »Attischen Nächte« gab; der gute Mann hatte damit nicht unrecht. Aber kehren wir zu meiner Erzählung zurück.

Ich war jung, ich schlief leicht und fest. Die eisenharte Matratze, worauf ich mich hinstreckte, dünkte mir so weich wie Eiderdaunen, und das bizarre Behältnis, welches man mir zum Schlafgemach angewiesen, erschien mir als ein köstliches Asyl. Beinahe zwei Monate lang begnügte ich mich sehr philosophisch mit diesem Lager, das Geplauder von Wisp, die in der Taverne verbrachten Abende und einige Besuche bei meinem Oheim füllten meine Zeit aus, bildeten meinen Geist und mein Herz. Währenddessen hatte ich höchstens zuweilen eine miserable Beute gemacht, zum Beispiel einen Almanach der Tribunale Herrn Snavez gestohlen oder einige Bogen Papier meinem Kameraden heimlich entwendet.

Jabel beschäftigte sich ununterbrochen mit der wichtigen Angelegenheit, welche sein einziger Klient ihm anvertraut hatte. Dieser exemplarische Mann gelangte endlich, ohne Zweifel mit Hilfe der Advokaten Sley und Sharp sowie des Kanzlers, der unsern Klienten ein wenig kannte, aber vorzüglich doch durch seine eigene, unüberwindliche Beharrlichkeit an das heißersehnte Ziel, indem er ein Urteil erwirkte; hiernach wurde ihm eine Summe von zweitausendneunhundertdreiundneunzig Pfund, sechzehn Schilling und drei Penny ausgezahlt, damit er solche seinem Klienten, dem Oberst a. D. Herrn Henry Wilmot, behändigen sollte. Der Herr Oberst a. D. war dieser Rückkehr des Vermögens sehr bedürftig; seine Kleider veralterten, und große Öffnungen am Ellbogen, mit grobem Zwirn, so gut es gehen wollte, zusammengenäht, verkündeten die Hinfälligkeit und das Elend dieser alten und so treuen Diener.

Es gibt auf dieser Welt kaum eine wundervollere Metamorphose als die Vertauschung eines uralten Rocks mit einem neuen, eines durchlöcherten Hemdes mit einem neuen, feinen Batisthemd! Man gewinnt unendliche Teilnahme für dieses Neue, man betrachtet es nicht mehr als etwas Fremdes. Gewänne man selbst nichts durch diese Veränderung der Lage, so liebt man den Mann derselben gerade um so mehr, man schätzt ihn, man nimmt sich sein Glück zu Herzen. Nannte man ihn vorher Jack oder wohl den guten Jack, so wird er jetzt ein Herr Graf Jack. Man glaube ja nicht, daß hierunter eine Schmeichelei verborgen liege, mitnichten. Der Wert, welchen man einem Bereicherten beilegt, wird in der Tat für etwas sehr Reelles gehalten, und offenbar hat sich der Mann selbst dadurch wesentlich verwandelt. Früher hatten wir über Herrn Wilmot und seinen abgeschabten Rock unbarmherzig gespottet, jetzt betrachteten wir ihn mit wachsender Ehrfurcht.

Unser Patron erwartete mit sichtbarer, sein ganzes Nervensystem ergreifender Angst die endliche Auszahlung. Seine Höflichkeit gegen uns, seine Sanftmut und die häufigen süßen Worte setzten uns in nicht geringes Erstaunen. Da ich hierüber mit meinem Kameraden sprach, sah ich, daß er mit den Augen blinzte. Mit dem Ausdruck allerfeinster Schlauheit legte er die Spitze seines Zeigefingers an die Wölbung seines Stirnknochens und erwiderte: »Da sitzt ja der Hase im Pfeffer. Besser als Ihr, mein guter Ketch, kenne ich, was man die Welt nennt. Man muß die Augen immer offen haben und die Fährte nicht verlieren. Fragt mich jetzt nicht weiter, und sehen sollt Ihr, ob ich mich getäuscht habe.«

Wisp täuschte sich nicht.

Am Tag der großen Auszahlung hatten wir Herrn Jabel nur einen Augenblick morgens gesehen. Welch ein Tag! Wilmot, Jabel, Wisp und ich, wir waren alle ausgehungert. Wilmot erwartete sein Vermögen, Jabel sein Honorar, Wisp seinen rückständigen Lohn, ich eine kleine Gratifikation. Alle standen mit aufgesperrtem Maul. Es wird zwölf Uhr, zwei Uhr, fünf Uhr, keine Nachricht. Wilmot saß seit dem frühesten Morgen in unserer Schreibstube, und die sonst übliche Art seiner Manieren begann allmählich einer großen Aufregung Platz zu machen. Wir beobachteten ihn. Bis fünf Uhr behielt er seine Kaltblütigkeit, dann zog er seine Uhr heraus, schritt der Länge und Breite nach im Zimmer umher. Der so lang erwartete Wohlstand lag draußen vor der Tür und wollte nicht hereinkommen. Sein männliches Herz fing an schwach zu werden, auf seiner bleichen Stirn häuften sich die Schweißtropfen, mit matter Hand wischte er sie ab.

Endlich rief er: »Wird denn Herr Snavez heute nicht mehr nach Haus kommen? Was konnte ihn denn abhalten? Der Abend rückt schon heran.«

»Wahr ist's«, sagte Wisp mit nicht geringem Erstaunen, »es wird schon spät.«

Wilmot fiel ein: »Euch, mein Herr, kann ich versichern, was ich vor einem Monat keinem Menschen gesagt haben würde, nämlich, daß ich auf dieses Geld rechnete, um aus dem tiefsten Elend und der schmerzlichsten Lage mich endlich zu erheben, aus einer Lage, worein Niederträchtigkeit, Treulosigkeit und Undankbarkeit einen Mann versetzen können.«

Mit dem Aussehen eines Zerstreuten unterbrach ihn Wisp: »Wirklich, Herr Oberst?«

»Es ist unglaublich, unglaublich!« rief der Leidende abermals. »Noch nicht zurück, und es ist schon acht Uhr!« Und die Spitze seines Stiefels schlug auf den Boden mit jenem schnellen, hastigen Takt, welchen wir Altengländer die »Sarabande des Teufels« nennen.

Wisp begann wieder: »Sie würden, glaube ich, wohl daran tun, den Herrn Snavez nicht länger zu erwarten, denn ich besorge, daß er nicht nach Haus kommen wird. Entweder konnte er das Geld noch nicht erheben, oder er ist anderwärts beschäftigt. Wie wäre es, wenn Sie morgen früh wiederkämen?«

»Ich warte, und wenn es bis Mitternacht sein muß!« – Nach einigen Augenblicken traurigen Schweigens fuhr er dann fort: »Nein, es ist fruchtlos, das Verhängnis will es, warum ihm widerstreben? Mein Kalender des Elendes ist noch nicht zu Ende, ich muß ihm einen Tag zugeben! – Kommt Herr Snavez noch diesen Abend zurück, so sagt ihm gefälligst, ich lasse ihn bitten, sogleich zu mir zu kommen, er würde mich dadurch sehr verpflichten.«

Unser einziger Klient ging fort, nachdem er uns mit einer ihn nie verlassenden Höflichkeit gegrüßt hatte. Wisp ließ seinen Kopf auf die Brust sinken und blieb lange stumm.

Endlich brach er in die Worte aus: »Zum Teufel mit dem alten Galgenstrick!«

»Was habt Ihr gegen diesen armen Wilmot?«

»Ich spreche nicht von Wilmot«, fuhr er fort, indem er beide Lichter zornig putzte, deren gigantische Schnuppen unsere lange Sorglosigkeit bezeugten, »ich spreche von Jabel, er hat uns jetzt zum besten, der alte Narr bläst sich schon auf! Aber, pst! Er kommt! Still, an unsere Posten!«

»Ist Wilmot hier, meine lieben Freunde?« murmelte eine zitternde Stimme, durch die Tür nach der Straße hinaus sich Bahn brechend, und wir erkannten diese Töne für die Stimme des Herrn Jabel Snavez.

»Nein, mein Herr, aber er ging vor kurzem erst von hier fort und läßt Sie bitten, zu ihm zu kommen.«

»Es ist gut, es ist gut.«

Man sah, daß der Attorney nur wenig an seinen Klienten dachte und daß dieser seine letzte und geringste Sorge war.

Jabel begann mit süßem, schmeichelndem Ton: »Herr Wisp, wollen Sie wohl die Güte haben, das Licht in mein Kabinett zu tragen? Ich habe noch ohngefähr eine halbe Stunde dort zu tun. Und Ihr, John, Ihr seid jetzt ganz frei, tut, was Ihr wollt, ich habe heute niemanden mehr nötig.«

»Und denken Sie denn nicht an die Signifikation des Urteils in Sachen Pinckney? Man erwartet sie gewiß für morgen, und diese Sache ist sehr dringend.«

»Machen Sie, machen Sie die dringende Sache«, entgegnete Snavez beinahe schreiend, so feurig, wie ich ihn niemals gehört noch gesehen habe.

Der Patron hatte sich in sein kleines Kabinett zurückgezogen, eine Art von zweiter Höhle wie die Kammer im Dachsbau, woraus bis zu uns durch das Schlüsselloch ein Lichtstrahl drang. Wisp zitterte vom Kopf bis zu den Füßen und war leichenblaß.

»John«, sagte er, »findet nicht auch Ihr, daß es sehr kalt ist? Ich friere. Nun, wohlan! Der große Augenblick ist gekommen.

Schleicht doch ein wenig hinzu und seht durch das Schlüsselloch, womit der alte Gauner sich darinnen beschäftigt!«

»Er zählt und zählt wieder – Bankzettel, bei meiner Treu!«

»Die Bankzettel des Herrn Wilmot, ganz gewiß! – Mach mir Platz, mein kleiner John! – Die Brille auf der Nase – ja – eins, zwei, drei, vier, fünf – zehn – zwanzig – er addiert – angenehme Beschäftigung! Wo wird der alte, schlaue Gaudieb sie wohl verstecken?«

Wisp stieß mich; der Schlüssel drehte sich leicht im Schloß, ich bemerkte, daß der Advokat sich beeilte, alle Bankzettel in ein Portefeuille zu bringen. Wisp und ich vollführten zwei ungeheure Sätze, mittels derer wir in einem Sprung an unsere gehörigen Plätze gelangten. Beinahe in demselben Augenblick zeigte sich auch der Patron, den Hut tief in die Augen gedrückt, die Stirn ganz verborgen, den Überrock hermetisch zugeknöpft.

»Nun, meine Herren, morgen sehen wir uns wieder, ich werde sehr früh hier sein – aber, Wisp, was soll das bedeuten? Die Straßentür ist geschlossen!«

»Ja, die Straßentür ist geschlossen«, wiederholte Wisp wie ein heiseres Echo.

»Warum das, mein Herr?«

»Aber, mein Herr, unsere Besoldung läuft schon sehr lange Zeit, und sie läuft so schnell, daß wir sie nie erwischen können. Indessen haben wir sie doch nötig, sehr nötig, in der Tat!«

»Aber Eure Besoldung! Ist's das, was Euch am Herzen liegt? Und der kleine Ketch, ist der auch mit von der Verschwörung?«

Ich murmelte ganz im Sinn der Revolte einige unverständliche Phrasen, ohne eigentlich selbst zu wissen, was.

»Ganz wohl! Zwei Schlingel, die mir Gesetze vorschreiben wollen! Morgen, Meister Wisp, morgen werde ich Euch bezahlen, verstanden? Aber dann setzt Ihr keinen Fuß mehr über diese Schwelle.«

»Heute werden Sie mich bezahlen, heute noch, Herr Jabel Snavez; denn, mit Ihrer Erlaubnis sei es gesagt, ich kann nicht länger warten!«

»Ei! Ihr könnt nicht?«

»Nein, nein, ich kann nicht! Ich habe Euch ein Wörtchen zu sagen – Wilmots Geld ist in Eurer Tasche –«, und damit rückte der Schreiber seinem Patron entschlossen näher.

»Und wenn dies wäre? Aber es ist nicht so.«

»Bah, Herr Snavez! – Keine Späße und Finten, wenn's Euch gefällig ist! Alles sah ich mit eigenen Augen durch das Schlüsselloch!«

»Das ist eine schöne Aufführung! – Was verlangt Ihr? – Was wollt Ihr? – Ich will dieses Geld zu Wilmot tragen.«

»Zu Wilmot? Bah!«

Und der pfiffige Wisp, der die Sprache und Pantomime von Newgate vollständig verstand, äußerte durch eine ausdrucksvolle Gebärde des Zurückschleuderns seiner Hand über die Schulter seinen vollkommensten Unglauben.

Gefaßt entgegnete Snavez: »Nun, man kann sich ja über alles in der Welt verständigen. Herr Wisp wünscht seine Besoldung zu haben, so soll er sie denn erhalten.« Dabei zog der Alte eine Börse aus seiner Tasche, deren Dickleibigkeit und Wohlklang Auge und Ohr zugleich erfreuten.

Wisp war aufgestanden; er hatte seinen Rücken dem Kamin zugewendet, das eine Bein leicht und nachlässig in die Höhe gehoben, wärmte so die Sohle seines durchlöcherten Stiefels und lauerte auf die Wirkung seines Angriffs.

Jetzt schrie er: »Das ist nicht genug!«

»Nicht genug?« brüllte der Advokat.

»Nein, nicht genug«, wiederholte der andere, den Patron in Gebärden und Stimme nachäffend, trat dann ganz nahe zu ihm hin und stellte sein Gesicht in absolut parallele Richtung mit dem Gesicht des Erstaunten. »Hört, Snavez, nur zwei Worte! Ihr habt das Geld von Wilmot und habt nicht die geringste Lust, seinem Eigentümer es zu geben. Das ist die ganze Geschichte, eine sehr lustige Geschichte, nicht wahr?«

Niemals in meinem Leben sah ich einen Menschen in so hohem Grad einem Stein ähnlich, wie Snavez in jenem Augenblick war. Er setzte sich und bedurfte zwei bis drei Minuten, um sich wieder zu sammeln.

Endlich wischte er sich die Stirn ab und begann: »Aber, mein lieber Wisp, was sagen Sie mir denn da? Ihre Worte sind ja erschrecklich zweideutig. Ich habe die angeschuldigte Absicht nicht, und hätte ich sie wirklich, so ginge es Sie gar nichts an. Morgen früh, mein lieber Freund, wollen wir das Geschäft aufs beste ordnen.«

»Oho! Fehlgeschossen, Herr Snavez, dreht andern eine Nase, aber nicht mir! John, eile zu Herrn Wilmot und sage ihm —«

»Wisp, Wisp!« unterbrach ihn der Advokat in so flehendem Ton, daß man Mitleiden fühlen mußte, »sei mein guter Junge, sprich, sage mit einem Wort, was willst du?«

»Zweihundert Pfund Sterling.«

Jabel wiederholte diese Schreckensworte mit pfeifender und krächzender Stimme.

»Und diese ganze Summe«, fuhr Wisp fort, »wenn's Euch gefällig ist, sogleich und bar! Ich habe gar nicht Lust, lange darauf zu warten, verstanden?«

»Unmöglich!«

»Sehr möglich! Ihr habt nur zu wählen. Entweder verliert Ihr zweihundert Pfund, oder Ihr gebt alles an Wilmot!«

»In Gottes Namen«, rief Snavez entschlossen, »hier sind die zweihundert Pfund für Euch, fertigt mir eine Quittung darüber aus.«

»Herzlich gern. Quittung über zweihundert Pfund Sterling, welche ich von Herrn Jabel auf Rechnung der dem Herrn Wilmot gehörigen Gelder heute bar empfangen habe. Ha, ha, ha! Wollt Ihr dieses schöne Papier dem Gericht vorlegen?«

Snavez ächzte einen langen und tiefen Seufzer heraus, dann behändigte er Wisp die zweihundert Pfund. Wisp öffnete die Tür.

»Der Teufel gebe Euch das Geleite!« schrie der Patron, indem er eiligst entfloh.

»Der Teufel erwürge Euch unterwegs!« antwortete Wisp, die Tür wieder schließend. »Nun, Johnchen, was sagst du dazu? Ist das nicht eine himmlische Geschichte? Habe ich dich wohl damit einfach ins Leben eingeweiht? Du kleiner Tagedieb erhältst davon fünfzig Pfund Sterling, schmeckt's? Aber keine Silbe davon deinem Oheim, noch in der Schenke! Verstanden?«

Ich war ganz entzückt über diese Entwicklung, wodurch ich so plötzlich und unvermutet einen ziemlich ehrenvollen Anfang in der Welt gemacht hatte, indem der ganze Gewinn von dritter Hand mir zugekommen, ohne daß ich selbst an der Spitzbüberei unmittelbaren Anteil genommen hatte. Hauste aber jemals ein Gedanke von Recht und Unrecht in meinem Gehirn, so mußte er notwendig durch dieses erste Glücksereignis vollkommen erstickt werden.

Mit Hilfe des Gewinns, den mir Freund Wisp erworben, und dessen, den ich selbst erkämpft hatte, erschienen wir beide wieder sehr glänzend in der Taverne »Zur Flasche und Elster«.

VII.

Ein Abend in der Taverne. –
Geschichte des deportierten Grimes. – Die Diebe zu London. –
Ketchs Erziehung wird vollendet. –
Erzählung des Patriarchen der Diebe von London.

Man kann sich wohl denken, daß dieser Abend in der Taverne ein sehr lustiger wurde. Wir verließen unsere räucherige Schreibstube, wir verließen sie für immer! Die fünfzig Guineen in meiner Tasche rauschten und klimperten so wollüstig, daß ich davon wahrhaft entzückt wurde.

Bald kamen denn auch zwischen elf Uhr und Mitternacht die preiswürdigen Stammgäste der »Flasche und Elster«, unter andern auch Grimes, der Deportierte, dessen ich oben schon erwähnt habe. Die Erzählung seines Lebens, wie er solche selbst am Kamin der Taverne gegeben hat, macht wirklich Epoche in meinem Gedächtnis und hinterließ bedeutende Spuren in meinen Annalen. Er ist es, der mir die ersten positiven Nachweisungen über die große Nation unserer Gauner erteilt hat. Ich bekenne, daß ich von der Erzählung des Grimes so sehr betroffen und in Erstaunen gesetzt wurde, daß ich meinen guten, alten Schulmeister sogleich beauftragte, dieselben gegen das Honorar von einer Guinee zu Papier zu bringen.

Damals war ich sehr großmütig, ich hatte ja die Tasche voll. Sechs Tage später brachte mir mein vortrefflicher Lehrer das vollendete Manuskript, worin ich viel philosophisches Geschwätz fand. Es hatte den Titel:

[Erzählung eines Deportierten]

»Ja, meine Freunde, ich kehre von Botanibay zurück«, sagte er uns, indem er die letzten Schlucke seines Alekrugs schlürfte. »Zweimal deportiert, zweimal verurteilt als ein tausendfacher Dieb, hatte ich in diesem langweiligen, wilden, feuchten Land wo nicht Ansehen, doch einen verhältnismäßigen Reichtum erworben. Seht ihr mich etwa hinfällig, kränkelnd, gealtert, mich, der ich doch mitten in den Sümpfen, Wiesen und dichten Wäldern von Australien vegetierte?

Ach, wie sehnte ich mich dort nach der Unbeständigkeit meiner ersten Jahre zu London, nach dem spaßigen Jargon unserer Straßen, nach den tausend Querstrichen, womit unsere Landstraßenabenteuer verschönert werden, endlich nach dem Drama des Zufalls und der Glücksfälle, nach dem lebensvollen Hasardspiel, wie ich es jetzt wiedergefunden habe!

Niemals verscheuchte ich aus meinem Gedächtnis das lebendige und energische Andenken an meine ersten Anregungen, niemals erschienen mir die Stunden so lang wie in der Zeit, da ich Verurteilte zu Dienern, legitime Söhne und Töchter, eine priesterlich mir angetraute Gattin, eine natürliche und legale Existenz besaß.

Aus welchem Land ich bin, meine Freunde, welchen Eltern ich angehöre, welchem Stamm und Namen ich entsprungen, diese an sich sehr einfachen Fragen sind doch gerade diejenigen, deren Beantwortung mich in bedeutende Verlegenheit bringen würde. Gleich der Mehrzahl der Leute, welche nach dem zu London üblichen Ausdruck ›von der Stadt leben‹, das heißt ihre Subsistenzmittel durch Raub von ihr beziehen, kenne auch ich keine andere Heimat als das von der öffentlichen Mildtätigkeit den Waisen geöffnete Haus.

Ich bin in dem Asyl oder Arbeitshaus von St. Gilles geboren. Von meinem ersten bis zu meinem zehnten Jahr hat mich kein einziger der Söhne Adams mit einem wohlwollenden Wort beschenkt, mit Ausnahme des alten Schulmeisters, welcher von Zeit zu Zeit mit seiner Hand mir in die Haare fahrend, lächelnd ausrief: ›Der wird's weit bringen. Der wird seinen Weg finden!‹

In meinem elften Jahr hatte ich nichts anderes gehört als traurige Drohungen und nicht weniger traurige Gebete; noch nichts gesehen als düstere ungeweißte Mauern, bleiche und weinende Kinder, von ihren Zöglingen verwünschte und diese gleichfalls verwünschende Aufseher, schläfrige Kaplane, welche mit teilnahmsloser Stimme die Zahl der uns zu erteilenden Peitschenhiebe aussprachen; alte Weiber, welche die Wäsche ausbesserten, schlecht bezahlt wurden und durch Mißhandlungen gegen uns für ihren eigenen Lebensüberdruß sich rächten. Das Wohlwollen des oben erwähnten Lehrers verschaffte mir das Vergnügen, zuweilen das bewegte Leben der Straßen zu sehen und mich in das Gedränge zu mischen, wenn ich mit seiner Bewilligung unsern kleinen Laufjungen begleiten durfte. Ach, wie froh atmete ich auf in jenen kotreichen und schmutzigen Gassen! Wie glücklich fühlte ich mich, sobald nur die Mauern des Kerkers hinter mir verschwunden waren! Für mich befand sich das Paradies außerhalb des Asylhauses, in seinem Innern die Hölle. Daher zitterte ich auch vor Wonne, als eines Tages mein junger Kamerad zu mir sagte: ›Wenn du mir glauben willst, so gehen wir. Was tun wir auch in diesem Haus der Mildtätigkeit? Komm mit mir, ich will dir schon zeigen, was das Leben ist und was leben heißt!‹

Das Leben! Ich hatte bis dahin nur das Leiden gekannt. Die Stimme, welche mir zur Freiheit riet, war die Stimme eines Engels. Nein, niemals werde ich den ersten Augenblick meiner Unabhängigkeit vergessen. Nichts mehr auf dieser Welt kann jene Empfindung mir wiedergeben. Eine neue Schöpfung ließ mich von neuem geboren werden, erst mit jenem Augenblick begann für mich das Leben.

Bis dahin hatte ich ohne Wünsche und ohne Freuden vegetiert, seit jener Epoche gab mir ein stürmisches Fieber oder ein intensiver Schmerz das Verständnis meines Zustandes als Mensch. Freude ohne Mischung, reine und flüchtige Wollust, welche nie mehr wiederkehrten. Ich war frei! Ha! Wüßten die Herren von der Kammer der Gemeinen, welche Art von Mildtätigkeit sie den Armen und den Kindern der Armen anbieten! So mögen sie es denn von mir hören, von mir, der sich hinter dem Vorhang befand, der alle geheimen Triebfedern dieser Maschine gesehen, der das Kind der öffentlichen Mildtätigkeit ist, der vollkommene Einsicht davon erlangt hat, daß vorhinein alle Seelen verwundet sind und verderbt, alle Körper verrenkt und gequält, alle Gemüter mit Bitterkeit getränkt, alle Verbrechen vorbereitet, alle Laster gelehrt werden und dadurch von der Hand der Gesetze selbst und unter den Auspizien der Gesellschaft die ganze Nation der Gauner, Spitzbuben und Banditen eigens herangezogen und gebildet wird. Niemals dringt ein Strahl von Dankbarkeit gegen die Erzieher und Ernährer in die Seele des Armen, der das gesellschaftliche Almosen erhält, noch der Waisen, welche unentgeltlich erzogen werden. Eure barmherzige Mildtätigkeit stachelt und ärgert sie, und sobald sie es nur können, werden sie sich für die demütigende Erniedrigung rächen, welche ihr für eine Wohltat haltet.

Jahr für Jahr sieht man aus diesen Asylhäusern eine neue Generation hervorgehen, eine neue Generation von Kriegern, die von Kopf bis Fuß gegen die Gesetze gerüstet und gewehrt sind. Und wer ist es eigentlich, der sie bewaffnet? Ihr selbst seid es! Besser wäre es, man schlüge alle Kinder der Armen mit einem Streich tot, als daß man sie auf diese Weise für das Elend, für den Diebstahl und für den Galgen erzieht. Oder vernichtet ihre Fähigkeiten, die Energie ihrer Jugend, ihre innersten Anlagen und Instinkte, ihre natürlichsten Bedürfnisse, welche sie mit allen Menschen gemeinschaftlich haben! Wollt oder könnt ihr dies nicht, so eröffnet ihnen den Zutritt und die Mittel zu ehrenvollen Gewerben, macht, daß sie leben können, wie alle andern Menschen auch leben; macht, daß sie mit einem andern Gefühl als mit dem des Hasses und der Verachtung aufgenommen werden; macht, daß man sie nicht gewaltsam durch Hunger und Herabwürdigung in die Bahn der Laster und Verbrechen hinausstößt!

Ich mache euch, meine Freunde, sogleich darauf aufmerksam, daß ich das Unglück habe, ein Philosoph zu sein, und vielleicht vergleicht man jetzt schon lächelnd mein anerkanntes Gewerbe mit dem Ton dieser jetzigen Reflexionen.

Glaubt man denn etwa, daß die Leute, welche sich im Kriegszustand mit der jetzigen Gesellschaft befinden, nicht auch zugleich über diese Gesellschaft zu denken und zu philosophieren vermögen? Welcher Irrtum! Alle Philanthropen behaupten, daß die Unwissenheit die Mutter der Verbrechen sei. Auch dieses ist eine seltsame Illusion. Thomas May, welcher kürzlich ein kleines italienisches Kind ermordete, um dessen Leichnam zu verkaufen, war ein sehr unterrichteter Mann. Aber außer der gewöhnlichen Wissenschaft und alles dessen, was man in der Regel Bildung nennt, besitzen die Spitzbuben mehrenteils ein sehr verschiedenartiges, mannigfaltiges und seltenes Wissen: die Menschenkenntnis, das Resultat eines tiefen Studiums und jedes Augenblicks ihres Lebens. Ein eingefleischter alter Gauner kennt alle Fallen und Windungen des sozialen Lebens auswendig, alles Komplexe und sonst Unbekannte, alles Dunkle und Finstere in der Organisation der großen Städte. Seine Intelligenz schärft sich stündlich, um andere hintergehen zu können, und statt seine Denkkraft unnützen Gewissensbissen zu überlassen, betrachtet er alle seine Missetaten nur aus demselben Gesichtspunkt wie der Fischer seine Netze, die er zum Fang auswirft, denn er ist nur gewohnt, die Gesellschaft als seine Beute, das Gesetz als seinen Feind zu betrachten. Erstaunt also nicht darüber, wenn auch Edward Grimes seine moralischen Theorien hat, seine bestimmten Ideen, sein philosophisches System; erstaunt auch nicht darüber, wenn alle diese Theorien, Ideen und Systeme auf keine Weise mit den Grundsätzen der gewöhnlichen Justiz und dem System der positiven Gesetze übereinstimmen.

Das Gesetz erkennt nichts als das materielle Vergehen, nur gegen ein solches verfährt es, nur ein solches bestraft es. Aber woher kommt das Verbrechen? Ist es nicht oft mit einigen Eigenschaften, mit einigen Tugenden verbunden? Wer wird die Motive würdigen, die zu der Handlung bewogen? Wer die tausend Verzweigungen der äußern Umstände, welche auf den Schuldigen Einfluß übten, entweder, um ihn von dem Bösen zu entfernen oder zu dem Guten ihn hinzutreiben? Wer die Atmosphäre, die ihn umgab, ihn drückte, ihn verwandelte? Wer die Erziehung seiner Denkkraft, seiner Denkweise, seiner Gewohnheiten, seiner ersten Eindrücke, der Ansichten von Moralität oder Immoralität, welche sich von selbst in das weiche Wachs seiner noch jungen Seele einprägten. Gott, der einzige und wahre Richter, wird eines Tages sich dieser Abwägung und Würdigung unterziehen.

Von der Energie des menschlichen Willens und der Freiheit seiner Handlungen sprechen zu wollen, ist nichts als eine erbärmliche Ironie. Lag es denn in der Macht meiner Freiheit, als Waise, ohne Mutter, ohne Amme, ohne Freunde, ohne Brot geboren zu werden, als erste moralische Empfindung die Schande, als erstes Erwachen meiner Seele den Haß, als erste Sehnsucht meines ganzen Lebens das Bedürfnis des Diebstahls zu erhalten?

Keineswegs will ich die Zurechnungsfähigkeit und Strafwürdigkeit der von der Gesellschaft bestraften Handlungen bestreiten noch zerstören; ich gebe zu, daß solche besteht, aber ich behaupte auch, daß die Gesellschaft zu solchen Handlungen nicht ermutigen und gleichsam zwingen soll, bevor sie dieselben bestraft, daß sie dieselben nicht notwendig machen soll, um sich späterhin an denen, welche sie begangen haben, zu rächen. Wenigstens sollte man den Gesetzen eine neue Basis geben, einen Menschen, dessen Stellung und Erziehung ihn von allen verderblichen Einflüssen entfernen, doppelt bestrafen, und dagegen alles, was einigermaßen rechtfertigen, entschuldigen, bemänteln oder das materielle Vergehen schwerer machen kann, in Abrechnung bringen. Aber kehren wir zu meiner Erzählung zurück, und möge man mir diese ziemlich lange Verirrung auf ein anderes Gebiet verzeihen können.

Wie sorgfältig ich auch alle Akte meines vergangenen Lebens untersuchen mag, so finde ich darin doch durchaus nichts, was der Übung eines freien und vollständigen Willens im geringsten gleichen könnte. Ich hatte Hunger, ich war ohne Grundsätze, niemand liebte mich, ich wußte nichts, ich war dazu bestimmt, der unermeßlichen Bevölkerung von Spitzbuben der Hauptstadt als Rekrute einverleibt zu werden, dieser tätigen und intelligenten Armee, welche, von dem Gefühl der Selbsterhaltung beherrscht, kein Mittel der Rekrutierung vernachlässigt, um täglich jede Lücke wieder auszufüllen, die von der Justiz in ihren Gliedern gemacht werden. Bedürfnis und Zufall brachten mich unter diese Fahnen. Dies war mein Verhängnis, und seinem Verhängnis entgeht niemand.

Sie wissen, daß das Volk der Diebe zu London in zwei große Klassen zerfällt. Die veralteten, eingefleischten und abgehärtetsten Spitzbuben, deren Namen, Lebenswandel, frühere Schicksale und Gewohnheiten alle Polizeibeamten vollkommen kennen, bilden gewöhnlich kleine Gruppen von drei bis fünf Männern, welche sich beinahe immer gegenseitig verkaufen, sobald das Verbrechen vollbracht ist. Die Cracksmen, die Avantgarde der Dieberei, bebt niemals vor Mord, Gewalttat und Brand zurück, gleich Wölfen ziehen diese Leute zwischen der Gesellschaft umher und spielen stets das große Spiel: alles für alle. Sie zu verhaften ist eine Kleinigkeit. Da sie ebenso gewiß bekannt und numeriert als mit dem Elend vertraut und verschwistert sind, so hat die Polizei ein leichtes Spiel. Sobald ein solcher Mensch irgendeine besondere Ausgabe macht, ein neues Kleidungsstück trägt, in den Tavernen verweilt, verhaftet sie ihn in der vollen Überzeugung, daß er sich irgendeines neuen Attentates schuldig gemacht hat.

Die andere Unterabteilung ist weit beträchtlicher und bedeutender als diese und besteht aus den sogenannten Swell-Cracksmen oder Großdieben. Ihre Organisation ist so vollständig und ihre Disziplin so vollkommen, wie es bei dem vollkommensten Heer der neuern Zeit, dem Napoleons, immer der Fall sein konnte. Diese Herren sorgen beständig dafür, daß sie unbekannt bleiben. Ein geheimnisvoller Schleier bedeckt sie. Sogar ihre eigenen Agenten kennen ihre Namen nicht, und niemals sieht man sie in Tavernen zusammenkommen, wo die Polizei sie leicht verfolgen und entdecken würde. Sie haben ihre eigenen Spione, welche wohlgekleidet in verschiedenen Gestalten durch die ganze Gesellschaft zerstreut leben, sich damit begnügen, günstige Gelegenheiten anzuzeigen, auf jede auszubeutende Chance und jede zu vermeidende Gefahr aufmerksam zu machen, den Vorteil oder dieGefahr eines Augenblicks kundzugeben. Diese Leute nehmen niemals unmittelbaren Anteil an dem materiellen Verbrechen selbst. Die Häupter dieser Konförderationen, deren London zwei bis drei zählt, sorgen beständig dafür, daß ihre Beamten erster, zweiter und dritter Klasse dem Mangel enthoben bleiben, weil diese Leute dadurch zur Verzweiflung gebracht und die gemeinschaftlichen Interessen dann leicht kompromittieren könnten. Meine Verhältnisse zu einer dieser Banden machten mich mit ihrer Ordnung und Disziplin bekannt, ohne daß ich dadurch die Namen der Gebieter oder der übrigen Teilnehmer erfahren hätte.

Ich kam nicht sogleich zu diesem Gewerbe, welches seine eigentümlichen Reglements, seine Ehren, seine Großtaten und Eroberungen hat. Von meinem elften bis zu meinem zwanzigsten Jahr trieb ich mehr als sechzigerlei Gewerbe, alle gleich wenig einträglich, gleich erbärmlich und gleich mit Erniedrigung und Schande belastet. Endlich wurde ich Verkäufer von Leichnamen, ein natürlicher Übergang, der mich ebenso natürlich zum Gewerbe der Spitzbuben führte.

Soll ich alle Abenteuer, alle Störungen, Aufregungen und lächerlichen Szenen erzählen, welche zwischen mir und den Leichnamen der meisten Kirchhöfe von London ein so intimes Verhältnis herstellten? Alle englischen Journale wimmeln von derartigen Erzählungen, und den Leser würde deren Wiederholung nur langweilen, deshalb glaube ich auch, ihn damit verschonen zu müssen.

Der Wundarzt, mit dem ich am häufigsten zu tun hatte, war ein Mann von sehr heftigem und leicht aufregbarem Charakter, bezahlte vortrefflich, sobald er zufrieden war, drohte aber andernfalls sogleich, uns seine Kundschaft zu entziehen. Ein Subjekt, worauf er selbst den höchsten Wert legte und welches er uns daher auch sehr teuer bezahlen wollte, wurde von ihm selbst uns angedeutet. Dreimal versuchten wir umsonst, diese Leiche wieder der Erde zu entreißen, immer verhinderten neue Zufälle die Ausführung dieses Werks. Wir standen auf dem Punkt, diesen vorteilhaften Kunden zu verlieren, da kamen wir auf den Gedanken, mit der Bestechung einen Versuch zu machen und dem Nachtwächter eine Summe Geldes anzubieten, der mich auch zu einer Zusammenkunft in eine Taverne bestellte. Kaum stand ich ihm dort gegenüber, so packte er mich, rief die Polizei herbei und ließ mich verhaften. Man schleppte mich vor das kleine Untergericht von Bon Street, wo ich nach einer tüchtigen Abkanzelung von seiten des Friedensrichters wieder freigegeben wurde. Aber kaum war ich wieder auf der Straße ein Dutzend Schritte weiter gegangen, so trat ein Mann auf mich zu, welcher der Gerichtsverhandlung beigewohnt hatte.

Er maß mich vom Kopf bis zu den Füßen und redete mich also an: ›Alle Wetter! Für einen Mann Eures Verdienstes ist diese Jagd nach Leichnamen ein sauberes Gewerbe. Sie sind sehr gut gekleidet; Sie haben recht, wenn Sie der Ansicht sind, daß die Kleidung die erste Schutzwache in dieser Welt ist. Fahren Sie fort, vielleicht kann ich Ihnen dienen.‹

›Aber woher und wie kennen Sie mich, mein Herr?‹

›Ich kenne alle Welt, vorzüglich die Leute, welche gleich Ihnen gut zu leben gesonnen sind und dabei vom Schicksal nicht genügend mit Vermögen ausgestattet wurden. Man beauftragte mich, den Gerichtsverhandlungen von Bon Street beizuwohnen und daselbst einen Mann zu suchen, der Ihnen, mein Herr, gleicht. Sie sind gerade der Mann, den ich brauche, und daher wiederhole ich, daß ich Ihnen nützlich sein kann. Erweisen Sie mir die Ehre, morgen mein Gast zu sein, in einigen Tagen werde ich mich dann näher erklären.‹

Ich aß in der Tat bei ihm zu Mittag. Er gab mir noch mehrere Rendezvous, und erst bei unserer fünften Zusammenkunft erfuhr ich, wer er war. Als Spion hatte er den Auftrag, aus der Klasse der bedürftigen Menschen für die Cadres der Armee zu rekrutieren, enthüllte mir nach und nach das Geheimnis seiner Mission, seine Absichten und Pläne und alles, was man von mir erwartete. Niemals kamen wir in der Taverne zusammen. Er führte mich entweder in seine Wohnung, die sehr sauber und gut möbliert war, oder zu einem seiner Freunde. Acht Tage danach bat er mich, ihn nach der Seite von Chelsea zu begleiten, und ich willigte ein. Gegen Ende der Sloane Street nahte sich ein wohlgekleideter Mann meinem Akoluthen* und sagte zu ihm: ›Sie können sich zurückziehen. Was Sie, mein Herr, betrifft‹, fuhr er, an mich sich wendend, fort, ›so können Sie, wenn es Ihnen gefällig ist, mit mir in der Umgegend von London zu Mittag essen.‹

Mein erster Führer gehorchte diesem Gebot auf der Stelle, und mein neuer Lenker bog mit mir in eine Seitenstraße ein. Ich wartete geduldig eine nähere Erklärung ab.

›Man hat uns sehr viel Gutes von Ihnen erzählt, aber notwendig müssen Sie nun auch erfahren, was man von Ihnen erwartet und was Sie selbst dabei zu schaffen haben. Mir wurde der Auftrag zuteil, Sie damit bekannt zu machen. Sie dürfen sich sehr glücklich schätzen, nunmehr an Spekulationen teilnehmen zu können, die an sich sehr gewinnreich und stets mit Erfolg gekrönt sind. Vergessen Sie kein einziges meiner Worte, und lassen Sie alles, was ich Ihnen anempfehle, stets vor Ihrer Seele gegenwärtig sein. Es handelt sich um das Glück Ihres Lebens, vielleicht um das Leben selbst. Entsagen Sie allen lauten, stürmischen und rohen Vergnügungen, wodurch Sie leicht kompro-

* Akoluth, der – oberste Stufe der vier niederen Weihengrade der Katholischen Kirche (griech.)

mittiert werden könnten und welche zu den jetzt einzugehenden Verbindlichkeiten durchaus nicht passen. Besuchen Sie fortan nicht mehr jene Tavernen und Kneipen, brechen Sie mit Ihren alten Freunden. An Geld wird es Ihnen niemals fehlen. Sehr wohl werden Sie daran tun, mit Kaufleuten, Bürgern und Gewerbsmännern von gutem Ruf Bekanntschaften anzuknüpfen und in freundlichem Verkehr zu bleiben.‹

So ohngefähr lauteten die moralischen Ermahnungen, welche ich unterwegs von meinem Führer erhielt.

Er hörte gar nicht auf zu reden, und hätte mir nicht durch den Schwall seiner Predigt die Hoffnung einer schnellen und vollständigen Verbesserung meines Geschicks sichtbar entgegengeleuchtet, so würde ich ihn wohl schwerlich so lang angehört haben. Bei unsrer Ankunft zu Fulhan traten wir in einen guten Gasthof; frisches Schweinefleisch und Geflügel wurden auf die Tafel gesetzt, und mit dem Essen begann mein Führer wieder seine väterlichen Jeremiaden. Vorzüglich ernst ermahnte er mich zur Festhaltung des Hauptgrundsatzes: daß ich niemals einen untergeordneten Diebstahl begehen, niemals von allem, was ich berührte, mir persönlich etwas zueignen sollte, und prägte dabei sehr scharf mir ein, daß meine individuelle Redlichkeit unangefochten und rein bleiben müsse. Als ein wohldisziplinierter Soldat sollte ich den Befehlen meiner Gebieter blind gehorchen, eine starke Löhnung beziehen, wie ein Braver zu jedem Kampfe schreiten, furchtlos meine Obliegenheiten erfüllen und jeder Lockung auf einen andern Raub zu meiner persönlichen Befriedigung männlich widerstehen.

Diese Bedingungen waren etwas hart, und der feierliche Ton, womit mein strenger Wirt sie vorbrachte, hätte sich vollkommen in den Mund eines Ministers bei einer ernsten Verhandlung mit dem Ambassadeur einer großen Macht gepaßt.

Er fuhr fort: ›Übrigens werden Sie nur vortreffliche Arbeiten zu verrichten haben, leichte und gewinnreiche Dinge, namentlich im Vergleich zu allem, was Sie bisher getrieben. Wenig Gefahr, sichre Gewinste, den Schutz einer mächtigen und sehr weit verzweigten Konföderation. Was denken Sie von diesem neuen Leben? Das ist ein wahrer Glücksfall, nicht wahr? Ich werde Ihnen jemanden senden, der Ihnen in betreff alles Übrigen genauere Auskunft erteilen soll. Die pünktlichsten Nachweisungen werden Sie erhalten, Schritt für Schritt wird man Sie führen. Seien Sie treu, pünktlich, gewissenhaft. Versäumen Sie ja nie die Ablieferung der ganzen Ihnen in die Hände fallenden Summen. Die geringste Untreue dabei würde erkannt und bestraft werden. Die Gesellschaft bestimmt ihren Dienern eine genügende Dividende, verlangt aber dagegen auch die genaueste und religiöseste Redlichkeit. Über die kleinste wie über die größte Summe legen Sie uns Rechenschaft ab. Alle unsere Maßregeln sind so gut getroffen, daß Sie unsrer Überwachung unmöglich entgehen können. Wissen Sie, mein Herr, daß stets die geringste Verletzung dieses Gesetzes eine schnelle und schreckliche Strafe nach sich gezogen hat.‹

Ein Bankzettel von zehn Pfund Sterling schimmerte freundlich in seiner Hand und wandelte in meine Hand über mit einer kleinen Karte, worauf folgende Worte mit Bleistift geschrieben standen:

›Morgen früh pünktlich um halb elf Uhr an der Tür des Hospitals gegenüber der Taverne ‚Zum Elephanten'.‹

Dann schleuderte mein stolzer Führer als Bezahlung für das Mittagessen eine funkelnde Guinee auf den Comptoirtisch.

Drohungen und Versprechungen wälzten sich in meinem ermüdeten Gehirn bunt und wirr durcheinander. Wie sollte mich diese namenlose Gesellschaft erreichen können? War nicht diese ganze Geschichte ein Spaß, eine Fopperei? Welche Angst und Furcht will sie mir einflößen? Wie wollte sie meine geheimen Verletzungen ihrer Gesetze verraten? Wie kann sie dieselben bestrafen?

Nach reiflicher Überlegung rief ich endlich aus: ›Alle Wetter, ein Licht geht mir auf! Die Gesellschaft, welche man mir eröffnet, ist nichts anderes als ein Miniaturbild der großen Gesellschaft. Die Mächtigen bleiben im Dunkel und entgehen jeder Gefahr. Mit den Kleinen und Schwachen, welche sie gebrauchen und in Bewegung setzen, machen sie, was ihnen beliebt.

Das ist die Geschichte aller Verschwörungen; die geheimen Fäden werden von verborgenen, unsichtbaren Händen geleitet. Wen man dabei offen erscheinen sieht, so Schauspieler wie Opfer, ist nur elendes Werkzeug, der Rachsucht und dem Ehrgeiz dieser Halbgötter zum Opfer gewidmet. Ha! Welch prächtiges Spiel! Welche wundervolle Geschicklichkeit! Keine Gefahr für diese großen Schuldigen! Sie verfügen über uns wie über die Steine auf einem Dame-Brett. Um sich zu rächen und uns zu verderben, brauchen sie kaum die Hand auszustrecken, der uns aufzuhängen bestimmte Strick liegt stets fertig in ihrem Bereich. Sie wissen genau, welches Unternehmen uns in den Abgrund führen wird, und sie stürzen uns hinein.‹

Ich glaubte nun über alles vollkommen im klaren zu sein. Voll tiefer Ehrfurcht für eine so kompakte Gesellschaft und eine so weise Organisation ging ich nach London zurück. Mein erster Führer erschien niemals wieder. In allen Tavernen, in allen Schauspielhäusern, die er zu besuchen pflegte, keine Spur von diesem Mann. Kaum hatte er meine Eroberung skizziert, so entfernte man ihn von London und erteilte ihm gemäß jener Politik, die nichts vergißt, an alles denkt und in der Tat von den europäischen Regierungen nachgeahmt werden sollte, eine wichtige Mission in der Provinz. Auf diese Weise zerriß man alle Verbindungsmittel zwischen uns und ergriff seine Vorsichtsmaßregeln gegen unsere Versuche der Rache, gegen unsere Plaudereien und Treulosigkeiten. Da ich nun einmal angeworben war, so hatte ich nichts Besseres zu tun, als zu gehorchen.

Ich verfügte mich auf meinen Posten. Ein Mann, dessen Kleidung und Gestalt eine gute Erziehung verkündeten, kam gerade auf mich zu, hielt mir als Erkennungszeichen eine der meinigen ganz gleiche Karte vor die Augen und sagte mir: ›Wir haben miteinander zu sprechen, besteigen wir den eben vorüberfahrenden Wagen von Croydon.‹

Ich besteige den Wagen mit ihm; tiefes Schweigen bis zu unserer Ankunft in Croydon, wo uns ein Gasthof Aufnahme gewährte. Hier entwickelte er mir das vollständige System der ganzen Assoziation, alle ihre Triebfedern, alle ihre Hilfsmittel, die wundervolle Einfachheit der Organisation, welche alle ihre Bewegungen sichert und schützt.

›Sie stehen nun‹, sagte er, ›unter dem Gesetz der wahren Real-Swells [der groben Mützen]. Ihre neuen Patrone verdienen mehr als nur Achtung. Ihre Arbeit ist intellektuell und moralisch. Den andern alles Handwerksmäßige und die Faustarbeit überlassend, beschränken sie sich auf die zahlreichen und wichtigen Geschäfte einer unermeßlichen Administration: Geständnisse und Meldungen empfangen, mit den Spionen verhandeln, Geheimnisse entdecken, Feldzugspläne entwerfen, ihre Armee rekrutieren, diese ernähren, bis die Arbeit mangelt. Übrigens leben sie wie Edelleute und stets verschmolzen mit der besten Gesellschaft, welche von ihren wahren Beschäftigungen keine Ahnung hat. Sie sehen alles voraus. Seit zehn Jahren kenne ich nicht einen einzigen ihrer Pläne, der mißlungen wäre. Es ist in der Tat schade, daß sie nicht die Angelegenheiten einer ganzen Nation leiten, wie sie ihre eignen Geschäfte betreiben. Ich, der ich die Ehre habe, hier mit Ihnen zu sprechen und jenen Herren zu gehorchen, kenne diese nicht, werde sie nie kennenlernen. Sie sehen vor sich ein Wesen, welches man in der Theatersprache einen Inspizienten oder einen Avertisseur de la Scène zu nennen pflegt. Ich gebe das Zeichen und klingle. Spielen Sie dann Ihre Rolle, meine Pflicht ist damit erfüllt. Ich erfülle sie pünktlich, das ist alles, was man von mir verlangt, und ich begehre nicht mehr zu wissen, denn dieses wäre mein Verderben. Ich bin nicht Narr genug, ein gutes Einkommen gegen ein Unglück zu vertauschen. Die Ihnen zu erteilenden Befehle sind mir durch die Post zugekommen. Verfasser und Redakteur des empfangenen Briefes sind mir vollkommen unbekannt, darauf kann ich schwören. Tun Sie ganz, wie ich tue. Erfüllen Sie Ihre Pflichten. Eine gute Aufführung, ein guter Ruf, vorzüglich keine eitle Neugierde! Diese wäre eine ungeheure Torheit. Wozu sollte es fruchten, Gegner zu bewaffnen, die hundertmal furchtbarer sind als die Polizei? Wozu einen unvermeidlichen Abgrund unter seinen Füßen eröffnen? Von wem erhalten die Polizei und das Sekretariat des Staates alle jene Nachweisungen und Verzeichnisse, worauf sie so stolz sind? Von niemandem als von unsrer Gesellschaft selbst, von unsrer Assoziation, welche sich rächt und ihre verwerflichen Mitglieder opfert. Das Gesetz liegt ganz in der Hand dieser Herren, sie beugen und wenden es nach Belieben. Wissen sie nicht, wo der Dieb haust, wohnt, sich niederläßt, seine Versuche macht? Will er sie verraten, haben sie nicht ihm Geschäfte zu übertragen, deren sicheres Resultat der Galgen ist? Er ist abgerissen, zerlumpt, ohne Brot, seine Lumpen zerfallen noch mehr. Der Hunger treibt ihn zu einem Verbrechen, und er muß wohl eines Tages eine jener furchtbaren Handlungen begehen, wofür das Gesetz zur Warnung der Gesellschaft ihr Beil auf seinen Hals fallen läßt. Unsre ganze Einrichtung ist berechnet und aufgezogen wie eine vortreffliche Uhr. Suchen Sie mir einmal einen bessern Beweis des sozialen Fortschritts als diese wundervolle Verteilung und Unterabteilung der Arbeit. Heutzutage macht man Zucker aus Kartoffeln und Essig aus Holz; die Versicherungsgesellschaften zwingen die Kinder, ihr Wickelzeug schon im Mutterleib zu bezahlen, und unsre Gesellschaft der Diebe ist in der Tat weit besser organisiert als die Gesellschaft der alten Römer. Gehen Sie noch weiter, wenn Sie es können und wagen: wir trinken die Gebeine unsrer Großväter; zerstampft und pulverisiert verwandeln sie sich in Fleischbrühe für ihre Enkel, und die Leichen werfen dem Staat eine bedeutende Steuer ab. Dies ist offenbar das äußerste Resultat der Zivilisation.‹

Hiermit schwieg er.

Der Agent und nicht der Beweger sein, sich als Opfer hingeben und dabei denken müssen, daß die eigentlichen Urheber eines Attentats für immer gesichert sind; durch die größten Schuldigen angezeigt werden, in der Dunkelheit forttappen, ohne andere Aussicht als den Galgen. Welches Leben! Welche Laufbahn!

Ich hatte keine andere zu wählen. Ein heftiger Appetit, eine vielverlangende Jugend, eine vollständige Unkunde aller Gewerbe, mein früheres Leben als Waise, ohne Dach und Fach, mein durch Beleidigung, Kränkung und Ekel schon verwundetes und besudeltes Herz, eine nichtswürdige Erziehung, eine Bildung und Moralität gleich Null dienten mir als einzige und treffliche Piloten.

Der Gesandte, der mich zu instruieren berufen war, fuhr endlich wieder fort: ›Hiermit sind Sie nun ein *Familienmann*, das heißt ein durch geheime Bande an die organisierte Gaunerfamilie gefesseltes Wesen. Ich habe drei oder vier Geschäfte einzuleiten; das Ihrige ist kinderleicht, einen öffentlichen Wagen auszuplündern, einige tausend Taler in die Gesellschaftskasse abzuliefern.‹

›Zum Teufel, und das nennen Sie kinderleicht?‹

›Es gibt in der Tat nichts Leichteres, tun Sie nur schnurstracks, was man Ihnen sagen wird, nicht mehr und nicht weniger, befolgen Sie Ihre Instruktionen wörtlich. Sie dürfen nur die Augen gebrauchen. Alle Plätze im Innern gehören uns an. Das Unternehmen kann ohne Sie zu keinem guten Ende gedeihen. Nehmen Sie diese zehn Pfund Sterling und diese schriftliche Instruktion. Kaufen Sie einen Mantel mit großem Kragen, worin Sie Ihr Gesicht entstellen können. Nehmen Sie all Ihr Geld zu sich, denn man muß für jeden Zufall und auch für das unwahrscheinlichste Unglück sich in den Stand gesetzt haben, auf das erste Zeichen wenigstens sechzig Meilen Wegs von seinen Feinden sich entfernen zu können. Allein heute ist nicht die geringste Gefahr. Eilen Sie jetzt, wie man Ihnen befohlen hat, Ihren Platz nach Birmingham zeitig zu bestellen. Dienstags kehren Sie von Birmingham zurück. Sprechen Sie mit niemandem und scheinen Sie auch niemanden zu bemerken, der Ausgang wird Ihnen alles Übrige verständlich machen. Die Ihnen hier übergebenen zehn Pfund Sterling sind eine Abschlagszahlung auf Ihre Emolumente*, deren Betrag von der höhern Behörde reguliert werden wird. Kein Wort darüber, alle Besoldungen erfolgen nach einem bestimmten Tarif. Nach Ihrer Rückkehr pflegen Sie nur Umgang mit ehrbaren und geachteten Leuten. Verbringen Sie auf diese Weise nach Ihrer Einsicht acht Tage, am

* Emolument, das – Nebeneinkommen, Einkommen (lat.)

neunten verfügen Sie sich dann in das Haus Nr. 4 der großen Oxford Street. Dort fragen Sie, ob man nicht Briefe an Herrn Hudson hinterlassen habe. Vielleicht übergibt man Ihnen dort eine Schrift, und Sie vollziehen alsdann auf der Stelle alle darin enthaltenen Befehle. Andernfalls gehen Sie am zweiten, am dritten, am vierten Tag, kurz, so oft wieder dahin, bis ein Schreiben für Sie dort eingetroffen sein wird. Geben Sie mir Ihre Adresse, damit man Sie finden könne, wenn man Ihrer unversehens bedürfen sollte, indessen ist dies nur äußerst selten der Fall. Leben Sie wohl, seien Sie vernünftig und klug und Sie werden Ihr Glück machen. Vergessen Sie niemals, daß Klugheit die Mutter der Sicherheit ist. Dies ist der Wahlspruch unserer Brüderschaft. Ich eile nun nach Brighton.‹

Am andern Morgen verließ ich London in dem Wagen von Birmingham. Wie mir befohlen, bestellte ich auch wieder meinen Platz zur Rückfahrt für kommenden Dienstag. Alle meine Instruktionen befolgte ich pünktlich und fand beim Eintritt in den Wagen zwei darin sitzende Personen. Der Kondukteur wurde ungeduldig, weil die übrigen Reisenden noch nicht eintrafen. Ich nahm meinen Platz ein. Bald setzte sich ein reichgekleideter Mann neben mich. Einer seiner Freunde tritt hinzu, sagt ihm Lebewohl, drückt ihm die Hand, betrachtet genau das Innere des Wagens und bedeutet ihm durch ein Kopfnicken, daß alles nach seinen Wünschen gehe. Ich verstehe dieses Kopfnicken: das Unternehmen sollte vor sich gehen. Aber auf welche Weise? Davon ahnte ich noch gar nichts.

Ein Bankier von Birmingham sendete jeden Monat an einem bestimmten Tage Barschaft und Papiere zum Rückkauf seiner in Zirkulation befindlichen Papiere von Birmingham nach London. Nach einer Übereinkunft zwischen diesem Bankier und dem Eigentümer des öffentlichen Wagens hatte man unter dem Sitz einen kleinen eisernen Koffer mit zwei sehr kunstvollen Schlössern angebracht, wozu nur die Agenten des Bankhauses zu London die Schlüssel besaßen. Die Häupter der ehrwürdigen Assoziation, welcher ich jetzt angehörte, hatten mehrere Reisen in diesem Wagen gemacht und dabei mittels weichen

Wachses einen genauen Abdruck der Schlösser genommen, welche diesen kostbaren Schatz verwahrten. Ein tüchtiger Schlossermeister, der lediglich für die Gesellschaft arbeitete und demgemäß auch belohnt wurde, übernahm die Verfertigung der nötigen falschen Schlüssel. Dieser Mann war so geschickt, daß schon sein erster Versuch vollkommen gelang. Das künstlichste der beiden Schlösser öffnete sich ohne alle Schwierigkeit.

Von allen zahlreichen Gattungen von Scharlatanerie, wodurch die Zivilisation genarrt wird, gibt es nicht leicht eine, welcher die Albernheit des Publikums ein unbeschränkteres Vertrauen schenkte als die pomphaften Versprechungen der mechanischen Schlosserkünstler. Ein solcher Mann verspricht ohne weiteres ein Schloß, welches niemand öffnen kann, und ein unendlich kleines Schlüsselchen, kaum so schwer wie eine große Stecknadel, soll die kostbarsten und teuersten Schätze gegen jeden Eingriff beschützen. Hören Sie denn, meine verehrten Leser, einmal für immer: Es gibt auf dieser Welt kein Schloß, welches nicht leicht geöffnet werden könnte. Es ist eine lächerliche Mystifikation. Ich setze die Riegel der wundervollsten Schlösser in Bewegung, und die am teuersten bezahlten Kunstwerke widerstehen keinem der ausgedienten Gauner in den Mauern von Newgate. Nur die sehr massiven Schloßriegel setzen dem Dieb ein reelles Hindernis in den Weg, und dies nicht etwa wegen der Feinheit und Sinnigkeit in der Konstruktion, sondern lediglich durch ihr Gewicht, ihre Kraft und Solidität. Der Schlosser unserer Gesellschaft begnügte sich mit den äußern Umrissen und Dimensionen eines Schlosses und mit einem Abdruck der Öffnung für den Schlüssel, verfertigte hiernach drei Schlüssel, wovon einer unfehlbar den Originalschlüssel vollkommen ersetzte.

Alles erfolgte auf die möglichst einfache Weise. Ohngefähr dreißig Meilen Wegs von Birmingham zog einer meiner Kameraden und Reisegefährten seine Schlüssel aus der Tasche, öffnete den Koffer, bemächtigte sich der Papiere und der Gelder, legte sie in einen kleinen Mantelsack, den er auf seinen Knien trug, stellte sich dann in der Gegend von Oxford unpäßlich, ließ den Wagen halten und sich auf die Straße absetzen, einer der Reisenden spielte die Rolle eines menschenfreundlichen Arztes, stieg ebenfalls aus, bot dem Kranken seine Dienste an, und wir fuhren unseres Wegs weiter. Ein dritter Genosse stieg in der Stadt Oxford aus, wo einer seiner Freunde ihn am Wagen in Empfang nahm und ihn bat, in seinem Hause von der Reise auszuruhen. Meiner speziellen Instruktion gemäß gab ich Henley an der Themse als den Ort meiner Bestimmung an. Hier stieg ich auch aus und schlug dann einen Seitenweg ein, der mich nach Marlow führte, wo ich den zuerst ankommenden Wagen bestieg und nach London zurückfuhr. Acht Tage lang erholte ich mich bei der leichten Beschäftigung des Nichtstuns von den Strapazen einer Unternehmung, die mich gar nichts gekostet hatte.

Welcher Feldherr einer großen Armee entwickelt mehr Vorsicht, Berechnung, Aufmerksamkeit und gewandte Kombinationen als die Erfinder dieser prachtvollen Gaunerstreiche? Die Chinesen und Inder, diese großen Bewunderer aller mit Kunst begangener Diebstähle, würden solchen Leuten Tempel errichten. Nach Verfluß der acht Tage begebe ich mich in die Oxford Street, unter der Adresse des Herrn Hudson wird mir ein Schreiben behändigt. Man bat mich darin, am folgenden Tag um zwei Uhr zu Hackney bei London in der Taverne ›Zur Sirene‹ mich einzufinden. Ich war pünktlich. Ein großer schwarzer Mann mit einer Brille auf der Nase redete mich auf der Schwelle der Schenke an: ›Habe ich nicht die Ehre, mit Herrn Hudson zu sprechen?‹ Da ich zu antworten zögerte, fuhr er fort: ›Ja, ja, von Ihnen ist die Rede! Das letztemal ging alles vortrefflich. Auf Ihren Anteil fielen achtzig Pfund Sterling. Hier sind sie. Wir ziehen zwanzig Pfund, welche Sie schon empfangen haben, davon ab, so steht ja unsere Rechnung, nicht wahr?‹

›Las ich nicht in den Zeitungen‹, entgegnete ich ihm, ›daß der ganze Raub sich auf fünftausend Pfund Sterling belief?‹

›Ganz recht. Wir haben sehr viele Leute zu bezahlen. Für die Mühe, welche Sie dabei gehabt, sind Sie wohl nicht schlecht belohnt. Ich habe wegen eines andern kleinen Geschäfts mit Ihnen zu sprechen.‹

›Nun, lassen Sie hören.‹

›Diesmal rechnet man darauf, daß Sie persönlich Dienste leisten. Sie verfügen sich nach der Grafschaft Essex in die kleine Stadt Were. Die meisten Verbündeten wissen, daß ein Ochsenhändler dieser Stadt gewöhnlich eine Summe von fünfhundert Pfund Sterling in einer Geldkatze vom Markt zurückbringt. Das Geld ihm mit Gewalt nehmen, ist unmöglich. Unsere Gesellschaft gleicht der Kirche: sie verabscheut das Blutvergießen. Der Mann, von dem ich spreche, wohnt allein mit einer alten Frau im letzten Hause des Städtchens, wozu ich Ihnen hier den Schlüssel übergebe. Damit empfangen Sie zugleich den Schlüssel zu der Schublade einer Kommode, worin er sein Geld verschließt, wenn er sich zu Bette legt. Schleichen Sie sich still ein, wecken Sie niemanden auf, dringen Sie in das Schlafzimmer. Wir wissen, daß Sie als ein Sneak, ein Schleichdieb, erzogen worden sind und haben Sie deshalb zu diesem Unternehmen gewählt. Vor der Türe des auszubeutenden Hauses werden Sie eine Postchaise finden, welche Sie aufnehmen und leicht wie ein Vogel allen Verfolgern entführen wird. Dem Führer der Pferde übergeben Sie die ganze Summe, ohne Abzug eines Pfennigs.‹

Dieses zweite Abenteuer behagte mir nur sehr mittelmäßig. Wird der Ochsenhändler auch gefällig genug sein, ordentlich und fest zu schlafen? Werde ich aus einem leicht dabei entstehen könnenden Kampfe mit dem starken Mann als Sieger hervorgehen? Ich bedachte mich lange Zeit, überlegte mir die Sache hin und her, gelangte jedoch endlich zu dem Resultat, daß die Furcht vor der Gesellschaft, der ich angehörte, alle andern Besorgnisse überwand. ›Vogue la galère!‹* ist der Wahlspruch der Diebe. Alle die Leute, die man zu London ›the Crosses‹ (die Schiefen, die Quergänger, die Krummfinger) nennt, kennen keine andere Lehre.

* Vogue la galère! – Komme, was da wolle! (frz.)

Ich begann das Unternehmen damit, daß ich mich in die Grafschaft Essex verfügte, das Haus meines Ochsenhändlers und die Umgebung genau studierte, dann den bestimmten Tag abwartete. Unser Mann hatte treffliche Geschäfte gemacht. Bei seiner Rückkehr in sein Haus strotzte seine Geldkatze von Münzen, Ale und Wein benebelten sein Gehirn. Ich beobachtete ihn sehr neugierig, postierte meine Postchaise in gehöriger Entfernung, stellte einen Mann auf Schildwache, der mir im Fall eines notgedrungenen schnellen Rückzugs die Haustür öffnen und solche hinter mir wieder schließen und damit jedem allenfallsigen Verfolger den Weg augenblicklich verrammeln sollte. Nach diesen Maßregeln einer weisen Vorsicht drang ich in das Haus ein. Der Ochsenhändler schlief schon, und sein Geschnarche dröhnte durch das Haus wie das Pedal einer Orgel. Sachte stieg ich die Treppe hinauf, schlich in sein Schlafzimmer, überzeugte mich, ob er wirklich so fest schlief, und warf zu mehrerer Sicherheit eine Schnur, die ich bei mir führte, über das Bett hin, worauf seine ermatteten Glieder ruhten, damit er beim allenfallsigen Erwachen in diesem künstlich verschlungenen und verknoteten Werkzeuge sehr unerwartet sich verfangen sollte und wenigstens für einige Zeit an ein Verfolgen nicht denken konnte. Alles ging, wie ich es gehofft hatte. Die Schublade öffnete sich sehr, sehr leise, aber im Augenblick, als ich meiner Beute mich bemächtigte, entwischte eine der Münzen meiner Hand, und das Geräusch ihres Falls erweckte den Schläfer. In einer Minute war ich auf der Straße und in der Postchaise, die im Flug mit mir davonjagte. Obgleich Schimpfen und Verwünschungen aus dem ganzen Orte mich verfolgten, gelangte ich doch sicher in den Hafen und erwarb durch die wichtige Rolle, welche ich bei dieser Eroberung gespielt hatte, einen ansehnlichen Teil der Beute.

Das seltsamste und sinnreichste Abenteuer, woran ich jemals teilgenommen, muß ich euch doch hier auch erzählen. Niemals bedurfte es so vieler Vorsicht, so raffinierter Schlauheit und so feiner Gewandtheit der Hände.

Einer der Bankiers im Westen von England war durch die

Erzählung der Zeitungen über den Diebstahl der Gelder und Papiere aus dem öffentlichen Wagen so in Schrecken gesetzt worden, daß er den vortrefflichen Entschluß faßte, die Sendung seiner Valuten nach London in eigner Person zu eskortieren. Zu diesem Zweck ließ er sich ein kleines, tragbares Felleisen verfertigen, dieses mit Kupfer und Stahl von allen Seiten bewaffnen, in sehr großen Buchstaben mit seinem Namen und seiner Adresse bezeichnen, mit allen denkbaren Schlössern und Kettenwerken ausrüsten. Zu noch größerer Sicherheit legte er diese mit Geld und Papier reich gefüllte Schatzkammer bei der Reise unmittelbar unter seinen Sitz und hielt dann seine Beine immer genau senkrecht vor dieselbe, stieg auch niemals aus dem Wagen, ohne nicht dieses kostbare Ding zuvor unter seinen Arm zu nehmen, um es auch in dem Gasthofe keinen Augenblick aus dem Gesicht zu verlieren. Fünf Monate lang taten diese Vorsichtsmaßregeln ihre gewünschte Wirkung. Sie waren auch in der Tat geeignet, alle weniger kühnen und gewandten Spitzbuben von jedem Versuch abzuschrecken, reizten aber gerade deshalb den Feuereifer der Häupter unseres Bundes und stachelten sie zu neuen Raffinements. Ihr Manöver verdient wohl, Schritt für Schritt erzählt zu werden.

Da alle öffentlichen Wagen derselben Postanstalt gehören, so sind auch alle genau nach demselben Muster gebaut. Vor allem ergriff man daher seine Maßregeln in betreff jenes Teils vom Fond des Wagens unter dem Sitz, worauf gewöhnlich der Mantelsack des Bankiers ruhte. Nach demselben Maße schnitt man ein kleines Brettchen, welches nach seiner Dicke nur sehr wenig Platz einnehmen sollte und woran man ein starkes Band befestigte, mittels dessen man das Brett unter dem Sitz nach der rechten und linken Seite bewegen konnte. Man hatte berechnet, daß eine neben dem wachsamen Bankier sitzende Person durch eine in dem Sitz selbst angebrachte Öffnung jenes Band halten, das kleine Brett unten in Bewegung setzen und mit dem darauf liegenden Mantelsack nach und nach von seiner Stelle und ganz herüber ziehen konnte. Der Bankier selbst, der seinen Mantelsack immer an den Platz legte, wo er zugleich vom Sitz und von seinen Beinen geschützt war, mußte ihn notwendig unmittelbar auf dieses zugerichtete Brettchen legen. Wer demnach das Brettchen seitwärts an sich zog, mußte notwendig auch den Mantelsack an sich ziehen.

Indessen war damit noch immer kaum die Hälfte des Problems gelöst. Man mußte an die Stelle des kostbaren Mantelsacks ein so genau nachgeahmtes Exemplar bringen, daß der Eigentümer selbst davon getäuscht werden konnte; man mußte überdies ein Mittel ersinnen, diese Verwechslung so zu bewerkstelligen, daß der Bankier zu gar keinem Verdacht veranlaßt wurde.

Der erste Teil dieser Aufgabe war offenbar der leichtere. Bald waren wir im Besitz eines vollkommen ähnlichen Mantelsacks mit allen Beschlägen, Schlössern, Verkettungen, Zeichen und Schriften. Aber wie sollten wir nun diese falsche Schatzkammer an die Stelle der echten bringen, ohne daß beide unterwegs sich berührten, stießen, hinderten? Wir nahmen den ganzen Wagen in Beschlag, so daß einen halben Tag lang bevor der Bankier seinen bestellten Sitz einnahm, nur Vertraute alle Plätze innehatten. Als freie Herren aller unserer Bewegungen und vor jeder Unterbrechung ziemlich gesichert, bohrten wir mit einem sehr feinen Bohrer drei Löcher in die Randleiste des Sitzes. Durch diese Löcher liefen drei Schnüre, welche unsern Mantelsack so festhielten, daß er genau über dem Platz hing, wo der echte Mantelsack stehen mußte. Wir rechneten darauf, daß unser falscher Mantelsack durch allmähliches und leises Nachlassen der Schnüre an die Stelle des echten Mantelsacks hinabgebracht werden konnte. Dieses Manöver wurde der Geschicklichkeit der neben dem Bankier sitzenden Person übertragen und auch sehr gewandt von ihr ausgeführt.

Der Bankier stieg ein, mit seinem Mantelsack unter dem Arm. Sogleich schob er diesen unter den Sitz und gerade auf das Brettchen, welches zu seiner Aufnahme bestimmt war. Schon nach einer Minute war das Brettchen unbemerkt nach der rechten Seite herübergezogen und der falsche Mantelsack mittels seiner Schnüre an dessen Stelle unbemerkt hinabgelassen. Ein großer Mantel bedeckte die Beine des geschickten Maschinisten vollkommen und gestattete ihm, den eroberten Schatz mit dem Fuß unter den Platz des gegenübersitzenden Kameraden zu schieben. Dann wurden alle Schnüre behend durchschnitten und kehrten in die Taschen der Interessenten zurück. Es war eine wahre Freude zu sehen, mit welcher Hast der gute Bankier bei der Ankunft vor dem ersten Gasthof sein liebes Felleisen ergriff, unter dem Arm hinaustrug, vor sich auf den Tisch legte, dort nicht aus den Augen ließ und mit unendlicher Zärtlichkeit und Wachsamkeit es immer wieder von neuem betrachtete. Kein Gedanke an eine Vertauschung erwachte in seiner Seele. Die Diebe waren mit ihrer Beute schon weit fort. Unser Akoluth hatte beim ersten Relais die Gelegenheit ergriffen, den echten Schatz, während sein Eigentümer frühstückte, friedlich unter dem Mantel fortgetragen.

Diese köstliche Manipulation trug dem Vereine dreitausend Pfund Sterling in Gold und zweitausend Pfund Sterling in Zetteln der Lokalbanken ein. Diese letztern wurden von den Häuptern des Unternehmens rasch gegen zweitausend Pfund in barem verwechselt, damit sie auf keine Weise durch diese Papiere kompromittiert werden konnten, indem die ganze Assoziation vor ähnlichen Verwicklungen stets sorgfältig sich zu bewahren trachtete.

Ich könnte noch manche ähnliche Geschichte erzählen, müßte ich nicht befürchten, daß die sinnreiche Erfindung aller solcher Spitzbübereien, dennoch an einer gewissen Monotonie der Mittel leidend, endlich doch Langeweile erzeugen und von meinem Ziele mich ganz abführen würde!«

Hier wurde die Erzählung von Grimes durch die Ankunft eines Polizeispions unterbrochen.

VIII.

Ketch tritt in die Welt ein. – Seine Wohnung in dem Bezirk von Whitechapel. – Seine Unternehmungen. – Die Raubhöhlen von Ketch und seinen Genossen.

Ich habe ehrlich bekannt, daß ich die schönen Dinge, deren Erzählung mein alter Lehrer hier aufgezeichnet, nur zur Hälfte verstand. Heute protestiere ich im Namen von Grimes gegen alle philosophischen Ausschmückungen und Blumen, womit man seine einfache Erzählung überladen hat. Das Leben dieses Diebes diente dem meinigen zum Modell. Bei meinem Austritt aus der Schreibstube des Herrn Jabel hatte ich nur noch sehr wenig zu lernen und zu tun, um ein wahrer Gauner zu werden. Ich fühlte sehr wohl, daß das Gute und das Schlechte, die ehrliche und die böse Handlung immer nur sehr unbestimmte Begriffe sind und daß ein Teil der Gesellschaft sich berechtigt glaubt, dem andern Teile Krieg zu erklären und diesen auch sehr tätig zu führen. Ich betrat also auch diese Bahn, nicht etwa zufolge reiflicher Erwägung und eines eigentlichen Entschlusses, sondern vielmehr durch eine Art von Verhängnis, welches ich nicht überwinden konnte, fortgestoßen. Nach und nach wurde ich vertraut mit allen Gewohnheiten und Notwendigkeiten des Handwerks. Mein Kamerad mietete eine Kammer im Bezirk von Whitechapel, und hier schlugen wir dann unser Hauptquartier der Vergnügungen, Lustbarkeiten und Unternehmungen auf.

Kennen die fashionablen Bewohner von London dieses Whitechapel? Ich zweifle sehr. Man verlasse einmal Spitalsfield und dringe in die Welt ein, von der ich spreche, so wird man sogleich alles anders finden. Statt der zwergartigen, verkümmerten Menschengestalten, welche gleich Phantomen längs der Mauern hinschlichen, findet man nur noch große, kraftvolle, gut gebaute Schlingel, Erzspitzbuben, Freunde des Vergnügens, die in der Rechtswissenschaft sehr erfahren sind, mit Tapferkeit, Entschlossenheit und Kühnheit sehr stolz die von ihren Vätern gebaute und wohlerhaltene Straße verfolgen.

Zu allen Zeiten diente Whitechapel zum Sammelplatz und Hauptaufenthalte der schlechtesten Subjekte der Hauptstadt. Es ist ein wahres freiwilliges Botanibay, wohin alle Arten von Spitzbuben der ersten und zweiten Klasse zusammenströmen, weil sie in jedem andern Stadtbezirke sich unheimlich fühlen und schlecht befinden würden. Hier ist denn auch die große Schule für die Erziehung und Bildung der jungen Diebe; hier durchlief ich auch meine Schule, und hier erhält sich von Geschlecht zu Geschlecht die »Argot« genannte Gaunersprache in ihrer edelsten Reinheit. Glauben Sie ja nicht, daß der Spitzbube von Whitechapel dem Gauner von Paris oder dem Picaro von Sevilla gleiche. Er ist ein Mensch von so besonderer und spezieller Natur, daß man seinesgleichen in allen vier Weltteilen umsonst suchen würde.

Er ist stark, kraftvoll, geht stets mit dem Kopf in die Höhe und mit einer gewissen Miene der Unabhängigkeit; indessen ist er dabei sehr fein, schlau, verschmitzt, zu allem bereit, voll Gefälligkeit gegen den Fremden, den er anführen will, spricht und unterhält sich sehr leicht und besitzt einen unermeßlichen Reichtum von Hilfsquellen in jeder Gefahr. Er hat seine eigentümlichen Schwüre und Flüche, seine besondern Ausdrücke, sogar einen eigenen bon ton und eine eigene Koketterie. Er liebt leidenschaftlich das Wetten und Boxen, ist ein Kenner der Hunde und Pferde, ein Liebhaber der Hahnenkämpfe, ein äußerst gewandter Fingerkünstler.

Bei seiner genauen Kenntnis aller Arten von Strafen, womit das Gesetz jedes einzelne Verbrechen bedroht, weiß er stets, welcher Art von Gefahr er sich aussetzt, und ohne eine genaue vorherige Berechnung der Resultate begeht er niemals ein Verbrechen.

Meine Lieblingsausflüge führten mich von Whitechapel nach St. George's Fields. Dies ist das Land der kleinen Diebe und der kleinen Diebinnen, des Gaunernachwuchses. Ich weiß eigentlich nicht zu sagen, warum alles, was, der Knabenschaft entwachsend, zum Jüngling und zur Jungfrau heranreift, einen Ball, eine Roquette zu führen weiß, aus den verschiedenen Bezirken von London auf die Felder von St. George's zusammenströmt.

Beobachten Sie einmal jene Gruppe von Müßigen an der Ecke der Straße von London; der älteste derselben zählt noch nicht vierzehn Jahre. Warum drängt sich diese Schar kleiner, mit Lumpen bedeckter Jungen um jenen Jüngling, dessen Hut so rein gebürstet ist, dessen schwarze Kleidung anzudeuten scheint, daß er einer ehrbaren und wohlhabenden Familie angehört? Diese Jungen sind eine Schar von Diebslehrlingen, von deren Taten nach einigen Jahren ganz London sprechen wird!

Diese Knaben von vierzehn Jahren, mit Kot und Schmutz bedeckt, ohne Schuhe und ohne Hüte, lassen sich von ihren Führern zum Galgen oder zur Deportation leiten. Eines Tages ist der Bezirk ausgeplündert, man weiß nicht, von wem. Die Polizei stellt vergeblich Nachforschungen an, der Magistrat schüttelt voll Unwillen seine gepuderten Perücken, und niemand weiß, wo eigentlich jenes Nest des Verbrechens und des Diebstahls verborgen ist, wo ein ganzes Geschlecht von kleinen Spitzbuben von andern ältern Spitzbuben ausgebrütet und gehegt wird. Aus diesem Viertel gingen jene berühmten Diebesbanden hervor, welche unter dem Namen der »Vierzig Diebe« und der »Schwarztatzen« (zu diesen letztern gehörte auch ich) soviel Aufsehen erregten, die ganze Polizei in Atem erhielten, die Behörden so lange foppten. Die Welt hat nur wenige Erziehungshäuser, worin so sinnreich, systematisch und konsequent das Gute gelehrt würde, wie hier das Verbrechen gelehrt wird. Diese Erziehungsanstalt des Lasters kann in der Tat als eine Musterschule betrachtet werden.

Meine Lieblingstaverne stand in der Nähe des Obelisken. Dieses Denkmal ist umgeben von Winkeln und Höhlen, wo die Mehrzahl der kleinen und großen Räubereien verübt wird. Betritt man eine dieser dunklen Höhlen, so findet man darin eine Menge elegant und reich geputzter Damen mit einigen Herren ihrer Wahl. Sind euch die Sitten dieser Welt noch unbekannt, so überwindet einen Augenblick euren Ekel und seid Philosophen. Bedenkt, daß mehr als ein Fünftteil der Bevölkerung von

London aus derartigen Leuten besteht, daß alle diese krummen und winkligen Gänge damit angefüllt sind und daß mehr als ein Kammerdiener und mehr als eine Kammerfrau aus dieser Kulisse hervortritt, um in euern Familien sich einzuschleichen und am Ende vom Lied ihren Hals in meine unerbittliche Schlinge zu stecken.

In einem Saale neben der Trink- und Rauchstube üben sich die jungen Diebe von zehn bis fünfzehn Jahren und bestehen ihre Lehrlingszeit. Auch sie trinken, spielen, rauchen und begehen kleine, der Galeeren würdige Diebstähle, besaufen sich in Gin, haben ihre Liebchen und ihre Duelle. Sie können lesen, aber ihre einzige Lektüre besteht in dem Kalender von Newgate, diesem seltsamen Journal, worin alle Großtaten und Streiche der Galgenhelden sehr genau und ausführlich erzählt, sehr lehrreich geschildert werden.

In meinem vierzehnten Jahre besuchte ich beständig zwei bis drei solcher Tavernen, welche noch jetzt offen sind und als Bewohner lediglich solche jungen Herren haben, die der Polizei sämtlich wohlbekannt sind. Diese löbliche Polizei begnügt sich mit der Kunde von deren Dasein und denkt nicht daran, ihnen irgend Verdruß oder Unannehmlichkeiten bereiten zu wollen. Alle diese jungen Leute haben die erbauliche Bestimmung, früher oder später mir anheimzufallen.

Bei diesem Leben hatte ich nur wenig Besorgnisse. Ist der Spitzbube ein guter Künstler, jung, geschmeidig, Mann von Talent, so kann er von seinem fünfzehnten bis fünfzigsten Jahre vom Ertrage seiner Räubereien vollkommen leben, ohne daß jemals die Hakenkralle des Skeletts, welches man gewöhnlich Justiz nennt, ihn erwischt oder verhaftet. Ganz London wimmelt von offen umhergehenden Leuten, welche seit vierzig Jahren kein anderes Gewerbe als das der Gaunerei trieben und dabei, dank ihrer Geschicklichkeit und vielleicht auch dem Rat einiger verschwiegener und gut bezahlter Advokaten, niemals in den Schlingen eines richterlichen Urteils sich fangen ließen. Aber sie mögen nur mir in die Hände fallen! Ich will die Welt an ihnen rächen.

Nahe bei der Brücke von Waterloo, auf dem Strand, steht eine Taverne, deren Schild die Aufschrift »The Shades« (Die Schatten) führt. Dahin ging ich an jedem Sonnabend, denn dort kommen alle Gauner von London zusammen und verteilen ihre Beute. Diese Taverne ist einzig in ihrer Art. Sie hat kein eigentliches Wirtshausschild, kein äußeres Zeichen verkündet die eigentliche Bestimmung des Hauses. Man bemerkt eine rot angestrichene Barriere, man stößt sie zurück und steigt mehrere Stufen hinab, die in einen Keller führen, aus diesem Keller gelangt man in einen zweiten räucherigen, qualmende Lampen erhellen von Entfernung zu Entfernung die Stufen; man kommt in eine Rotonde, wo man tanzt, trinkt, Domino und Karten spielt. Gruppen von öffentlichen Mädchen und diesen verbündete Männer tanzen die Walzer und Galopps der Mode. Stündlich sieht man neue Männer und Frauen herabkommen. Sie kehren von ihren Expeditionen zurück und erzählen den Verbündeten alle Ereignisse des Ruhms und der Gefahren dieses Tages. Manche dieser Leute haben neun bis zehn Pfund Sterling gewonnen. Man schreitet zur Verteilung; damit ist alles gesagt und getan.

Dies waren meine Galerien; aber deshalb glaube man ja nicht, daß ich dem Leben der Elegants der Hauptstadt fremd geblieben. Man fand mich oft im Theater, denn ein ganzes Volk von Banditen dient dem Covent-Garden und der Drury-Lane zum Gürtel. Das eine wie das andere dieser beiden Theater liegt im Mittelpunkt eines winkelreichen und krummgassigen Labyrinths, wo weibliche Wesen der Prostitution mit ihren Liebhabern wohnen. Um zu diesen beiden Theatern zu gelangen, muß man durch kleine, finstere Alleen gehen, in deren zahlreichen Verzweigungen die Spaziergänger sich leicht verirren, die Gauner einen eigenen Schutz finden. In allen diesen engen Gäßchen steht nicht ein einziges Haus, welches von ehrbaren und friedlichen Leuten bewohnt würde. Der nächtliche Dieb, der Diebshehler, das Freudenmädchen der untersten Klasse haben sich dieser Asyle bemächtigt. Elende Kneipen und verdächtige Kaffeehäuser sind ihre Sammelpunkte; überall hört man die

Gaunersprache; der Straßenkot hat sich auf dem Pflaster gehäuft; hinter den roten Vorhängen der Kneipen bemerkt man Gruppen, welche sich zu ihren nächtlichen Expeditionen rüsten. Diese Uhren, diese Geräte, diese Kleider, diese alten Bijouterien sind die Produkte des Diebstahls. Die Polizei, deren Büro gleich nebenan steht, kennt und weiß dies alles recht gut, allein der Gesundheitskordon, welchen sie rings um die Schauspielhäuser zieht, dient nur dazu, diese Pest und Geißel in einen kleineren Kreis zu beschränken, ohne sie zu vernichten. Zwischen den Agenten der öffentlichen Bewachung und Sicherheit und den Spitzbuben, welche sie im Zaume halten, untätig machen oder strafen sollen, bildet sich eine Allianz. Bei den Kämpfen und Schlachten, welche die Polizei den Dieben wirklich oder scheinbar liefert, handelt es sich meistens um Verführungen, Verträge, geheime Übereinkünfte, welche zum Vorteil beider Parteien ausschlagen.

IX.

Sitten der Diebe zu London. – Die kleinen Diebe. – Die Rendezvous der Gauner. – Anekdoten.

Zu unsrer Ehre darf nicht verschwiegen werden, daß die Rasse, in deren Mitte ich lebte, mehr unmoralisch als barbarisch war. Im allgemeinen hat der Bandit von London keinen Hang zum Blutvergießen, und Ermordungen kommen selten in der Hauptstadt zum Vorschein, sondern ereignen sich beinahe nur in der Provinz. Die Leichtigkeit des Diebstahls ohne Mord und Totschlag, des Verbergens und Verkaufens der gestohlenen Dinge ist in der Tat zu London so groß, daß der Dieb nur äußerst selten nötig hat, zur Gewalt seine Zuflucht zu nehmen, sein eigenes Leben aufs Spiel zu setzen. London ist das echte Paradies der Spitzbuben, zu London ist die Dieberei ein gewinnreiches Gewerbe, ein vortreffliches Handwerk, wobei der Ruhm Hand in Hand mit dem Vorteil geht.

Unsere Dandys würden sehr erstaunen, wenn man ihnen

sagte, daß gerade ihre Boudoirs und Speisesäle die Fabriken sind, woraus die Mehrzahl der Gauner hervorgeht. Dennoch ist nichts wahrer. Durch die Gewöhnung an Müßiggang und Luxus sehen sich diese Herren genötigt, die ganze Sorge des Einkaufs aller nötigen oder überflüssigen Dinge ihren Domestiken anzuvertrauen, und versetzen dadurch natürlich diese an Bildung und Moralität subalternen Wesen in den Zustand ununterbrochener Verführung. Der Lakai, der Kammerdiener, der Haushofmeister, der Kellermeister kennen den Vermögensstand ihres Gebieters, seine Schulden, seine Einkünfte, die Unregelmäßigkeiten im Bezahlen, seine Indolenz, seine Vergnügungslust, und daher plündern sie ihn aus, so oft und so arg es immer gehen mag. Man verständigt sich mit allen Arten von Kaufleuten, man besteuert förmlich alle Arten von Gelüsten und Lüsten des Herrn. Seine Verschleuderung verdoppelt bei allen seinen Dienern die Sehnsucht oder vielmehr das Bedürfnis, eine so leicht sich öffnende Börse in Kontribution zu setzen. Die Gewohnheit des Diebstahls ist sanktioniert und gleichsam legitimiert. Der Kaufmann hilft dem Diener zu dem Betrug, zu einem Betrug, der dem Handel so nützlich ist, den Warenabsatz so sehr befördert. Der Haushofmeister gewinnt an der Lieferung für die Tafel, der Kellermeister an dem Einkauf der Weine, der Reitknecht oder Stallmeister beim Ankauf der Pferde, der Kutscher bei der Anschaffung oder Reparatur der Wagen. Der Intendant hängt sich an alles und kneipt an allem, er verwirrt die Rechnungen und verschiebt die Zahlungen auf möglichst entfernte Termine. Diese Vorsichtsmaßregel ist unumgänglich nötig, damit die Zeit einen Schleier über diese Hausdiebstähle ziehe, das Gedächtnis des Herrn manche Erinnerungen und Stützpunkte völlig verliere. Dies ist die doppelte Täuschung, der man unterworfen wird, und auf solche Weise schleicht sich das Elend in die reichsten Häuser ein. Zuerst wird jede Ausgabe um fünfzehn bis zwanzig Prozent erhöht, je nachdem der Diener mindern oder größern Einfluß auf seinen Herrn übt. Dann vervielfältigt sich die Zahl der sogenannten nötigen Dinge in gleichem Verhältnisse mit der Unverschämtheit und Habsucht des Subalternen. Sie alle leben im Überflusse, verschleudern diese unnützen Dinge, verkaufen sie oft um niedrigen Preis oder treiben diese Niederträchtigkeit bis zum Erhabenen, indem sie dieselben dem nämlichen Kaufmann, von dem sie erkauft worden, wieder überlassen und auf diese Weise mit ihm kontraktlich und freundlich in das Vermögen des Herrn sich teilen.

Ein Viertel aller Ausgaben in den reichen Häusern wird auf diese Weise verwendet, und bei ganz fashionablen Familien à la mode steigt diese Verschleuderung bis auf die Höhe des jährlichen Budgets. Hier verschwört man sich mit dem Tapezier, dem Möbelhändler, dem Spiegelfabrikanten, dem Drechsler, dem Eislieferanten, dem Konditor, um allmählich im Detail die Millionen des ursprünglichen Erbteils zu verschlingen.

Bald wird der Sohn der Familie der Diener seiner früheren Diener. Die Masse der Lieferanten und Gläubiger im Verein mit der Masse seiner Domestiken drängt, drückt und umgarnt ihn, und ein solcher Sklave seiner Torheiten und seiner Indolenz entgeht dieser Tyrannei niemals. Nachdem er sich aus Leichtsinn hat bestehlen lassen, läßt er sich jetzt notgedrungen und aus Berechnung bestehlen. Dazu kommen dann endlich die Wucherer, die Geier, welche die Trümmer der großen wie der kleinen Vermögen verschlingen, finden sich ein zur Vollendung des Werkes der Dienerschaft, und der Mann der großen Welt sieht sich völlig zugrund gerichtet, büßt im Hintergrund irgendeiner Vorstadt, in irgendeinem Winkel der Sparsamkeit für seine verschwenderische Unerfahrenheit.

Auf diese Weise demoralisiert sich die ganze Klasse der Subalternen; Kaufleute, Lakaien, Lieferanten jeder Art betrachten den Diebstahl als ein legitimes und anerkanntes Einkommen. Ihre Söhne, ihre Brüder, ihre Freunde teilen sich in die Plünderung der reichen Familien, und dieses allgemeine Raubsystem zerstört jedes Prinzip von Rechtlichkeit bei dem ganzen Volk. Ein durch solche Dieberei bereicherter Lakai erhebt sich zum Herrn eines Gasthofs. Ist er verschwenderisch und verschleudert maßlos sein schlecht erworbenes Vermögen, so versinkt er ins Elend und wird ein Gauner von Profession; ist er sparsam und klug oder gar ein Geizhals, so benutzt er den Rest seines Lebens dazu, allen Lakaien und Dienern in derselben edlen Erwerbsart zweckdienlichen Unterricht zu erteilen. Die meisten derselben halten in den schmutzigsten Quartieren der Hauptstadt Hotels oder Kneipen, fern von allen Blicken, mitten in der ekelhaftesten Unsauberkeit, viele häufen in solchen Winkeln ganze Familien von Bettlern und Dieben zusammen. In der Tiefe dieser dunklen Gassen, welche eigens zur Hegung des Lasters gebaut zu sein scheinen, in diesen weder gepflasterten noch beleuchteten Sackgassen ist der Ursprung der Mehrzahl aller Komplotte zu suchen, wodurch das Eigentum und das Leben der Einwohner von London bedroht wird. Die Eigentümer dieser Häuser wissen wohl, daß sie solche Wohnungen an anständige Leute niemals vermieten können, und denken daher auch nicht daran, die darin hausende Kanaille auszubieten. Dahin dringt niemals ein Mann der Polizei; einige Freudenmädchen der letzten Klasse errichten dort ihre Boudoirs. Man versteckt hier gestohlene Uhren, Wanduhren, Taschentücher und dergleichen. Kinder, Weiber, junge Leute, Greise leben sämtlich durcheinander in der beständigen Gewohnheit der Bettelei und des Diebstahls. Diese Bevölkerung verändert und vermehrt sich ins Unzählige, ohne jemals ihre Traditionen zu verlieren.

Hatten wir etwas zu befürchten, so war es gerade diese Höhle, wohin wir uns flüchteten und Sicherheit fanden. Domestiken ohne Anstellung, Handwerker ohne Arbeit bildeten daselbst die Bevölkerung. Wir begegneten dort einer Menge von Maurern, Tünchern, Dachdeckern, Packträgern, Zimmerleuten. Man verwendet diese Leute nur während eines Teils des Jahres, was haben sie also in der übrigen Zeit zu tun, was wird aus ihnen ohne Arbeit, ohne Verdienst, ohne Subsistenzmittel, ohne irgendeine von außen ihnen zufließende Hilfsquelle? Sie müssen Hungers sterben oder legen sich auf Dieberei. Kommt dann die Zeit der Arbeit zurück, so ist die Gewohnheit zu stehlen, hübsch eingewurzelt. Daher bildet sich bei dieser Menschenklasse stets eine bedeutende Zahl von Galgenkandidaten.

Wir hatten keine große Mühe, die Beute unserer Diebstähle uns vom Hals zu schaffen. Unmittelbar neben der Taverne des Bezirks, von dem wir sprachen, öffnet sich die Hölle eines Pfandleihers. Hier häufen sich alle Produkte des Diebstahls, und der edle Besitzer dieser Anstalt leiht darauf zehn bis zwanzig Prozent des Werts. Natürlich denkt niemand daran, solche Dinge wieder einzulösen, sondern jeder eilt, den Ertrag seiner Beute so schnell und so lustig als möglich in der danebenliegenden Taverne zu verzehren.

Die Regierung bezieht von solchen Tavernen eine ungeheure Steuer.

Hier wird der junge Mann aus der Provinz sogleich nach seiner Ankunft von seinen neuen Bekanntschaften rein ausgeplündert. Die Wollust in ihren brutalsten Äußerungen dient zur Einleitung des tragikomischen Dramas, und diese Ausschweifungen hält der gute Provinzjüngling in seinem naiven Wahn für die schönsten und beneidenswertesten Vorzüge der Hauptstadt. Er spielt und verliert; die Gassenschönheiten umschwärmen ihn, er verläßt diese scheußlichen Orte mit leeren Taschen, zerrütteter Gesundheit, nicht selten dazu noch tüchtig durchgeprügelt und gewöhnlich aller seiner guten Kleidungsstücke beraubt.

In allen derartigen Häusern spielt offenbar das weibliche Geschlecht die Hauptrolle. Hübsche Frauen und Mädchen locken den Provinzmann vor allem an, bereden ihn zu großem Spiel, berauschen ihn, schläfern ihn wohl auch mit Opiaten und dergleichen ein. Merkt er zufällig, daß man mit ihm nur ein loses Spiel treibt, so sind es abermals diese Damen, welche ein Klagegeschrei erheben, das Volk zusammenrufen, Verwirrung und Tumult veranlassen und dadurch ihren Freunden die willkommene Gelegenheit verschaffen, recht bequem im trüben zu fischen.

Seltsam ist es in der Tat, daß man in diesen Höhlen des Raubes und der Schande nicht selten edle Pairs und Mitglieder des Parlaments unter den gewöhnlichen Gästen erblickt. Mischen sich doch diese Herrschaften oft unter dieses Gesindel der Taverne, zechen mit den Boxern vom Handwerk an einem Tisch und wüsten mit den Bacchantinnen!

Wir besuchten auch oft die Kaffeehäuser, welche den Matrosen, Komödianten von niederem Rang und den Soldaten zu Sammelplätzen dienen. Auch hier ist dieselbe Art zu stehlen gebräuchlich und nicht minder häufig. Die Spione kommen dahin, um sich mit dem Diebesvolk zu verständigen, welches dann die Ausführung besorgt. Hier vorzüglich werden die Komplotte ausgeheckt, mittels deren man die Justiz umgehen wird. Man richtet die falschen Zeugen förmlich dazu ab, was sie antworten und aussagen sollen; man feilscht über die Zurückstellung gestohlener Dinge; man bestimmt, welcher Kamerad geopfert und welcher gerettet werden soll; man beschließt vorhinein über das Schicksal der Diebe und ihrer Opfer.

Aber die seltsamsten und bizarrsten solcher Zufluchtsorte sind jene Wirtshäuser in den vom Mittelpunkt der Stadt entfernten Bezirken, wo sich die Mitglieder dieses ehrbaren Gewerbes nach der Ausführung ihrer Großtaten wieder zusammenfinden. Diese Orte gehören in der Regel irgendeinem Bandenchef, einem anonymen Spitzbuben, der in seinem Bezirk als reicher und geachteter Mann lebt, seinen eigenen Agenten in seiner wahren Gestalt nicht bekannt ist und mit der Polizei in Verkehr steht. Ein wahrer und furchtbarer Despot der Unglücklichen, welche durch das Wagnis ihrer Freiheit und ihres Lebens ihn bereichern. Alle Spione kennen diese dem übrigen Publikum unbekannten Orte, hüten sich aber wohl, ihr Geheimnis irgendeinem Dritten anzuvertrauen und dadurch vielleicht eine der reichsten Quellen ihres Einkommens zu verstopfen.

Ein Kaufmann besaß eine sehr merkwürdige Uhr, die früher dem berüchtigten Lord Lovat gehört hatte und den Namenszug dieses sonderbaren Mannes an sich trug; er brachte sie zu einem Uhrmacher des Strand, um sie reparieren zu lassen. Als er bei diesem Uhrmacher ankam, machte er die unangenehme Bemerkung, daß man ihn bestohlen habe. Die Uhr war nicht mehr in seiner Tasche. Ich selbst war vollkommen davon überzeugt, denn ich war es, der, ein Gedränge auf dem Trottoir benutzend, ihm die Uhr entrissen und sie zu der meinigen gemacht hatte. Sogleich rannte der Mann zu einem seiner frühern Mitschüler, den die seltsamsten Ereignisse und die Verschwendung während seiner jungen Jahre genötigt hatten, unter die Agenten der hohen Polizei von London sich einschreiben zu lassen. Diesem erzählte er seinen Unglücksfall. Der Agent fragte ihn über den Weg, den er genommen, über die Zeit, welche er dazu verwendet, und versprach ihm die Herbeischaffung der Uhr mittels eines Opfers von fünf Guineen.

»Ich habe sie gerade bei mir«, antwortete sein Freund.

»Wohlan«, entgegnete der andere, »so eile, mir zu folgen, denn was ich dir zeigen werde, ist wohl des Geldes, das du hingeben mußt, vollkommen wert.«

Sein Führer betrat mit ihm jenes Labyrinth von finstern Gassen, welches man gewöhnlich die City nennt. Nach einer Menge von Windungen und Umwegen gelangten sie an ein völlig trostlos aussehendes Haus, dessen geschlossene Fensterladen den Verfall und das Unbewohntsein zu verraten schienen. In einen der Fensterladen war ein Loch gebohrt, der Polizeiagent legte seine Lippen an dieses Loch und lispelte einige Worte in der Gaunersprache hinein. Sogleich erfolgte aus dem Innern eine Antwort in derselben Sprache, und die Besatzung des Platzes ließ die beiden Parlamentäre eintreten. Die Tür öffnete sich und wurde sogleich wieder geschlossen. Im Innern herrschte vollkommenes Dunkel.

Der Polizeiagent ergriff den Bestohlenen an der Hand und flüsterte ihm zu: »Man findet es heute überflüssig, uns zu leuchten, gewöhnlich ist man hier höflicher, aber deshalb besorge nichts!«

Am Ende eines langen, finstern Korridors öffnete sich eine Tür und vergönnte dem Polizeiagenten mit seinem Schützling den Eintritt; sie gelangten in ein geräumiges Gemach, wo eine Bevölkerung beider Geschlechter und aller Alter beisammen hauste.

Auch ich war dort, ich, der Urheber des Diebstahls. Niemand von uns äußerte die mindeste Furcht, und ich bin heute noch überzeugt, daß der legitime Eigentümer der Uhr in jenem Augenblick der am wenigsten ruhige von uns allen war. Einige spielten Karten, andere rauchten, mehrere schienen das Schicksal zu verfluchen, welches alle ihre Bemühungen während dieses Tages fruchtlos gemacht hatte. Dasselbe Gemach diente uns zugleich als Küche, Salon, Schlafzimmer und als Speisesaal.

Der Polizeioffiziant fragte, ob der Hauptmann J. sichtbar sei. Dieser Hauptmann war unser Chef und wohnte im ersten Stockwerk. Bald kam der Bote von daher zurück und bat den Polizeioffizianten, sich mit seinem Freund gefälligst hinaufzubemühen.

Die Wohnung dieses Herrn Hauptmanns war sehr gut eingerichtet, seine ganze Möblierung verriet Reichtum und sogar guten Geschmack. Er war ein Mann von mittleren Jahren, von angenehmer Physiognomie, voll Höflichkeit und Anmut in seinem Benehmen. Der Polizeiagent trug sein Gesuch geziemend vor. Der Hauptmann bat seine Gäste um die Erlaubnis, sie einen Augenblick verlassen zu dürfen. Diese Zeit benutzte der Kaufmann zu einer ziemlich pikanten Dissertation über den Diebstahl und die Diebeshehlerei, aber sein Führer brachte ihn wieder zum Schweigen, indem er ihm in dem Fußboden ein großes Gehörrohr zeigte, mittels dessen man mit dem untern Stockwerk sehr deutlich kommunizieren konnte.

Bald sahen sie den Herrn Hauptmann J. zurückkehren. Ich hatte ihm die Uhr bereits behändigt, und er hatte sie auch schon an einen seiner Diebeshehler gesendet. Der Herr Kapitän hatte die Güte zu erklären, daß die Uhr mittels einer Vorausbezahlung von fünf Guineen wiedergefunden und ihrem Eigentümer zurückgestellt werden würde. Der Kaufmann hinterlegte diese Summe sogleich, und der Hauptmann bestellte ihn für den andern Morgen um zehn Uhr vor die St. George's Kirche. Eine junge, schwarzäugige Magd trat ein, stellte einige Erfrischungen auf den Tisch, warf einen durchdringenden Blick auf die Fremden und verschwand wieder.

Der Polizeiagent ließ seinen Freund durch eine andere Tür, welche in eine ganz andere Straße führte, wieder aus dem Haus und empfahl ihm nochmals, am kommenden Morgen pünktlich an dem bezeichneten Ort sich einzufinden.

Nach einigen Minuten des Harrens kam eine schöne, reichgekleidete Dame an dem Kaufmann vorüber, ließ unbemerkt ein Päckchen in seine Hand gleiten und ging schweigend ihres Wegs. Diese Dame war niemand anders als die schwarzäugige Magd des Hauptmanns, und die Uhr von Lord Lovat befand sich wirklich in dem Papier, welches sie ihm im Vorübergehen gegeben hatte.

X.

Weitere Taten von Ketch. –
Die Plünderung der Kasse des Bankiers. –
Verhaftung. – Wie man richtet und verurteilt. –
Der bestohlene Dieb. – Wiederbefreiung.

Ich wollte meinen lieben Lesern lieber eine Idee von dem wirklichen Leben der Mitglieder der großen Diebesfamilie von London geben, als eine Menge von nur mich selbst betreffenden Dingen erzählen, weil alle dergleichen Taten und Abenteuer mehr oder minder Ähnlichkeit miteinander haben und am Ende doch alle lediglich darauf hinausliefen, jeden, der mir in den Wurf kam, möglichst reinlich zu erleichtern.

Es handelte sich um die Plünderung von der Kasse eines reichen und sehr angesehenen Bankiers; der Streich erschien als sehr gut, glückte und warf einen tüchtigen Ertrag ab. So hört denn auch, auf welche Weise wir ihn ausführten.

Man verschaffte sich Wachsabdrücke von allen Schlüsseln des Hauses, und mit Hilfe derselben verfertigte ein Schlosser von London neue Schlüssel zu unserm Gebrauch. Das Haus des Bankiers war solid gebaut und sorgfältig verschlossen. Zwei Commis schliefen darin, und überdies hatte es einen besonderen Wächter, der Tag und Nacht sein Amt auf das eifrigste verwaltete. Demnach war das Unternehmen sehr schwierig, allein wir triumphierten doch über alle Hindernisse.

Einer unserer Vertrauten, ein junger Mann von angenehmem Äußern und feinen Manieren, überdies mit einem schönen Gesangstalent begabt, besuchte Kaffeehäuser, wo gewöhnlich die beiden Commis ihre Freistunden zubrachten, und wußte sich mit ihnen bald zu befreunden, was sein ausgezeichnetes Äußere und zu rechter Zeit angebrachte Ausgaben erleichterten und vollendeten. Während er die beiden Commis auf solche Weise gewann, machte ein anderer, in Manieren und Sprache gemeinerer Sendling seine Bekanntschaft mit dem Wächter des Hauses.

Bei jedem derartigen Geschäft besteht eine der vorläufigen Operationen darin, daß man sich möglichst genaue Kunde darüber verschaffe, in welchen Provinzen Verwandte der Person, die man zum Opfer erkoren hat, wohnen mögen. Dann studiert man die Eigentümlichkeiten und die besondern Verhältnisse der Lokalitäten, wonach ein Agent bei dem Opfer erscheint, als käme er gerade von dem Ort, wo die lieben Verwandten wohnen. Natürlich findet er als Landsmann eine freundliche Aufnahme; in der Folge ergibt sich vielleicht sogar, daß er ein Verwandter, ein Vetter ist. Man gibt ihm Gehör, man plaudert offen mit ihm, man gewinnt Liebe für ihn. Ein freimütiges, offenherziges Benehmen, Züge von Großmut und Hingebung verfehlen selten ihren Zweck. Die Freundschaft wird stündlich vertrauter, endlich ganz innig, und der gutmütige Betrogene geht von selbst in die Schlinge.

Binnen zwei Monaten waren alle Vorbereitungen für die Operation gehörig in Ordnung, und ein Sonntag des Oktobers wurde zur Beraubung der Kasse angesetzt. Man hatte die genauesten Erkundigungen eingezogen. Man wußte, daß einer der Associés, ein besonders frommer Mann, der in dem Haus neben dem Büro und der Kasse wohnte, zu einer gewissen Stunde in die Kirche gehen würde. Die beiden Commis wurden von unserm Agenten zu einer Lustpartie auf dem Land, einige Meilen von London entfernt, für den ganzen Tag eingeladen. Hiernach blieb nichts mehr zu tun übrig, als den strengen Hauswächter ebenfalls zu entfernen. Wie bewerkstelligte man dies? Ein Versuch, ihn von seinem Posten zu entfernen, wäre zu gewagt gewesen, also ersann man folgendes Mittel: Man mischte unter zwei Flaschen Portwein einen Schlaftrunk, und derjenige unserer Kameraden, der sich in seine Freundschaft eingeschlichen hatte, stattete ihm am Morgen des verhängnisvollen Sonntags einen Besuch ab.

Er eröffnete seine Verhandlungen mit den einladenden Worten: »Ich habe ein halbes Dutzend Flaschen Wein zum Geschenk erhalten, hast du gegen mein Plänchen nichts einzuwenden, so komme ich sogleich nach Tisch wieder, bringe zwei Flaschen des köstlichen Saftes mit, und wir machen uns einen angenehmen Nachmittag. Nun, was meinst du dazu?«

Das Erbieten wurde angenommen. Alle unsere Pläne gelangen. Der Argus schlief glücklich ein, und wir fegten das Haus rein aus, da wir volle vierzehn Stunden Zeit zur Bewerkstelligung unseres Rückzugs hatten. Alles im ganzen Haus verschlossen wir wieder sorgfältigst und hinterließen, mit Ausnahme des Kasseninhalts, alles genau so, wie wir es gefunden hatten. Hierdurch machten wir eine Entdeckung des Raubes vor der Eröffnung des Büros am Montagmorgen höchst unwahrscheinlich.

Selten mag wohl die Anstrengung eines Gauners so reichlich belohnt worden sein. Die Beraubung der Kasse dieses Bankiers machte aus mir beinahe einen Edelmann, und für ziemlich geraume Zeit entsagte ich allen meinen noblen Geschäften und begnügte mich lediglich mit dem Vergnügen. Ich reiste nach Liverpool und Manchester, ich kaufte Uhren, Bijouterien und erschien erst wieder zu London, um mit der Commandite der großen Gesellschaft, worüber die oben gelieferte Erzählung von Grimes alles Nähere angedeutet hat, mich innigst zu affiliieren.

Von dem Gewinn, welchen diese Verbindung mir abwarf, lebte ich dann ohngefähr wie ein wohlhabender und anständiger Mann. Hätte ich niemals andere Associés kennengelernt, so würde ich wahrscheinlich in dieser Gesellschaft geblieben sein und alle Tage meines Lebens dabei so ruhig verbracht haben, wie dies bei der Mehrzahl ihrer Mitglieder der Fall ist. Aber das Schicksal hatte anderes über mich verhängt.

Über dem Leben eines Diebes schwebt ein eigentümliches, seltsames Verhängnis. Oft bleiben seine schwersten Missetaten unbekannt und ungestraft, dagegen erhascht sie das Gericht nicht selten gerade bei Dingen und in dem Augenblick, wo sie im Vergleich zu ihren übrigen Handlungen beinahe für unschuldig gelten können.

An einem Februarabend war ich ins Schauspiel gegangen und hatte mit einem Freund einen Platz in der Mitte des Parterre genommen. Als der Vorhang nach dem Ende des ersten Stückes fiel, schrie plötzlich ein kleiner Bürger mit einem großen Bauch: »Man hat mir meine Uhr gestohlen! Eine goldene Uhr, sie repetiert, hat ein doppeltes Gehäuse, ist guillochiert und ihre fünfundfünfzig Guineen wert!«

Sein Geschrei rief einige Polizeioffizianten herbei, darunter zufällig einen, der mich kannte. Da dieser Mann ringsumher niemanden erblickte, der zu der »Familie« gehörte, so verhaftete er mich mit den Worten: »Er ist bekannt!«

Man durchsucht mich, man findet die Uhr nicht. Ich muß die Nacht im Gefängnis zubringen, am andern Morgen führt man mich vor den Magistrat. Ich beteure meine Unschuld, aber einer seiner Spürhunde nimmt das Wort.

Er sagt: »Geben Sie diesem Spitzbuben kein Gehör, er hat sein ganzes Leben lang nur darauf studiert, wie er die Justiz betrügen will. Er ist einer der Schlauesten von der ›Familie‹!«

Die Aussage des dickbauchigen Klägers verstärkte noch dieses Zeugnis. Er wollte öfters bemerkt haben, daß ich sichtbar ihm näher zu kommen gestrebt. Der Schein und die Justiz konnten mich nicht verteidigen. Ich wurde nach Newgate abgeführt und vor die Assisen gestellt.

Vor der Eröffnung der Gerichtssitzung hatte ich vierzehn Tage zu Newgate zu verweilen. Eine schreckliche Zeit des furchtbarsten Harrens und mancher sehr kitzligen Zweifel. Von allen, welche mit einem Ruf, wie der meinige war, vor den Schranken des Old Bailey erscheinen, werden bei weitem die meisten ohne alle Prozeßförmlichkeit verurteilt. Man hält gegen sie kein ordentliches Gericht, sondern man schlägt zu. Nur höchst selten sind die Geschworenen energisch genug, um dem aus dem frühern Leben des Angeklagten entspringenden Vorurteil zu widerstehen, und alle Welt ist darüber einverstanden, daß man einen alten Fuchs, der sich selbst in der Schlinge gefangen, ohne Schonung und Erbarmen bestrafen müsse.

Diese Rechtspflege ist unstreitig eine Ungerechtigkeit, aber die Menschen üben sie einmal auf solche Weise. Der Beamte, der mich verhaftete, hatte in meinen Taschen vierzig Pfund und eine goldene Uhr gefunden, mithin lag es in seinem Interesse, dies alles gegen meine allenfallsigen Reklamationen in Sicherheit zu bringen. Ein gegen mich aufgebrachtes falsches Zeugnis mußte meine Verurteilung erwirken und ihn zum Herrn meines Eigentums machen.

Ich begriff meine Lage vollständig. Aber das Geschick war mir günstig: die Geschworenen öffneten ihre Augen. Umsonst donnerte der Advokat des Königs gegen mich, die Beweise mangelten, ein Verdikt meiner Schuldlosigkeit erfolgte, und ich wurde in Freiheit gesetzt.

Der Polizeioffiziant stahl mir zehn Pfund Sterling, indem er beteuerte, bei meiner Verhaftung mir nur dreißig Pfund abgenommen zu haben. Ich hatte keine Mittel zum Beweis des Gegenteils, so wurde der Stehler bestohlen, eine nicht ungewöhnliche Erscheinung.

XI.

Ketch als honetter Mann. –
Ein Ereignis, welches ihn auf seine frühere Laufbahn zurückschleudert. –
Neue Verhaftung. – Menschenhaß des Diebes. –
Ketch auf dem Punkt, gehangen zu werden.

Man sagt, es gebe in der Welt eine besondere Rasse von Menschen, welche sich vorzugsweise mit Verbesserung der Wesen ihresgleichen beschäftige. Habe ich recht gehört, so führen diese Menschen einen barbarischen Namen, ich glaube den der Philanthropen. Meines Erachtens sollten sie sich vor allem fragen, was aus einem Menschen werden könne, der, aus dem Gefängnis wieder entlassen, in der öffentlichen Meinung bereits bemakelt und verloren, keine Hilfsquellen für seinen Lebensunterhalt hat. Man unterlege einem solchen Menschen die innigste und entschlossenste Absicht, nicht mehr zu stehlen. Wie soll er sich benehmen? Wohin sich wenden? Was beginnen und was tun?

Nach meiner Befreiung aus dem Kerker hoffte ich, zu meinen frühern Beschäftigungen zurückzukehren, welche ich als eine auf meinen Kopf gesetzte Rente betrachtete. Aber diese letzte Geschichte hatte mich zu sehr bloßgestellt, die Aufmerksamkeit zu sehr auf mich geleitet. Meine Assoziation nahm mich nicht mehr auf, ich empfing von ihr keine Zeile mehr, meine Börse wurde dünner und dünner, endlich vollkommen schwindsüchtig. Einige Zeit lebte ich von dem Verkauf meiner Garderobe, welche im Augenblick meiner Verhaftung sehr gut versehen war. Die Leute des Hauses, wo ich wohnte, bemerkten bald meine täglich schlechter werdenden Umstände; als Erklärung derselben gab ich ihnen an, daß ich gleichzeitig meinen Vater und die von ihm mir ausgesetzten Einkünfte verloren habe, aber binnen kurzem von einer Person meiner Familie wieder Geldzuschüsse erwarten dürfe.

Meine Lage verschlimmerte sich täglich; mein Wirt empfand Mitleiden für mich. »Wollen Sie arbeiten«, sagte er, »so will ich Sie in meinem Handelsgeschäft anstellen.«

Seit dem Tag meiner Geburt war dies die erste Gelegenheit, einen Schilling auf ehrlichem und ehrenwertem Weg zu gewinnen. Ich nahm den Vorschlag an.

Mein Hauswirt war ein Wursthändler. Ich sollte das Fleisch zu den Bratwürsten kleinhacken, indem man damals noch keine Maschine zu dieser Verrichtung erfunden hatte. Mutig und lustig machte ich mich an die Arbeit. Bald stieg ich in der Geschäftshierarchie meines Wirts um einen Grad höher und brachte es nach und nach so weit, daß man mir endlich die wichtige Funktion des Schweineschlachtens anvertraute. Sechs Monate lang verwaltete ich dieses Amt, und ich darf mich dessen rühmen, zur großen Zufriedenheit meines Meisters.

So war denn endlich ein Gewerbe gefunden. Welches Glück! Welche Freude! Mit welcher Glut umfaßte und umarmte ich den Gedanken, daß ich einst selbst Meister werden und ehrenvoll würde leben können! Ein Schlagfluß befiel meinen Meister und nahm ihn plötzlich von dieser Welt, zerstörte alle meine Hoffnungen und schleuderte mich in das lasterhafte, verbrecherische Leben des Zufalls wieder zurück. Was der Meister besaß, wurde in öffentlicher Versteigerung verkauft, und ich befand mich mit einer halben Krone in der Tasche und ohne ein anderes Kleidungsstück, als was ich gerade auf dem Leib hatte, wieder obdachlos unter freiem Himmel.

Wohin mich nun wenden? Unter beständigem und peinlichem Abquälen meines Geistes mit nutzlosem Nachdenken darüber, wie und wo ich mir ehrenvolle Subsistenzmittel verschaffen sollte, irrte ich lange auf den Straßen Londons umher und befand mich endlich zufällig unfern von jener Taverne »Zur Flasche und Elster«, welche der geneigte Leser bereits zu kennen die Ehre hat. Dort hoffte ich ein Bett zu finden, um ausruhen und einen festen Entschluß fassen zu können. Plötzlich drangen drei Beamte von Bon-Street in die Taverne und bedeuteten uns, daß wir alle drei, die wir dort gerade saßen, »berufen« seien. Dieses Berufensein ist ein eigentümlicher Kunstausdruck der Hauptstadt und bedeutet eigentlich, daß man einen Mann eines schweren Verbrechens für schuldig halte, das heißt, daß die Polizei vierzig Pfund Sterling für den Fang eines solchen Individuums ausgesetzt hat. Die Polizeioffizianten kümmern sich bei solchen Gelegenheiten sehr wenig darum, auch anderer Leute habhaft zu werden, die noch keine vierzig Pfund Sterling wert sind. Der Ansicht dieser Herren gemäß heißt das Einfangen kleiner Diebe nichts anderes als das Pflücken unreifer Früchte, und diese Herren wollen dem kleinen Spitzbuben keineswegs die Mittel entziehen, ein großer Gauner und seine vierzig Pfund Sterling wert zu werden.

Dennoch führte man auch mich diesmal vor den Magistrat und sendete mich mit den beiden andern in den Kerker von

Clerkenwell, wo man uns in abgesonderte Zellen einzeln einsperrte und schwer verriegelte.

Hier konnte ich denn ganz nach Lust und Behagen philosophieren, bekenne aber gern, daß mein Philosophieren nichts Erfreuliches und Lustiges an sich hatte. Vor dem Magistrat war ich klugerweise stumm geblieben, weil es ja keine größere Albernheit geben kann, als einem Mann gegenüber, der uns einmal schuldig zu finden entschlossen ist, unsere Unschuld beteuern zu wollen. Sobald ich in meiner Zelle angelangt war, legte ich mich nieder, überließ mich meinen Betrachtungen und dachte vorzüglich über mein vergangenes Leben nach.

Allerdings war ich eines der am meisten schuldbelasteten Mitglieder der menschlichen Gesellschaft; allein wessen war der Fehler? Mir erschien das Schicksal allein als schuldig und mein Unglück als ein in den Sternen geschriebenes Verhängnis. Das Resultat aller meiner Reflexionen ergab sich mir in folgendem Satz: Es ist evident, daß das menschliche Geschlecht, in einen Kreis finsterer Mißverständnisse und Irrtümer verwickelt, durch ein Labyrinth unentwirrbarer und unvertilgbarer Albernheiten sich drängen und treiben muß, ohne jemals aus diesem Chaos sich befreien zu können.

Offenbar gewann die Moral durch meine Verhaftung gar nichts. Was waren in meinen Augen die Polizeibeamten und die Richter? Nichts als die Agenten des Teufels, zur Unterdrückung des Armen und Unglücklichen, zur Quälung des Schutzlosen auf diese Erde gesendet. Nach meinen Gedanken beschäftigen sich die Magistrate zeitlebens mit dem Verderbnis der Justiz, mit falscher Anwendung und Verdrehung der Gesetze, suchen sich stets ein strenges und herbes Ansehen zu geben, jeden in Lumpen gekleideten Menschen schon mit einem Blick zu vernichten.

War ich nicht ein honetter Mensch geworden? Hatte ich mich etwa gegen einen ehrbaren Wandel gesträubt? Hatte ich mich nicht täglich glücklich gefühlt, wenn ich bei meinem Wurstmacher morgens um fünf Uhr aufstand und sein Fleisch zu Wurstteig zerhackte? Hatte mich nicht der Polizeibeamte bestohlen? Wollte nicht der Magistrat für einen Diebstahl, den ich nicht begangen hatte, mich an den Galgen bringen? Alle solche Gedanken verbitterten mein Gemüt von Minute zu Minute, und zwar in so hohem Grad und so innigst, daß ich sogar noch heute, während ich mein Amt übe und den Spruch des Gesetzes vollstrecke, eine geheime Wut gegen die Richter und die Polizei, ja sogar gegen das gesamte Menschengeschlecht nicht überwältigen kann, sondern sie wie ein hitziges Fieber durch alle Adern und Nerven zucken fühle.

Guter Gott! fragte ich mich, was würde man wohl finden, wenn man das Leben der Leute, unter deren Rute ich gefallen bin, näher untersuchte? Hat nicht der Magistrat, der uns verurteilen soll, unter andern auch mich an dem angeschuldigten Diebstahl völlig Unschuldigen, ein großes Interesse dabei, möglichst summarisch zu verfahren, um die Sitzung abzukürzen und sich der Amtsverrichtungen zu entledigen, welche stets sehr wenig erheiternd und meistens sogar sehr peinlich sind? Müssen nicht die Geschworenen gemeinschaftliche Sache mit dem Handelsmanne machen, der ebenfalls ihrer Klasse angehört und gegen uns als Kläger auftritt?

Der geneigte Leser glaube ja nicht, daß solche Betrachtungen für einen Dieb zu ernst und zu tief seien; sie drängen sich von selbst, zwar sehr bunt und verworren, aber sehr mächtig, beinahe jedem Gliede der »Familie« auf. Der Glaube des Diebes ist einesteils der Fatalismus und andernteils die Überzeugung, daß die ganze Welt, die Herren Richter mit einbegriffen, ebenso lasterhaft, aber viel feiger als er selbst sei.

Währenddessen verrinnt die nötige Zeit, und meine beiden unbekannten Genossen erscheinen mit mir vor der Schranke des Gerichts. Ich hatte noch keine Silbe über und von unsrem Ankläger gehört. Er gab jetzt an: »Er bewohne ein Haus zu Tottenham. In einer Nacht seien vier Männer bei ihm eingedrungen; nachdem sie ihn und seine Frau aus dem Bette gerissen, heftig bedroht und mißhandelt, hätten sie alles Geld, alles Geräte und alle tragbaren Dinge von Wert geraubt, während einer der Männer stets bei ihm und seiner Frau stehengeblieben sei und jedem eine Pistole auf die Brust gesetzt habe.«

Plötzlich rief er, mit dem Finger auf mich deutend: »Und hier steht dieser Pistolenmann! Er, seine beiden Mitgefangenen und noch ein vierter, der nicht hier ist, haben mein Haus geplündert!«

Was war auf eine so positive Erklärung zu antworten? Ich beschränkte mich auf eine Beteuerung meiner Unschuld, ich bat den Kläger dringend, darauf bedacht zu sein, daß er einen Eid geschworen habe, die Wahrheit zu sagen, nichts als die Wahrheit.

Aber der Mann beharrte bei seiner Aussage und entgegnete: »Ich bin gewiß, daß Ihr es seid, ich erkenne Euch vollkommen!«

»Mich?«

»Wir erkennen euch Spitzbuben!« brüllte der Richter. »Und wenn Ihr nicht schuldig seid, wie kommt es denn, daß Ihr Euch in solcher Gesellschaft befindet?«

»Kennen mögen Sie mich wohl, ich kann auch in schlechter Gesellschaft betroffen worden sein, allein dies alles macht noch keineswegs aus einem Schuldlosen einen Schuldigen!«

»Schweigt, schlechter Bursche! Ahmet vielmehr Euern Genossen nach, welche die Notwendigkeit empfinden, hier nicht unverschämt zu erscheinen!«

Diese Szene endigte sich mit unserer Verweisung nach Newgate, wo wir mit Ketten belastet wurden. Diese Ketten behielten wir während der ganzen Instruktion unseres Prozesses. Ich hatte keine Freunde, beinahe gar kein Geld, was sollte aus mir werden?

Als eines Tages der Kaplan des Gefängnisses bei mir vorüberging, redete ich ihn an und erzählte ihm meine ganze Geschichte völlig getreu. Ich drückte ihm sehr lebhaft meine Sehnsucht aus, wo möglich, ehrbar und bürgerlich zu leben. Nachdem er mich mit der Miene der Ungläubigkeit und des Erstaunens angehört hatte, verließ er mich mit den Worten: »Mein Freund, was will man an einem solchen Ort und unter solchen Leuten, wenn man ehrbarer Mann zu sein oder zu werden gesonnen ist?«

Diese Antwort war leichtsinnig und unmenschlich zugleich, aber sie zeigte mir die ganze Größe der Gefahr meiner Lage. Ich begriff nun, daß zu meiner Rettung kein anderes Mittel mehr vorhanden war als der Beweis eines Alibis. Konnte ich diesen Beweis liefern, so mußten auch die beiden andern Schuldigen gerettet werden, indem hiernach keine Jury, wie übel sie auch an sich gesinnt sein mochte, ferner mehr einem Ankläger glauben konnte, der in mir einen der Räuber zu erkennen eidlich beteuert hatte. Ich ergriff die erste Gelegenheit, mich wieder an den Kaplan zu wenden. Ich sagte ihm: »Mein Herr, Sie fragten mich neulich, warum ich nach dem Tode meines Wurstfabrikanten so schlechte Gesellschaft aufgesucht habe.«

»Wohlan«, antwortete er, »was habt Ihr mir darauf zu antworten?«

»Daß die Mehrzahl der Menschen auf dieser Welt einige Freunde hat, welche sich für sie interessieren, irgendein Wesen, zu dem sie mit Vertrauen sprechen, das sie in ihren Nöten um Rat fragen können. War ihr früheres Betragen schlecht, so rechnen sie mehrenteils darauf, in ihrer Familie jemanden zu finden, der sich ihrer Besserung freue, eine freundliche Stimme, welche sie ermutigt, auf den guten Weg zurückzukehren. Ich bin nicht in diesem Fall; von meiner frühesten Kindheit an kannte ich nichts als verderbte Menschen, ausgenommen jenen armen Wurstmacher, der gestorben ist, und seine Dienstleute, die der Himmel weiß wohin gegangen sind. Diese Leute allein könnten meine Unschuld bezeugen. Am Abend jenes Diebstahls war ich bei ihnen mit der Arbeit beschäftigt, schlachtete mit ihnen ein Schwein. Erwägen Sie, mein Herr, die unglückliche und verzweifelte Lage, worin ich mich befand, als ich das Haus meines guten Wurstmachers verlassen mußte. Erwägen Sie, wie natürlich es war, daß ich in ein Haus ging, wo man mich kannte, wo ich ein Lager zu finden und mit einem menschlichen Wesen sprechen zu können die Gewißheit hatte. Wer Freunde und Verwandte hat, ahnet kaum, welcher Nachsicht ein gänzlich isoliertes Wesen bedarf. Wissen Sie nicht, daß Tiere verschiedener Gattungen oft lieber unter sich eine Art von Freundschaft schließen, als in vollkommener Einsamkeit zu leben? Sogar Hunde und Katzen vergesellschaften sich lieber, als gesondert und allein zu bleiben. Pferd und Kuh, Esel und Stier gewinnen Zuneigung zueinander, befreunden sich, wenn man sie in ein Gehege oder in einen Stall miteinander einsperrt. Jedes lebende Wesen bedarf irgendeiner Gesellschaft.«

Dieses sehr einfache Räsonnement schien einigen Eindruck auf den Geistlichen zu machen, er antwortete lächelnd: »Ihr seid ein Philosoph.«

»Ich liebe nachzudenken, und die Verhältnisse, worin ich mich befand, zwangen mich nicht nur, ein schlechtes Gewerbe zu ergreifen, sondern auch sehr oft zu einer genauern Betrachtung und Erforschung der traurigen Angelegenheiten dieser Welt hienieden. Zudem stand ich in Verbindung zu sehr gewandten und geschickten Leuten, ich las auch einige Bücher. Die Hauptquelle meiner Fortschritte war die Muße, deren ich nach einem beträchtlichen Diebstahl und bei voller Börse genoß. Alle meine freien Stunden verbrachte ich in den Sprachzimmern der Tavernen, wo ich Männer von Geist über mancherlei Gegenstände verhandeln hörte, oder im Theater oder in meinem Zimmer. Ich schreibe schlecht, ich rede schlecht, aber ich liebe das Nachdenken.«

Der Kaplan schrieb sich den Namen der Straße auf, wo ich gewohnt hatte, und versprach mir, am folgenden Tag wieder zu mir zu kommen.

Es handelte sich für mich um Leben oder Tod. Im Jahre 1800 wurden alle Diebe mit Einbruch ohne weiteres hingerichtet. Wurde ich freigesprochen, was sollte aus mir werden? Ich hatte dem Kaplan eine vollständige und treue Beichte abgelegt. Nach dieser Geschichte vor Gericht würde niemand mehr wagen, mich in Dienst zu nehmen oder sonst zu verwenden. Demnach blieb mir nach meiner Freisprechung keine andere Wahl mehr übrig, als entweder irgendeinen abgelegenen Winkel aufzusuchen, mich dort hinzustrecken und zu sterben oder neue Diebereien zu begehen, von neuem der Rache des Publikums mich auszusetzen.

XII.

Ketch als Gesetzgeber und Moralist. – Seine Verurteilung zum Tod. – Ein Entlastungszeuge. – Seine Begnadigung.

Wird mir der geneigte Leser einen Absprung verzeihen? Ich liebe die Absprünge. Meine Lage isoliert mich, und diese Isolation ist die natürliche Mutter mancher sehr verschiedenartiger Gedanken und Betrachtungen. Überdies erscheint mir alles, was ich hier sagen will, keineswegs als sehr überflüssig oder nutzlos.

Man findet in England eigene Institutionen für gefallene Frauen und Mädchen, für Schwache und Kranke, für Waisen. Niemand hat sich bis jetzt mit reuigen Spitzbuben beschäftigt. Was und wo sind die Zufluchtsorte und Stützen des Mannes, der nach einer Lebensart als Dieb endlich bereut und fortan als ehrlicher Mann von seinem Erwerb zu leben wünscht? Behaupten zu wollen, daß solches unmöglich sei, ist ein Unsinn. Umsonst versichert man, daß eine tief gewurzelte Gewohnheit nicht mehr auszurotten sei. Ich kenne keinen Menschen, der nicht manchen Kampf mit seinem Gewissen zu bestehen hätte, der nicht oft versuchte, zu dem Guten und Rechten zurückzukehren, der nicht des Schlechten herzlich überdrüssig wäre. Man wankt, man fürchtet, man zögert, man hat Gewissensbisse, man zittert für sein Leben. Die Hauptverlegenheit besteht in der Frage, wo man einen Ausweg finden solle, seinen Kameraden, seinen Gewohnheiten, seiner Vergangenheit zu entrinnen. Wie viele Unglückliche würden gerettet werden, wenn die Gesellschaft den reuigen und besserungslustigen Spitzbuben wieder eine Tür eröffnete, ihnen die Betreibung eines ehrbaren Gewerbes gestattete! Wie viele Verbrechen würden nicht begangen! Ihr Engländer rühmt euch, euer Land sei voller Humanität und Milde, dennoch befindet sich in dem ungeheuern Meere der Gesellschaft, voll von Klippen und Felsen, auch nicht ein einziger erbärmlicher Hafen für den Unglücklichen, der scheiterte und Schiffbruch litt. Überall zahllose Veranlassungen und Ursachen, sich zugrunde zu richten, nirgends ein Mittel, sich zu retten!

Seit zwanzig Jahren habe ich beinahe alle Diebe von London kennengelernt. Nicht einer, der nicht seines Lebens müde gewesen wäre. Die meisten dieser Leute faßten den festen Entschluß, irgendein ehrbares Gewerbe zu ergreifen, sobald sie ein kleines Kapital realisieren könnten, lieber, als auf diese Weise in ewiger Angst, Furcht, Qual und Gefahr eines solchen Lebens der Zufälle und Wagnisse zu beharren. Mehr als ein geachteter Kaufmann von London ist der Sohn eines von dem Diebsgewerbe sich zurückgezogen habenden Mannes. Glaubt mir, meine geneigten Leser, die Mehrzahl der Menschen ist mehr schwach als schlecht. Es gibt kaum Verhältnisse und Konstellationen im Leben, wo man, um ein einfacher, ehrlicher Mann zu bleiben, ein wahrer Held sein müßte.

Das sage ich, ich, der ich täglich den Galgen betrachte und Diebe daran zu hängen gewohnt bin, ich, der selbst ein Dieb gewesen.

Man wird in einer Bodenkammer geboren; der Zufall und der Hunger treiben weiter. Man hat keine Grundsätze, man wird ein Gauner von Gewerbe. Hat man es einmal dahin gebracht, so ist man wahres Galgenfutter, für den Strick bestimmt, vorzüglich wenn man nicht das Glück hat, ein echter, entschlossener Spitzbube zu sein. Die Gesundheit wird schwach und wankend, Krankheit tritt ein, Fieber und Nervenübel bemächtigen sich des ganzen Wesens, man hat immer den Galgen und das Deportationsschiff vor Augen. Um diese Geschichte loszuwerden, um sich zu betäuben, trinkt man. Die Mehrzahl der eingefleischten und alt werdenden Diebe verwandelt sich in förmliche Trunkenbolde. Ein abwechselnder Zustand von Aufregung und Stumpfheit nutzt alle Sprungfedern des Lebens ab. Solche Leute wagen alles und werden ebenso leicht entmutigt, fallen so schnell, wie sie sich aufgeschwungen. Sie sind in der Tat arme Kranke, bedauernswürdiger als die Kranken, welche in Spitälern ihre Pflege finden.

Damit will ich keineswegs das Verbrechen entschuldigen, sondern lediglich es erklären. Der Dieb ist ein auf dem gespannten Seil tanzender Akrobat, der gegen das Glück sich mutig anstemmt, eine Kühnheit affektiert, die er nur der Notwendigkeit verdankt, und dabei stündlich der Gefahr, den Hals zu brechen, sich bloßstellt. Streckt man ihm eine Leiter entgegen, mittels welcher er herabsteigen kann, um fortan auf ebenem Boden zu wandeln, so wette ich hundert gegen eins, daß er die ihm gebotene Gelegenheit sehr dankbar ergreifen wird.

Diese Sprache sei mir erlaubt, mir, den das Laster durch die Welt gestoßen hat; mir, den eine Mutter als Diebin und ein Vater als Dieb erzogen; mir, der dem Kampf des Advokaten mit seinem Schreiber bei der scheußlichen Plünderung des armen Wilmot beiwohnte; mir, der von Laster zu Laster, von Diebstahl zu Diebstahl herumgeschleudert worden, wahrlich mehr durch eine Wirkung des Zufalls als aus eigener Wahl und freiem Antrieb. Heute wäre ich selbst aufgehangen, wenn ich es mir nicht zum Geschäft gemacht hätte, andere aufzuhängen; aber in der Tat hatte ich niemals die ausdrückliche Absicht, den Galgen zu wagen. Ich war schwach und wollte leben, darum stahl ich. Späterhin wollte ich abermals leben und ließ mich daher zum Menschentöter oder Scharfrichter stempeln.

Damit sei mein Absprung zu Ende. Kehren wir zu meinem Prozeß zurück.

Der Kaplan hielt mir Wort. Es gelang ihm, die Magd meines Wurstmachers zu finden. Sie war von meiner Unschuld überzeugt und hatte ihm auch versprochen zu kommen und für mich zu zeugen; dies tat sie nicht, man höre, warum.

Mitten in der Gerichtsverhandlung sprach sie, unter den übrigen Zuschauern stehend: »Er ist nicht schuldig, ich bin dessen gewiß, denn zu jener Zeit lag er im Bett!«

»Wie«, rief ein Nachbar, einer der überall und immer fertigen Spaßmacher, »wie? Er lag zu Bett? Ihr wißt es gewiß? Da lagt Ihr wohl auch in dem Bett!«

Das arme Mädchen floh errötend und voll Scham über diese Bemerkung aus dem Saal und wagte es nun nicht, für mich ein Zeugnis abzulegen. Es wäre nicht schwer zu beweisen, daß sehr oft Entlastungszeugen durch ähnliche unbedeutende Zufälligkeiten abgeschreckt werden.

Am ersten Tage der Sitzung erschienen wir alle vor den Schranken, und der Vortrag des Anklägers machte seine gehörige Wirkung. Man erklärte uns für schuldig. Dann warf man uns in die eigentlichen Kerker der Verbrecher, wo wir bis zum Ende der Sitzung blieben. Hierauf erschienen wir abermals mit dreizehn andern vor den Schranken und wurden sämtlich zum Tode verurteilt.

Damals, mein lieber Leser, stand ich sehr nahe an dem fatalen Punkt, durch denselben Strick aufgehangen zu werden, den ich selbst jetzt so oft um den Hals anderer schlinge. Diese ganze Geschichte und ihre Entwicklung machten auf mich weit weniger Eindruck, als ihr wohl glauben möget. Ich hatte mich mit der Idee, am Galgen zu sterben, so vertraut gemacht, daß ich beinahe völlig darin lebte. Ich hatte vielen Hinrichtungen beigewohnt, ich selbst hatte an einer Gattung von Vierfüßlern das Handwerk des Scharfrichters mit vielem Erfolg geübt. Endlich war ich Fatalist, wie es alle Diebe sind, mein Stern forderte meinen Tod am Galgen, warum sollte ich meinem Stern zu widerstreben trachten?

So unterwarf ich mich dem ungerechten Urteil ohne Murren. Meine beiden angeblichen Mitschuldigen waren nicht so geduldig wie ich. Sobald sie ihr eigenes Los entschieden sahen, faßten sie den Entschluß, mich zu retten. Auf dringendes Zureden des Predigers diktierten sie eine vollständige Erzählung des Verbrechens und ein vollkommenes Bekenntnis ihrer Schuld, unterzeichneten diese Urkunde und sendeten sie an den Staatssekretär. Ich wurde durch ihr Geständnis von aller Schuld freigesprochen. Endlich mußte wohl die Wahrheit zutage kommen, mein Ankläger seinen Irrtum bekennen und sogar zugeben, daß ich dem Mann, der ihm die Pistole auf die Brust gesetzt, auf keine Weise ähnlich sei. Meine durch den Prediger vorgelegte Petition machte Aufsehen. Meine Unschuld war klar wie der Tag, aber der Staatssekretär weigerte sich, daran zu glauben. Er verlangte den Namen und das Signalement des eigentlichen Verbrechers und erteilte erst meine Freisprechung, nachdem ihm dieser Name entdeckt worden, so sehr lag ihm am Herzen, der Gerechtigkeit zuliebe wenigstens einen Mann in supplementum aufhängen zu lassen.

Sonnabendabend kam mir die unterzeichnete und mit dem großen Siegel bekräftigte Freisprechung zu. Die von dem Kaplan von der Seltsamkeit meines Schicksals unterrichteten Aldermen und Sheriffs ließen mich am andern Morgen zu sich kommen, nachdem sie sich in einem an die Kapelle stoßenden Saal versammelt hatten.

Einer dieser Herren begann: »Ihr seid frei! Wir haben über Euch viele höchst seltsame Dinge vernommen. Wollt Ihr nicht selbst alles, was Ihr dem Kaplan erzähltet, hier nochmals uns erzählen, und zwar vom ersten Anfang an?«

Naiv erzählte ich meine ganze Geschichte. Nachdem ich so ihren Wunsch erfüllt hatte, nahm derselbe Sheriff wieder das Wort und sagte: »Werdet Ihr wohl einwilligen, bis zum Montag im Gefängnis zu bleiben? Eure Lage flößt mir die größte Teilnahme ein. Ich werde mich für Euch verwenden und hoffe auch, nach einer Konferenz mit den Autoritäten der Stadt, Euch nicht unnützlich zu werden.«

»Sehr gern«, antwortete ich.

Man führte mich in das Gefängnishospital, wo ich bis zum Montag bleiben sollte.

XIII.

Szenen im Hospital von Newgate. – Der fromme Dieb. – Der gottlose Dieb. – Der Verrückte.

Kaum befand ich mich inmitten der Kranken, so sah ich zwei Männer, die eine Tragbahre trugen, hereintreten, und auf dieser Tragbahre einen Unglücklichen liegen, der sich den Unterleib mit einem Federmesser aufgeschlitzt hatte. Man brachte ihn zu Bett, ich betrachtete ihn genauer, und wir erkannten uns. Es war ein alter, ein echter »Grognard« von der Garde der Spitzbuben.

»John«, redete er mich an, »auch du hier? Glaubst du, daß ich daran sterben werde? Glaubst du es wirklich, so will ich jetzt beten.«

Ein anderer Gefangener, der diese Worte hörte, schrie: »Ha, er will sterben, bringt schnell eine Bibel!«

Die religiösen Gefühle dieser beiden Männer mögen immerhin seltsam erscheinen, aber niemand darf darüber erstaunen, denn in England ist nichts gewöhnlicher. Mein Kamerad machte sich in der Tat sogleich über die Bibel her und las darin mit großer Aufmerksamkeit. Auf dem benachbarten Bett lag ein anderer Kranker, dessen Schicksal meine ganze Teilnahme in Anspruch nahm. Dieser Arme stand zwischen einem doppelten Tod. Er war im Begriff, seinen letzten Seufzer auszuhauchen, und dazu sollte er am nächsten Morgen um acht Uhr nach Urteil und Recht hingerichtet werden. Bei genauerer Betrachtung erschien mir seine Physiognomie immer bekannter. Grimes war es, der Patriarch der Diebe.

Ich beugte mich zu seinem Kopfpolster hinab und flüsterte ihm zu: »Wie befindest du dich?«

Er öffnete die Augen nicht und gab auch keine Antwort. Ich zweifelte, ob er noch lebte. Indessen öffnete er plötzlich die Augen, blickte zum Fenster empor, wendete dann sein Gesicht nach mir um und sprach: »Bist du mein Freund, willst du mir wohl, so schütze mich gegen den alten Dummkopf, der hier ankommt. Sieh, da ist er schon.«

Er sprach vom Kaplan, meinem Beschützer, der in der Tat auf den Sterbenden zuging. Dieser wendete sich barsch mit dem Gesicht nach der Mauer. Der Geistliche nahm einen Stuhl, näherte sich dem Kopfpolster und fragte den Kranken, wie er sich befinde.

»Sehr wohl, solang ich allein bin!«

»Habt Ihr die von mir Euch angedeuteten Gebete gelesen? Hier ist ein Buch, welches ich Euch sehr empfehle.«

Der Kranke nahm den Band, hob den Zeigefinger der linken Hand, legte das Buch ins Gleichgewicht auf die Spitze dieses Fingers und ließ es dort mit höhnischem Lächeln sich drehen.

»Wie? Weder die Schwere Eurer Krankheit noch die Gewißheit des Todes, der Eurer nach wenigen Stunden harrt, vermochten in Eurer Seele eine einzige ernste Betrachtung zu erwecken? So glaubt Ihr denn wirklich nicht, daß Ihr eine Seele habt, an deren Rettung und Heil Ihr denken müßt? Was bedeuten diese lächerlichen Großtuereien? Ihr seid ein einfältiger Sterblicher, Ihr sollt bald vor Gott erscheinen und ihm Rechenschaft ablegen über alle Eure Handlungen. Fühlt Ihr denn nicht Scham und Furcht in Eurer Lage? Ich will hier nicht von Euren Verbrechen reden, welche Ihr selbst nur zu wohl kennt und welche auch der große Richter aller Menschen kennt, der auch unsere geheimsten Gedanken bestraft. Seinem Spruch könnt Ihr Euch nicht entziehen, und der Augenblick naht, wo Ihr vor ihm erscheinen müßt. Armer Unglücklicher! Ihr seid wahnsinnig. Nur noch wenige Stunden habt Ihr zu leben, und Ihr verweigert Euch der Buße und Versöhnung. Ich will an Eurer Seite bleiben und so lang, als Ihr es wünscht, Euch beistehen.«

Während dieser pathetischen Ermahnung drehte der Kranke, unaufhörlich spielend, sein Buch auf der Fingerspitze. Nun antwortete er: »Ich weiß nur eines gewiß, nämlich daß Ihr über alles, worüber Ihr jetzt so viele Worte gemacht, um kein Haar gelehrter seid, als ich selbst es bin. Warum kommt Ihr denn immer hierher, mit Euren Predigten mich zu langweilen, die Ruhe eines Kranken zu stören, den Todeskampf eines Sterbenden zu vergiften? Gebietet Euch etwa die christliche Liebe eine so verrückte Grausamkeit? Laßt's gut sein; so wohlfeil bin ich nicht zu bekehren!«

»Verlangt Ihr etwa einen andern Geistlichen, zu dem Ihr mehr Vertrauen fassen könnt?«

»Nein, nichts da! Keinen Pfaffen!« schrie der Kranke mit aller Heftigkeit.

Der Kaplan verließ das Zimmer. Ich setzte mich auf den Stuhl, den er verlassen hatte.

Der Kranke atmete erleichtert auf, drehte sich nach mir um und sagte: »Donnerwetter! Das ist ein wahres Glück! Der Hansnarr langweilte mich abscheulich. Sprechen wir jetzt ein vernünftiges Wort über unsere Angelegenheiten. Du kennst mich doch, den alten Grimes, nicht wahr, guter John?«

Sowie er redete, wurde eine auf seine Stirn gezeichnete Narbe immer sichtbarer mit der schneller werdenden Zirkulation des Blutes. Sie erschien mir wie ein unterscheidendes Merkmal eines Lebens voll Abenteuer, Gefahren und Gewalttaten. Er schien unendlich mehr Vergnügen an der Erzählung seiner Spitzbubenstreiche als an dieser Bußpredigt des Priesters zu haben. Nach langem Aufenthalt auf den Pontons war er abwechselnd Gauner und Räuber geworden und jetzt wegen offenen Straßenraubs zum Tode verurteilt. Reue war ihm etwas ganz Unbekanntes, der Galgen hatte für ihn keine Schrecken, und glücklich fühlte er sich, wenn er von seinen Taten erzählen konnte.

Er war in seiner Art ein Enthusiast, Enthusiast für sein Genre, räsonnierte gern über sein Gewerbe, welches er, wie wir früher schon gesehen, durch und durch studiert hatte und kannte, und hatte sich in der Tat durch das Saufen selbst gemordet. Er war infolge seiner Ausschweifungen so gräßlich mager, daß man nicht einmal wußte, ob das Gewicht seines Körpers zu unmittelbarer Bewirkung einer Erdrosselung groß genug sein würde. Nachdem er schon vier Monate zu Newgate gesessen, kam der Arzt, der alle Mühe mit ihm sich gegeben hatte, in das Hospital, erkundigte sich nach seinem Befinden, fühlte ihm den Puls und verordnete ihm ein Gläschen Wein mit Wasser, welches auch seine Kräfte neu belebte. Grimes dankte ihm sehr und bat ihn dringend um gefällige Erwirkung der Gnade, daß er nicht in den Kerker der Verurteilten gebracht würde.

Der Arzt antwortete: »Ich habe hier nur meine Pflicht getan. Ihr habt ein Anrecht an meine Sorgfalt, dafür werde ich bezahlt. Gegen die Erfüllung Eures Wunsches erblicke ich keine Schwierigkeit. In den Kerkern der Verurteilten gibt es weder hölzerne Pritschen noch Betten, auch ist es dort zu kalt, und Ihr würdet darin nicht ordentlich verpflegt werden können.«

Hierauf entfernte sich der Arzt.

»Verpflegt werden!« rief Grimes. »Geht nur, Freund Doktor! Ihr wollt wohl auch, daß der Scharfrichter morgen mich ordentlich verpflege und der Strick mich hübsch lebendig finde. Das wird schwerhalten, die Dinge gehen ihren natürlichen Gang!«

Ich entgegnete: »Dagegen kann selbst der Teufel nichts tun.«

Grimes fiel mit einigem Ernst mir in die Rede: »Keine Späße über den Teufel; er ist der Scharfrichter der andern Welt!«

Solche düstern und seltsamen Szenen ereigneten sich auf dem Schauplatz des Hospitals. Bald sollte ich Zeuge eines noch merkwürdigeren und tragischeren Dramas sein.

Aus dem obern Stock ertönt ein furchtbares Geschrei. Man schlägt sich, man wirft die Möbel um. Ich eile hinaus, fliege die Treppen hinauf und erblicke in der Ecke eines Saales ein lebendes Wesen, welches angekettet, ein furchtbares Geheul ausstößt und mit allen seinen Kräften eines der Beine des Arztes festhält. Dieser lag selbst auf dem Boden, mit dem Gesicht auf der Diele, und schrie nicht minder gräßlich bei dem schaudervollen Kampf. Ich wollte eben Hilfe suchen, da machte sich der Doktor auf Kosten seines Stiefels frei, indem er diesen dem Rasenden überließ. Dann verbarg er sich in einem benachbarten Kabinett, das er nicht verlassen konnte, ohne nicht zugleich wieder in die Krallen seines Feindes zu geraten, daher bat er mich, die Lärmglocke zu ziehen und zwei bis drei Gefangenenwärter herbeizurufen. Ich brachte deren vier. Alle bebten vor diesem wilden Tier zurück, welches übrigens ein Mensch war. Indessen näherte sich ihm doch der Kühnste und packte ihn so fest an beiden Armen, daß wir nun sämtlich über ihn herfallen konnten. Während wir den Unglücklichen bändigten, entwischte der Doktor. Zwei Gefangenenwärter wurden verwundet, der eine in die Wange, der andere in die Hand gebissen.

Man höre die bizarre Geschichte dieses Gefangenen, eines an der Börse sehr bekannten Kaufmanns. Nachdem der Mann sehr große Verluste erlitten hatte, schuf er Scheinwechsel, machte dann, wie es beinahe immer zu geschehen pflegt, falsche Wechsel mit kunstvoller Nachahmung der Unterschriften angesehener Bankiers und Manufakturisten, wurde dafür nach

Newgate gebracht. Hier war sein Schicksal keinen Augenblick zweifelhaft. Damals kamen die Fälscher an den Galgen.

Das sah der Mann vollkommen ein und beschloß daher augenblicklich, Wahnsinn zu heucheln, um dem Galgen zu entgehen. Diese Taktik ist zwar sehr alt und abgenutzt, glückt aber dennoch bisweilen, wenn der Kerkermeister und der Arzt sich anführen lassen.

Unser Wahnsinniger begann mit verworrenen Redensarten und Räsonnements, dann erzählte er die albernsten Dinge, beging hundert Torheiten in dem Gefängnis und überzeugte bald alle seine Kameraden von der Vollständigkeit seines Wahnsinns.

Der Arzt wurde darüber zu Rate gezogen und erklärte die ganze Geschichte für Verstellung. Damit hielt sich der Kranke noch keineswegs für geschlagen. Er ging nun in völliges Wüten über, man legte ihm die Zwangsjacke an. Er ließ sich weder barbieren noch waschen, stellte sich, als könne er die ihm gereichten Lebensmittel gar nicht mehr unterscheiden und fraß mit der Hast und Gier eines wilden Hundes.

Der Arzt ließ sich dadurch nicht irremachen, blieb bei der Erklärung, daß alles nur eine Mystifikation sei, verlangte eine Verlängerung der Prüfung, indem kein Mensch imstande sei, eine solche peinliche Rolle lange Zeit fortzuspielen, und trug daher auf Vertagung des Urteils bis zu einer andern Sitzung an.

Dagegen ergreift auch der Wahnsinnige seine Maßregeln. Die Anfälle von Wut werden jeden Tag schrecklicher, und ein Konsilium von zwölf Ärzten erklärt einstimmig, daß der Kranke wirklich vom Wahnsinn befallen sei.

So standen die Sachen, als der unglückliche Arzt, noch immer voll von der Überzeugung, daß der Kranke die Ärzte zum besten habe, die Unvorsichtigkeit beging, demselben ohne den gehörigen Schutz nahe zu kommen. Diese günstige Gelegenheit zur Rache ließ unser Kaufmann nicht ungenützt vorübergehen, und sie hätte vielleicht den scharfsinnigen Arzt das Leben gekostet, wäre er nicht auf den glücklichen Gedanken gekommen, seinen Stiefel zum Opfer zu bringen. In der Tat hätte der Narr durch Ermordung des Arztes seines gefährlichsten Feindes sich entledigt und zugleich in den Augen der ganzen Welt seine Verrücktheit von neuem bestätigt.

Kurze Zeit nach diesem Kampf, dessen Zeuge ich zufällig geworden, erfolgte der Spruch in dieser Sache. Vor allem legte man der Jury die Frage wegen des Wahnsinns vor; natürlich überwog das einstimmige Zeugnis von zwölf Ärzten die einzige Stimme des Gefängnisarztes. Die Jury erklärte den Gefangenen für wahnsinnig.

Kaum war dieser Spruch erfolgt, so ging der Arzt dem Gefangenen in das Hospital nach und ließ ihn in Freiheit setzen.

»Sie sind sehr geschickt«, sagte er zu ihm, »ich wünsche Ihnen Glück. Was jedoch mich betrifft, so ließ ich mich von Ihnen niemals täuschen. Es ist Ihnen gelungen, Sie sind freigesprochen, nun können Sie dem Wahnsinn entsagen und immerhin wieder vernünftig werden.«

Hierauf gab er ihm sein Barbierzeug und alle Toilettenbedürfnisse mit den Worten zurück: »Auf, mein Herr, nehmen Sie diesen ungeheuern Bart weg, machen Sie, daß Sie wieder einem lebenden Wesen ähnlich sehen.«

In der Freude über seine wiedergewonnene Freiheit lächelte der Kaufmann, verbeugte sich sehr höflich gegen den Arzt und nahm das angebotene Barbierzeug an. Indessen konnte der Arzt seinen Groll gegen den arg gespielten Betrug nicht verwinden, wußte, daß die zwölf Ärzte, die Geschworenen, der Alderman und viele Herren von den Autoritäten der Stadt miteinander tafelten, und ging daher eiligst an den Ort der Versammlung, um die ganze Gesellschaft dringendst zu bitten, mit ihm sogleich sich in das Gefängnis zu verfügen.

Seine wiederholten Bitten bewogen denn auch diese Herren, ihrem Eifer bei der Schildkrötensuppe und den Tafelfreuden sich zu entziehen. Die ganze Gesellschaft kam noch zeitig genug im Gefängnis an, um den angeblich Verrückten hübsch rasiert, nett frisiert und in weißer Wäsche prangend zu finden, wie er eben seinen bisherigen Kerkergenossen lachend den Streich erzählte, welchen er den dummen Ärzten gespielt habe, und damit natürlich ein allgemeines Lachen und Jubelgeschrei erregte.

Der Mann hatte indessen sehr unrecht, so fröhlich zu prahlen und zu lachen, er hatte nicht bedacht, daß wohl die Frage in medizinischer Hinsicht entschieden, aber deshalb über seine Schuld und Zurechnungsfähigkeit ein definitiver Spruch noch nicht erfolgt war. Seine vorschnelle Genesung veränderte plötzlich den Stand der Dinge. Drei Tage nachher wurde der vernünftige Kaufmann zu lebenslänglicher Deportation verurteilt, weil man dem Verdikt der ersten Jury ganz zu widersprechen nicht wagte. Diese Deportation war für ihn offenbar viel besser als eine Einsperrung bei den Wahnsinnigen von Bedlam.

Nachdem ich zur Befreiung des armen Arztes tätig mit beigetragen hatte, kehrte ich an das Bett des armen Grimes zurück. Die ganze Zeit, welche ihn noch vom Tode trennte, verwendete er dazu, mir in unserer Gaunersprache die letzten Ereignisse seines Lebens und alle Umstände bei dem Straßenraub, der ihn hierher geführt hatte, ausführlich zu erzählen.

Ich hätte gewünscht, daß er weniger spräche, allein er empfand in Erzählung seiner Großtaten ein namenloses Vergnügen, schien dabei seine Schwäche zu verlieren, gewann Leben, Heiterkeit, Begeisterung in allen Zügen, klagte nur darüber, daß die Zeit viel zu kurz sei, und glaubte, von seinen letzten Augenblikken keinen bessern Gebrauch machen zu können, als indem er uns das Beispiel seiner Größe und seiner Heldentaten recht lebhaft einprägte. Ich mußte ihn für einen Augenblick verlassen. Unfähig zu schweigen, wendete er sich an einen andern Kranken, und ich fand ihn bei einer Wiederholung der Geschichte seiner Abenteuer.

Sobald er mich erblickte, rief er mir lustig entgegen: »Komm, komm! Tritt näher! So seid ihr nun euer zwei, so ist's besser. Alle Wetter! Ein Mann meinesgleichen darf nicht ohne Lärm aus der Welt treten. Alles dieses werdet ihr den Kameraden wiedererzählen!«

Und abermals wiederholte er die vollständige Erzählung seiner letzten Expeditionen. Aber dabei wurde er sichtbar schwächer, und in seiner Brust vernahm man ein merkliches Röcheln.

Hierauf sagte er: »Meine Freunde, ein alter Kamerad muß

euch nun um einen Dienst bitten. Ich habe mein Liebchen, welche verteufelt unglücklich sein wird, wenn ich den letzten Tanz lustig ausgetanzt haben werde. Habt ein Auge auf sie, sehet zu, daß ihr Brot und Fleisch nicht ausgehe, tut ihr Gutes, und sie wird euch auch wohltun.«

Ich versprach es ihm, und er schlief ruhig ein.

Eine Stunde später kam dieses Frauenzimmer an, brachte für ihn weiße Wäsche, reine und anständige Kleidung, Speisen und Wein.

Sie hatte die Erlaubnis erhalten, durch das Gitter des Sprachzimmers von ihm ihren Abschied zu nehmen. Ich wußte wohl, daß man ihr nur zwei bis drei Minuten zugestehen würde, und beeilte mich daher, den armen Grimes in eine Decke einzuwikkeln, auf meine Schultern zu laden und ihn in das Sprachzimmer zu tragen.

Wir waren noch nicht völlig darin, so bemerkte das junge und ziemlich hübsche Wesen ihren Geliebten, stieß einen gräßlichen Schrei aus, stürzte zu Boden und blieb leblos liegen. Man trug sie fort, und ich trug den Kranken wieder in sein Bett.

Der fortwährend abwechselnde Zustand von Gefahr und Schmerz, von Verbrechen und Aufregung, worin dieses Volk versenkt ist, verleiht der Anhänglichkeit und Zuneigung der Frauen und Liebchen der Diebe etwas ganz Eigentümliches, was man Heroismus nennen möchte, wenn dieser Ausdruck passend wäre. Man kann sich keinen Begriff machen von dieser vollständigen Hingebung, dieser außerordentlichen Selbstverleugnung, dieser Allmacht der Leidenschaft.

Während der Einkerkerung ihres Geliebten kam dieses Mädchen Tag für Tag ins Gefängnis, brachte ihm Tag für Tag den vollen Ertrag ihrer Arbeit und ihrer Ersparnisse. Ihm gehörte ihr ganzer Erwerb, ihm alles, was sie besaß. Tag und Nacht arbeitete sie beständig fort, nur um ihm ein Gläschen Wein zu verschaffen. Alle ihre Kleider versetzte sie, um ihm einen guten Bissen zuwenden zu können; endlich verkaufte sie ihre letzten Hemden, um einige Kleidungsstücke für ihn zu kaufen, lediglich weil sie glaubte, daß es seinem Stolz wohltun würde, am

Tag der Hinrichtung vor dem Publikum in anständiger Kleidung zu erscheinen!

Mitten in der tiefsten Immoralität dieses seltsamen Zusammenlebens, welches kein anderes Ehegesetz als den Zufall und die Laune erkennt, stößt man zu nicht geringem Erstaunen auf Handlungen der erhabensten Größe, der bewunderungswürdigsten Schönheit; auf Frauen, die, unaufhörlich mißhandelt und geprügelt, oft aller Bedürfnisse des Lebens grausam beraubt, doch dem Unglück ihrer Gefährten und ihrer Tyrannen unantastbar und heilig treu bleiben!

Ich getraute mir den Beweis zu führen, daß die »Familie« der Diebe jährlich mehr als ein Dutzend von Frauen liefert, welche mehr Mut und Ergebenheit betätigen als jene so berühmte Eponine.

XIV.

Ketch handelt mit Leichnamen. – Ein Mord. – Die Vorbereitung zu seinem Gewerbe als Scharfrichter.

Ich hatte den Herren Aldermen und Sheriffs Tätigkeit und Kraft gezeigt, auch einen hohen Grad von Unterwürfigkeit bewiesen; sie fanden schließlich für gut, mir ein Plätzchen bei der Krankenwärterei anzutragen. Einige Zeit erfüllte ich meine Amtspflichten mit Genauigkeit; aber in einem Gefängnis bleiben, heißt Gefangener sein so gut wie die, welche man bewacht. Hiernach sieht man wohl ein, daß ich diesen Posten bald langweilig finden und dessen überdrüssig werden mußte. Ich schloß Freundschaft mit einem Türhüter und teilte ihm meine Unzufriedenheit mit.

Der gute Mann sagte mir: »Ich habe das Gewerbe eines Resurrektionisten lange Zeit getrieben, wollt Ihr es jetzt gemeinschaftlich mit mir treiben? Den Gewinn werden wir teilen und damit wöchentlich nicht weniger als zwei Guineen für den Mann erwerben.«

Ich nahm den Vorschlag an; wir baten um unsere Entlassung, erhielten sie und säumten keinen Augenblick, das Gefängnis zu verlassen.

Das Verhängnis hatte mir bereits die genaueste Kenntnis des Innern eines Gefängnisses, die Bekanntschaft mit den dasselbe bewohnenden Banditen, mit dem spitzbübischen Advokaten und seinem spitzbübischen Schreiber verschafft; auch durfte ich meine Bekanntschaft mit den unglücklichen und unschuldigen Tieren, an welchen ich die summarische Justiz eines Wurstmachers zu üben mich genötigt gesehen hatte, als einen wichtigen Teil meiner Erziehung zum Henker betrachten.

Sagen Sie mir nun, mein Herr, welcher Vorbereitung ich noch zu dem Handwerk bedurft hätte, dem mich zu unterziehen das Schicksal mir gebot und das ich noch heute treibe? Sagen Sie, was wäre mir noch zu wünschen übriggeblieben? In der Tat nichts als eine vertrautere Bekanntschaft mit den Leichnamen.

Und gerade diese wurde mir in der Epoche, von der ich jetzt spreche, reichlich zuteil. Es gab Wochen, worin ich den Herren Wundärzten an die dreißig Leichname lieferte. Von Zeit zu Zeit geriet ich dadurch in ein kleines Zerwürfnis mit der Justiz, und ich wurde bald der Anfälle der Nachtwächter, der Herumschleppereien bei der Polizei, der Verfolgung und des Geschimpfes der Weiber und kleinen Kinder herzlich überdrüssig.

Insgeheim dachte ich oft über Mittel nach, wie ich mich diesem neuen und traurigen Gewerbe wieder entziehen könnte, da führte der Zufall unvermutet zwei Personen abermals vor meine Augen, welche der geneigte Leser aus dem Anfang meines Dramas bereits kennt: den Spitzbuben von Advokaten, der zu seinem und zu unserm Vorteil das Geld des armen Wilmot gestohlen hatte, und diesen armen Wilmot selbst. Es ist höchst sonderbar, wie sich die Ereignisse des Lebens entwickeln und verketten.

Herr Gibbon, ein kleiner Krämer der Cheapside, wurde das unschuldige Werkzeug des schrecklichen Abenteuers, welches ich Ihnen nun erzählen muß.

Gibbon hatte mir die Bekanntschaft eines Wundarztes verschafft, welcher Leichname zu haben wünschte, und ich stattete ihm häufig aus bloßer Bekanntschaft oder aus Interesse Besuche in seinem Laden ab. Eines Tages erfuhr ich, daß er seinen ersten Stock, der nur aus einem kleinen Zimmer und einem Kämmerchen bestand, mit Möbeln an einen armen Edelmann namens Wilmot vermietet hatte. Nach näherer Erkundigung über die Persönlichkeit des Mieters kam ich darüber bald ins klare, daß dieser niemand anders sein konnte als der von dem Advokaten Snavez so schändlich beraubte Wilmot. Herr Gibbon kannte Wilmots Geschichte wie die Spitzbüberei des Advokaten, erzählte mir beide ausführlich, als hätte ich noch keine Silbe davon gewußt, und schloß seinen langen Bericht mit den Worten: »Der Mann, der diesen Spitzbuben Snavez dem Oberst Wilmot hier vor die Augen führen könnte, würde von diesem zwanzig gute Pfund Sterling erhalten; hundertmal hat er es mir beteuert!«

»Hat die Sache ihre Richtigkeit? Ich kenne Snavez genau, ich weiß zwar nicht, wo dieser Schurke jetzt haust, aber alle Winkel von London sind mir bekannt, und ich verspreche Ihnen, diesen Mann zu liefern, und zwar binnen acht Tagen, wenn Sie mir dagegen einen von Wilmot unterzeichneten und in sechs Wochen zahlbaren Wechsel auf die zwanzig Pfund Sterling verschaffen.«

»Sehr gern. Diesem Spitzbuben Gleiches mit Gleichem zu vergelten wäre wirklich eine Heldentat, ein höchst preiswürdiges Unternehmen.«

»Ist die Sache damit abgemacht?«

»Vollkommen in Ordnung.«

Vier Tage zuvor hatte ich Herrn Snavez gesehen. Nach langem Umherstöbern an der Börse von London war er in dieses Gebäude eingetreten. Jetzt suchte ich ihn wieder aufzuspüren und fand, daß er täglich die Börse besuchte, um daselbst einige Geschäfte zu machen. Der Wechsel von zwanzig Pfund Sterling wurde wirklich für mich in die Hand des Herrn Gibbon hinterlegt, und ich rüstete hiernach meine Batterien. Ich dachte wahrlich nicht an die eigentlichen Folgen meines Strebens.

Gewöhnlich weiß man sehr schnell allerlei Gründe zur Rechtfertigung seines Benehmens bei jeder Gelegenheit zu finden, und im allgemeinen glaubt man, wir würden bei allen unseren Handlungen durch irgendein bestimmtes Motiv angetrieben und geleitet; daran liegt wenig, ob dieses Motiv an sich selbst mächtig genug sei oder nicht, da es einmal kraftvoll genug war, uns zum Beginnen einer Handlung zu bestimmen.

Entsinne ich mich indessen, so gut es mein sehr unvollkommenes Gedächtnis erlaubt, aller Gründe meines Verfahrens bei der Sache zwischen Wilmot und Snavez, so weiß ich wahrhaftig den eigentlichen Grund nicht aufzufinden, der stark genug gewesen sein konnte, mich zu meinem Benehmen bei dieser Angelegenheit zu bestimmen.

Einmal hatte ich nur ein sehr schwaches Vertrauen zu dem Wert und der Kraft des Wechsels auf zwanzig Pfund Sterling, der bei Herrn Gibbon hinterlegt worden. Zweitens fühlte ich nicht die geringste Lust, der ehrwürdigen Polizei unter die Arme zu greifen oder durch die Auslieferung Jabels an die hohe Justiz Herrn Wilmots Rachegefühl Genugtuung zu verschaffen. Endlich hatte ich, aufrichtig gestanden, nicht den geringsten Groll gegen Herrn Snavez. Mithin bleibt mir nichts übrig als die meiner Kaste allgemein anhängende Methode in Lösung aller Schwierigkeiten über Gegenstände der Moral, das heißt, ich betrachte mich lediglich als ein Werkzeug der Vorsehung, das bestimmt ist, irgendeines ihrer unerforschlichen Werke der Allgüte, Allweisheit und Allgerechtigkeit zu vollbringen.

Ich redete Herrn Snavez an der Börse an und sprach mit ihm nach den üblichen Einleitungshöflichkeiten über seine jetzige Lage. Sie war sehr schlimm. Ich zeigte ihm von ferne die Möglichkeit, ihm einige Klienten zu verschaffen, namentlich einen, wenn er am folgenden Tag um elf Uhr auf der Börse sich einfinden wollte. Er versprach es und hielt Wort. Sobald Snavez mich am folgenden Tag in die Börse eintreten sah, wo ich mit militärischer Pünktlichkeit erschienen war, redete er selbst mich an, ging ohne Zögern auf meinen Vorschlag ein und begleitete mich unverzüglich nach meiner Wohnung in Westminster.

»Wir werden daselbst«, sagte ich ihm, »eine Person finden, welche Ihnen die Ordnung Ihrer Angelegenheiten übertragen wird.«

Er hörte mich aufmerksam an wie ein Mann, der halb ausgehungert ist und Brot wittert. Unterwegs unterhielt ich ihn mit der Hoffnung, daß er Beschäftigung bei mehreren meiner vertrautesten Freunde finden würde, deren abenteuerliches Leben und gewagtes Gewerbe sie von Zeit zu Zeit in die Notwendigkeit versetzte, ihre Zuflucht zu einem der Gesetze und des Gerichtswesens sehr kundigen Advokaten zu nehmen. Ich tröstete ihn dabei mit der Bemerkung, daß sein Benehmen gegen Wilmot, auch wenn es bekannt sein sollte, ihm dabei eher nützlich als schädlich sein würde. In der Tat muß ja die Kunst, dem Galgen zu entwischen, als ein Nonplusultra in den Augen aller der Leute erscheinen, welche eine beständige Übung im Betrug und lebenslängliche Erfahrung in Spitzbüberei und Fälschung dennoch nicht immer auf solche Höhe des Geistes und der Besonnenheit bringen können.

Endlich kamen wir beide in meiner angeblichen Wohnung bei Gibbon an.

Dieser sagte, sobald er uns eintreten sah: »Sie finden ihn oben.«

Dann nahm er mich beiseite und fuhr fort: »Jack, Herr Wilmot hat nicht nach Polizeibeamten geschickt und will dies sogar nicht erlauben. Aber welches Spitzbubengesicht hat dieser Snavez! Auf jeden Fall macht, daß er hinaufkomme, ich will dann schon sorgen, daß er die Türe nicht so schnell wiederfindet!«

»Was sagt der Mann?« murmelte Snavez mißtrauisch, indem er seine Tabaksdose zu Rate zog. »Was bedeutet dies alles? Ich begreife es in der Tat nicht. Der Herr, den Sie erwarten, ist oben, nicht wahr?«

»Ja«, antwortete ich. »Mein Hausherr befragte mich über eine persönliche Angelegenheit. Gehen wir hinauf.«

Ich führte ihn bis an das Zimmer von Wilmot, aufrichtig gestanden, nicht ohne eine kleine Anwandlung von seltsamer Angst.

Dort sagte ich zu ihm: »Warten Sie einen Augenblick hier auf dem Flur, ich will den Herrn auf Ihr Erscheinen vorbereiten.«

Ich öffnete die Tür.

Wilmot saß vor einem Tisch; als er mich eintreten sah, stand er hastig auf.

»Haben Sie ihn? Halten Sie ihn fest!« flüsterte er mir zu, und dabei zitterte seine Hand sichtbar. Er packte mich am Arm und zeigte mir ein Gesicht von wahrhaft schauerlicher Bleichheit.

»Er ist hier«, antwortete ich, »draußen, soll ich ihn hereinlassen?«

»Ja, ach ja!« Und er begann zu wanken und mußte sich an der Mauer stützen. Dann flüsterte er: »Ich bin schwach, sehr schwach, merken Sie nicht darauf, es wird bald wieder vorüber sein.«

Als ich das Zimmer verließ, um Herrn Snavez einzuführen, sah ich, wie der schlaue Fuchs, an der Mauer hinschleichend, sich davonmachen wollte.

»Nun, Herr Snavez, was treiben Sie denn?«

Ganz verwirrt antwortete er: »Meinen Hut – ich ließ meinen Hut unten, und ich bedarf dessen, in einem Augenblick werde ich wieder hier sein.«

Ihn am Arm fassend, erwiderte ich hastig: »Nein, nein, der Herr erwartet Sie. Warum zittern Sie? Es ist niemand von Ihrer Bekanntschaft, haben Sie ja keine Furcht.«

»Furcht?« sagte Snavez bedenklich.

Aber bevor er Zeit zu längerem Besinnen gewonnen, hatte ich ihn schon in das Zimmer eingeführt oder vielmehr geschoben, wo von allen Gegenständen zuerst Wilmots bleiches Gesicht ihm in die Augen fiel. Mit übereinandergeschlagenen Armen und starrem, forschendem Blick trat dieser ihm langsam entgegen.

Wilmots Antlitz war totenblaß und bleiern; wie soll ich aber das Gesicht von Snavez beschreiben, gegenüber dem Mann, den er so grausam betrogen hatte?

Seine erste Bewegung war, daß er mich krampfhaft am Arm faßte, als wollte er sich wo nicht der Rache, so doch dem Anblick seines Opfers entziehen. Seine zweite Bewegung war ein Blick ringsum in alle Winkel des Zimmers, ein scheuer, ängstlich forschender Blick, um zu sehen, ob nicht irgendwo einer zu seiner Verhaftung bereitstünde. Seine letzte Bewegung war ein Blick auf Wilmot, so voll Abscheu und Schrecken zugleich, daß ich auf dem Punkt stand, neben meiner Verachtung auch etwas Mitleiden für diesen Schurken zu fühlen.

Ruhig sagte Wilmot zu mir: »Sie können hinausgehen. Herr Snavez und ich bedürfen zu unserer Unterhaltung keines Zeugen.«

»Ach, Herr Wilmot, mein teuerster Herr«, rief Snavez, seine gefalteten Hände emporstreckend, »ich bitte sehr, erlauben Sie diesem jungen Mann hier zu bleiben. Er kann alles mit anhören, ich habe nichts dagegen.«

Während dieser Worte hatte Wilmot, ohne darauf zu hören, die Tür geöffnet, gab mir ein Zeichen näher zu treten und schob mich sanft hinaus: »Auf Wiedersehen, Herr Ketch!«

Als ich die Treppe hinabging, hörte ich, daß er die Tür schloß, den Schlüssel umdrehte und aus dem Schloß zog. Bald verkündete ein Gemurmel von Stimmen eine lebhafte Diskussion, jedoch ohne alles Stürmische und Gewaltsame.

Ich setzte mich voll Neugierde über das Resultat dieser Konferenz und fest entschlossen, den Ausgang abzuwarten.

Gibbon begann: »Wilmots Benehmen erscheint in der Tat höchst sonderbar. Er hat einen Mann in seiner Gewalt, den Mann, der ihn aufs unwürdigste betrogen hat, und weigert sich jetzt, irgendeinen Schritt zu dessen Verhaftung zu tun. Was kann dies bedeuten?«

»Er will ihm, glaube ich, nur eine kleine Lektion geben, ihm ein bißchen die Ohren zerren und dann wohl den guten Rat erteilen, sich anderswo aufhängen zu lassen.«

»Aber zwanzig Guineen für eine solche Kleinigkeit zu bezahlen? Denn Herr Snavez ist nach meiner Ansicht für jede moralische Lehre unzugänglich.«

»Bah! Das kostet den Herrn Wilmot ja nur dieses Wechselchen, und was ist ein solcher Wechsel anders als ein mit ein bißchen Tinte besudeltes Stückchen Papier? Sein Wechsel ist keinen Heller wert, und ich handelte hierbei blank aus Gefälligkeit.«

»Keineswegs! Herr Wilmot ist ein Mann von Ehre, und ich bin vollkommen überzeugt, daß er sich als solcher gegen Sie beweisen wird.«

Ich äußerte den Wunsch, Wilmots Geschichte zu hören, da die Unterredung im obern Stock sich sehr in die Länge zu ziehen schien.

Gibbon erzählte den mir unbekannten Teil mit folgenden Worten: »Wilmot war Hauptmann in der Armee und erhielt seinen Abschied, weil er einen Oberoffizier geschlagen, der seine Tochter beleidigt hatte. Da aber in dem Land, worin wir leben, die Lerchen nicht gebraten vom Himmel fallen, sondern im Gegenteil nur mit einer sehr vollen Börse erlangt werden können, so darf man sich darüber nicht wundern, daß Herr Wilmot nach dem Aufhören seines Halbsoldes in eine bedenkliche Klemme wegen seiner Subsistenzmittel geriet. Seine einzige Hoffnung beruhte auf dem baldigen, glücklichen Ausgang eines Prozesses, der schon eine beträchtliche Zeit im Gang gewesen. Öfters hat er mir versichert, daß ihm selbst unbegreiflich erscheine, wie er eigentlich ohne alle Mittel und ohne irgendeine gegründete Hoffnung so lange habe leben können. Indessen war ihm noch eine letzte Hilfsquelle geblieben: der Sold einer Tochter, welche seit zwei Jahren Lehrerin gewesen. Ohngefähr sechs Monate vor dem Ende des Prozesses, den Wilmot gewonnen, sah sich seine Tochter genötigt, ihre Lehrstelle aufzugeben. Sie kam zu ihrem Vater in einem Zustand der Erschöpfung zurück, der sie bald ins Grab führen mußte. Snavez kannte Herrn Wilmot, dessen äußerste Armut, dessen Stolz, der ihm verbot, bei irgendeinem Freund Hilfe zu suchen, und den bejammernswerten Zustand seiner Tochter. Dennoch raubte er ihm alles: das Brot seiner Tochter, sein eigenes, ja, die Möglichkeit zu leben – das übrige wissen Sie ja. – Als Wilmot vor einem Jahr diese Wohnung bei mir bezog, hatte er seine Tochter bei sich. Bei meiner Seele, Ketch, die Tränen kommen mir in die Augen, wenn ich an die arme Unglückliche denke, an ihre Geduld, ihre Resignation, an die Liebe, welche unter diesen beiden Leuten herrschte, worin, ach! ihr einziges Glück bestand. Es war ein Jammer, dies alles mit anzusehen.

Endlich übertraf das Elend dieser beiden Wesen alle Beschreibung. Ich drängte sie nicht wegen des Mietgeldes, und ihre ganze Ausgabe für Lebensmittel und dergleichen war nicht der Rede wert. Wilmot war stolz wie der Teufel, seine Tochter sanft wie ein Engel, und das Halbbier von Mistreß Gibbon floß leicht dahin. Trotz alles dessen lebten wir in bestem Einverständnis. Da starb die Tochter. Gerechter Gott! Davon kann ich nicht ohne den größten Kummer sprechen. Seit jenem Abend war Herr Wilmot nicht mehr derselbe Mann; sein Kopf verwirrte sich halb und halb und wird wohl nie mehr ganz zurechtkommen. Oft sitzt er stundenlang oben und weint wie ein Kind, dann springt er plötzlich auf und läuft mit schrecklichem Lachen im Zimmer umher. Aber jetzt will ich nur hinaufgehen und mein Ohr an das Schlüsselloch legen; man sagt, die Mauern haben Ohren, aber die Schlösser haben deren auch zuweilen. Bleiben Sie nur fünf Minuten hier, Herr Ketch, bis ich wieder zurückkehre.«

Während der Abwesenheit von Herrn Gibbon überlegte ich mir wieder alles, was er mir erzählt hatte, und je reiflicher ich alle Umstände erwog, desto unbegreiflicher wurde mir, warum Herr Wilmot nichts anderes als eine einfache Zusammenkunft mit Snavez verlangte. Hatte er etwa erfahren, daß dieser wenigstens noch einen Teil seines Raubes besaß und nur deshalb äußerlich so ärmlich erschien, um der Welt das Gegenteil weiszumachen? Hatte Snavez vielleicht mich selbst betrogen? Das war leicht möglich. Konnte ich nicht, falls Snavez eine bedeutende Summe erstattete, auf eine namhafte Belohnung Anspruch machen?

Endlich kam Gibbon zurück.

»Nichts Neues?« fragte ich.

»Wilmot hörte mich, fuhr mit dem Kopf zur Tür heraus und rief mir zu: ›Gehen Sie hinunter, ich werde Sie schon rufen, wenn es Zeit ist!‹ Dann trat ein Augenblick des Kampfes ein, denn Snavez wollte sich aus dem Staub machen, aber das half ihm nichts, Wilmot schloß die Tür und drehte den Schlüssel wieder um.«

»Wohlan, ich will den Ausgang abwarten, mag sich Snavez mit ihm nicht abfinden, so wird ihn Wilmot schon fester pakken, er hat ihn ja jetzt in seiner Gewalt.«

»Ganz recht, lassen wir die beiden Leute ihre Sache miteinander abmachen. Apropos, John, was denken Sie von meiner Heirat mit der alten Jungfer gegenüber? Hat mich dabei nicht eine seltsame Phantasie überrumpelt?« Und er blickte durch die Glastür in den Laden hinaus.

»Keineswegs«, antwortete ich, »man muß das Eisen schmieden, solange es heiß ist, und das Heu schneiden, solange die Sonne scheint!«

»Sie haben recht, Herr Ketch, vollkommen recht. Das Leben ist voll bizarrer Romane, aber ich habe den Roman erwählt, welcher Fleisch in die Töpfe bringt. Meine Alte steigert zwar keineswegs meinen Geist und wärmt mein Blut nicht gewaltig, aber dafür wäscht sie meine Hemden. Sie erhebt mein Herz nicht über die Eitelkeiten und Jämmerlichkeiten dieses Lebens, aber sie bereitet die köstlichsten Kotcletts und Beefsteaks.« Am Ende dieser glänzenden Tirade rieb sich Gibbon süß lächelnd und voll innigster Selbstzufriedenheit die Hände.

Da ließ sich plötzlich im obern Stock ein furchtbarer Schrei hören, diesem folgten andere wilde und verworrene Schreie, worauf man etwas Schweres hart auf den Boden fallen und einen heftigen Kampf hörte.

»Bei allen fünftausend Teufeln, was bedeutet das?« rief Gibbon, von seinem Stuhl aufspringend und nach der Tür rennend. Unten an der Treppe rief er: »Was gibt es, Herr Wilmot?«

Keine Antwort.

»Soll ich hinaufkommen?«

Abermals keine Antwort.

»Wollen wir hinauf?« fragte er, an mich sich wendend. »Nun, wie ist's, Herr Ketch, wollen wir hinauf?«

»Ich will unten an der Treppe bleiben. Bedürfen Sie meiner, so rufen Sie, und ich werde sogleich erscheinen.«

»Sehr wohl.« Und schwerfällig stieg er die Treppe hinauf, während ich auf dem untern Flur nicht ohne Unruhe die Erklärung des oben gehörten Lärms erwartete.

Aber bevor ich noch zu einem bestimmten Gedanken mich sammeln oder nur glauben konnte, daß Herr Gibbon schon in den zweiten Stock hinaufgekommen sei, hörte ich ihn schon wieder eiligst herabspringen und sah ihn mit weit vorgestreckten Armen, mit fliegendem Rock, während seine Füße kaum die Stufen berührten, wie einen Raubvogel auf seine Beute herabstürzen. Mit ausgebreiteten Flügeln und offenen Krallen warf er sich in meine Arme: »O Gott! Allmächtiger Gott!«

Herr Gibbon ergriff mit beiden Händen meinen Rockkragen und versteckte sein Gesicht an meiner Brust. Ein Schauder rann bebend durch alle seine Glieder. Ich trug ihn in sein Zimmer und setzte ihn auf einen Stuhl.

»Was gibt es, mein lieber Freund, sagen Sie, was gibt's?«

»Ich sterbe – ein Glas Wasser! Doch nein –«, dabei hob sich seine Brust krampfhaft und er deutete an die Türschwelle, »– Blut sah ich, Ketch – Blut rann über den Boden – ein ganzer Strom von Blut! O Gott! Was ist oben geschehen?«

Ich glaubte, genug gehört zu haben. Ich rief Mistreß Gibbon, welche im Laden war, und sagte ihr hastig: »Oben geschieht irgend etwas Schreckliches. Bleiben Sie bei Ihrem Mann, sorgen Sie für ihn, ich eile indessen, Hilfe zu suchen.«

»Ketch, laufen Sie zu Triggs, gleich die Tür nebenan, und sagen Sie ihm, daß er hierher kommen soll!«

Ich lief dahin. Der Gewürzkrämer Triggs verließ sein Comptoir unter der heftigsten Anstrengung mit seiner Jacke, die er endlich bei uns im Laden glücklich auf den Leib brachte, aber verkehrt.

Triggs begriff bald die ganze schauerliche Geschichte und gab sich alle erdenkliche Mühe, die Miene der Entschlossenheit anzunehmen und der dringenden, unausweichlichen Gefahr in edelster Haltung entgegenzugehen. Indessen gelang ihm dies alles nur halb, und er zwang nichts als seine Physiognomie, welche jetzt ungemein albern und sehr komisch aussah.

Wir ließen Mistreß Gibbon in den Laden zurück, stürzten auf den Flur hinaus, gedrängt einer an den andern, gleich Männern, welche dieselbe Pflicht treibt, deren jeder aber seinen Anteil an der Gefahr dem andern mit Vergnügen abtreten würde. Wir ermutigten uns gegenseitig, und auf unsern Gesichtern spiegelte sich der gemeinschaftliche Schrecken. Endlich entschlossen wir uns, und beim Hinaufsteigen schienen wir uns um den edlen Vorrang zu streiten, wer es dahin bringen könnte, der hinterste von der stürmenden Schar zu sein. So gelangten wir bis auf den Flur des zweiten Stockwerks.

Neue Pause, neues Zaudern. Das uns sich darbietende Schauspiel hätte auch mutvollere Männer, als wir drei es waren, einen Augenblick zurückhalten können: das Blut überschwemmte den Boden und begann bereits in purpurnen und dichten Bächen an den Treppenstufen hinzufließen; unsere Schuhe wurden davon besudelt.

Endlich stieß Triggs, angetrieben von einer Art überwältigendem Schrecken, den man zuweilen für Mut hält und der auch in der Tat nicht selten dessen Wirkungen hervorbringt, mit dem Fuße so heftig an die Tür, daß das Schloß aus seinen Fugen sprang.

Der im Zimmer uns sich bietende Anblick erfüllte uns mit Schauder, verwandelte uns in eine starre Gruppe von Steinbildern.

Wilmot kniete neben dem Kopf von Snavez, der auf dem Boden lag und in seinem Blut schwamm. Eine breite Wunde, welche beinahe den Kopf vom Rumpf getrennt hatte, verriet den begangenen Mord.

Wilmot kniete, wie gesagt; neben ihm, und in seinen gefalteten Händen glänzte die Klinge eines Rasiermessers, worauf das

Blut schon zu gerinnen begann. Ohne unsere Gegenwart zu bemerken, starrte er den Leichnam an und schien in tiefes Brüten versunken zu sein. Als wir jedoch näher traten, hob er den Kopf und starrte uns mit Augen an, deren Blick bald bis zum Ausdruck des Wahnsinns sich steigerte.

»Wer tritt zwischen mich und meine Rache? Wer wagt es, mich stören zu wollen? Keinen Schritt näher!« Und er schwang das Rasiermesser drohend über seinem Kopf. »Wer seid Ihr? Warum wollt Ihr mir ihn entreißen? Ach!«

Als hätte ihn eine unsichtbare Hand emporgerissen, sprang er jetzt auf und einen Schritt gerade auf uns zu. Dieser Augenblick war offenbar ein entscheidender, dies sahen wir alle drei gleichzeitig ein, stürzten daher auch alle drei aus dem Zimmer, unaufhaltsam über die Treppe hinab und fanden uns nach einer Sekunde wieder unten auf dem Flur.

Gibbon, der den Kopf ganz verloren hatte, schrie hier wie ein Besessener: »Triggs, um des Himmels willen, eilet, schlagt Lärm, Herr Wilmot ist wahnsinnig, weiß nicht mehr, was er tut, und könnte sich selbst morden!«

Triggs war zu glücklich in dem Gefühl, sich von uns und diesem Schauplatz trennen zu können, flog aus dem Haus, kehrte jedoch bald an der Spitze eines großen Detachements von Nachbarn zurück.

Wir stiegen wieder hinauf. Wilmot stand mit dem Ellbogen auf eine Kommode gestützt; er winkte uns, daß wir näher treten sollten, und sagte dann mit wahrhaft überraschender Ruhe: »Herein, meine Herren, immer herein, Sie sämtlich sind Zeugen, daß ich der Mörder dieses Mannes bin. Gott ist gerecht und hat ihn endlich in meine Hand gegeben.«

Hier ließ er das Rasiermesser auf den Boden fallen, beugte sich herab, tauchte den Finger in das Blut der Leiche, zeichnete damit ein Kreuz auf seine Stirn und sprach: »Hier ist mein Zeichen – hier mein Bekenntnis. Ich bin der Mörder dieses Mannes!«

Nach diesen Worten warf er noch einen Blick auf den unglücklichen, leblos zu seinen Füßen Hingestreckten und überlieferte sich an die Umstehenden.

Waren wir alle nicht sehr geneigt gewesen, den Schuldigen zu ergreifen, solang er noch die furchtbare Angriffswaffe in seiner Hand geschwungen, so zeigten wir uns jetzt um so eifriger, unsere frühere Poltronerie vergessen zu machen, indem wir den Missetäter, von dem keine Gefahr mehr drohte, festnahmen.

Wir führten Herrn Wilmot fort; er erschien zuerst vor einem Beamten des Magistrats und wurde hierauf nach Newgate versetzt.

Der Ausgang dieses Abenteuers befriedigte mich auf keine Weise, weder in Betrachtung der Sache selbst noch in bezug auf mich.

Am Abend desselben Tages überflog ich in meinen Gedanken alle unangenehmen Umstände und Verhältnisse meines Lebens, welche weder zur Vervollkommnung meines moralischen Wesens noch, was mir als viel wichtiger erschien, zur Verbesserung meiner Stellung in der Welt etwas beigetragen hatten. Alles versenkte mich noch tiefer in jenen Fatalismus, der bereits zu meinem einzigen Glauben geworden war. Da ich den unglücklichen Snavez seinem Mörder überliefert hatte, so mußte ich unfehlbar in diesen peinlichen Prozeß wegen des Mordes sehr unangenehm verwickelt werden.

Was war hier zu tun? Ich eilte, meinen Oheim, Herrn Jonathan Ketch, hierüber um seinen Rat zu bitten und – ich fand ihn sterbend.

Zweite Abteilung

John Ketch
als Scharfrichter
und Philosoph

I.

Ketch wird als Scharfrichter angestellt. – Seine Aufnahme bei dem Sheriff und dem Almosenier.

Den von Meister Jonathan vor seinem Tod mir erteilten doppelten Rat befolgte ich pünktlich. Sein erster Rat war: Ich sollte bei dem Magistrat meine Erklärung abgeben und alles, was sich in der Sache mit Wilmot zugetragen, ohne Rückhalt entdecken. Sein zweiter Rat war: Ich sollte mich als seinen Ersatzmann für das hohe Scharfrichteramt melden.

Wilmot wurde als Wahnsinniger eingesperrt, und ich bereitete mich tüchtig vor, dem neuen Amt, wozu der ganze Verlauf meines Lebens mich eignete, vollkommen entsprechen zu können.

Niemals sah man bei einem Bittsteller so viel Eifer, den ersten Platz zu erhaschen; niemals bemühte sich die Hoffnung eines Demagogen so glühend um eine Pension; niemals äußerte sich die Sehnsucht eines Schmarotzers in der Mittagsstunde so brennend und stachelnd wie der Eifer, die Hoffnung und die Sehnsucht waren, womit ich schon am frühen Morgen mich rüstete, um mein Gesuch um die erledigte Stelle meines seligen und ehrwürdigen Oheims anzubringen.

Das Haus des Herrn Sheriff Hopkins lag in Mincing Lane. Dahin lenkte ich meine Schritte, und zwar in meine besten Kleider gehüllt, um würdig zu erscheinen und die Blicke des hohen und mächtigen Sheriffs Hopkins aushalten zu können. Mein anständiger und schwarzer Anzug sollte jenen günstigen Eindruck hervorbringen, der in der Regel das Resultat eines gut gemachten Kleides und eines feinen Tuchs ist. Ich darf hier die Bemerkung nicht unbeachtet lassen, daß es immer sehr nützlich ist, einen anständigen Anzug in Reserve zu haben, indem gar oft der Erfolg einer Bitte oder eines Schrittes von dem ersten Eindruck, den man gemacht, abhängt. Daher äußerte ich auch stets eine besondere Vorliebe für jene Leute, welche wir auf der Straße sehen und deren freundliche Stimme uns einlädt, der alten Kleidungen uns zu entledigen, dieser nutzlosen Altertümer, welche kein Wasser mehr in die Mühle bringen.

So erschien ich nun an der Tür des Ladens des Herrn Sheriff Hopkins; dort verweilte ich eine oder zwei Minuten, indem ich mich von Kopf bis zu Füßen in Stand setzte, das Jabot meines Hemdes in Ordnung brachte und allen meinen Mut zusammennahm.

Der Herr Sheriff Hopkins handelte mit Zucker, dies schienen wenigstens einige Muster dieser Ware zu verraten, welche auf kleinen schwarzen Täfelchen, in gleichen Entfernungen aufgestellt, so ziemlich jenen kleinen Modellen von ägyptischen Pyramiden gleichen, die aus dem Sand der Wüste gemacht sein sollen. Indessen wandelte ich durch den ganzen Laden, ohne weitere Forscherblicke umherzuwerfen, und nachdem ich diesem Mitglied der hohen Magistratur durch einen Kommis gemeldet worden, genoß ich das Glück, zu seiner erlauchten Person eingeführt zu werden.

Ich fand ihn in seinem Büro im Gespräch mit einem ernsten und angesehenen Beamten, dem neuen Almosenier von Newgate. Der vorige Almosenier, mein freundlicher Protektor, war vor kurzem gestorben.

Herr Hopkins redete mich sogleich an, indem er sich schon bei den ersten Worten gegen den Almosenier wendete. Er sagte: »Nun, junger Mann, Sie fühlen den Ehrgeiz, der Nachfolger Ihres Oheims werden zu wollen? Das ist ein sehr wichtiges Amt, nicht wahr, Herr Kilderkin?«

»Ohne Zweifel«, antwortete Kilderkin, indem er seine Finger in die Westentasche steckte und daraus eine Prise nahm, die er mit großem Geräusch in seine Nasenlöcher steckte. »Allerdings, Herr Hopkins, ein sehr wichtiges Amt.«

»Sie sind noch sehr jung«, bemerkte der Sheriff.

Ich bekannte offen, daß ich noch kein Achtziger sei, sprach

aber die Hoffnung aus, daß meine Jugend mir nicht zum Nachteil gereichen und zur Erfüllung der Amtspflichten mich nicht untauglich erscheinen lassen würde.

»Wohlan, mein Herr«, entgegnete Hopkins, »wir denken, daß Ihr Gesuch eine günstige Aufnahme finden wird. Was denken Sie dazu, Herr Kilderkin?«

»Ich denke gar nichts dazu«, erwiderte Kilderkin, »ich bin dabei ganz inkompetent.«

»Wohlan, mein Herr«, schrie der andere, »Sie sind vor Gericht gestanden als Zeuge, wenn ich mich recht erinnere, in Sachen eines Mordes – handelte es sich nicht um einen gewissen Wilmot – Wilmot hieß er, ja?«

»Ja, mein Herr.«

»Er gehörte zu Ihren Freunden, nicht wahr? Er wollte Ihnen wohl, er hatte Sie verwendet?«

»Ja, mein Herr!«

»Wohlan, mein Herr, denken Sie sich einmal den Fall, dieser Wilmot sei von Sr. Majestät nicht begnadigt worden, befinde sich gegenwärtig nicht zu Bedlam, solle hingerichtet werden, würden Sie ihn hängen können? Antworten Sie mir!«

»Ganz gewiß«, antwortete ich lebhaft, »ganz gewiß würde ich es können, mein Herr Sheriff!«

»Ach!« sprach Hopkins voll edler Gravität.

»Ach!« wiederholte Kilderkin.

Einer zu dem andern hingebeugt, sprachen diese beiden Herren während geraumer Zeit leise miteinander. Endlich fuhr Hopkins wieder laut mit den Worten gegen den Almosenier heraus: »Das ist unsere Sache!«

»Das ist's gerade, was wir brauchen«, entgegnete der andere.

»Nun, mein Herr Ketch«, fuhr Hopkins, an mich sich wendend, fort, »nun – hm – ha – was wollte ich denn gleich sagen?«

Und Herr Hopkins blieb stecken, wußte nicht mehr, was er sagen sollte, und rieb sich das Kinn auf eine klägliche Weise.

Endlich schrie er wieder auf: »Apropos, Herr Kilderkin, ich wünsche, daß Sie den Herrn Ketch hier über die zu seinem

Amt nötige Fähigkeit und Geschicklichkeit examinieren. Während Sie Ihre Fragen an den jungen Mann stellen, habe ich hier einige wichtige Papiere zu durchlaufen.«

»Sehr wohl«, antwortete Kilderkin, indem er mit großem Geräusch sich schnaubte. Während der hochwürdige Almosenier auf mein Examen sich vorbereitete, blieb ich mit ehrfurchtsvoller Miene vor ihm stehen. In der Tat war das ganze Äußere dieses außerordentlichen Almoseniers vollkommen zur Erregung eines solchen Gefühls geeignet. Er war dick, fett, stämmig, kräftig, als hätte sich die Kraft aller der Leute, die er in seinem ganzen Leben hinrichten gesehen, in ihm allein vereinigt.

Er fixierte mich sehr ernsten Blickes und begann endlich: »Verstehen Sie das Hängen?«

»Ja, mein Herr, ich studierte unter meinem seligen Oheim, der mir besondere Rücksicht und Achtung bewies.«

»Stille! Begreifen Sie die ganze Wichtigkeit des Amtes, den vollen Umfang der Pflichten, welchen Sie sich hier unterziehen wollen? Schweigen Sie und unterbrechen Sie mich nicht! Wissen Sie auch, daß der Fall eintreten kann, daß Sie Ihren Vater, Ihre Mutter, Ihren Großvater, Ihre Großmutter, kurz, alle Ihre denkbaren Verwandten aufzuhängen berufen werden, daß man Sie auffordern kann, bei jedem solchen Fall die treueste Pflichterfüllung durch einen feierlichen Eid zu geloben?«

Ich antwortete, daß ich bei vollkommener Kenntnis aller dieser Obliegenheiten zur Ablegung des üblichen Eides bereit sei.

»Sehr wohl!« sagte der Almosenier. »Begreifen Sie auch«, fuhr er fort, »die ganze Verantwortlichkeit und Würde Ihres Amtes?«

Auf diese Frage blieb ich stumm. Kilderkin nahm die Sache sehr ernst.

»Erwägen Sie«, sagte er, »daß Sie ein Amtsgeschäft verrichten, welches eigentlich und wirklich dem Herrn Sheriff selbst angehört – Sie repräsentieren den Sheriff – Sie sind ihm vollkommen gleich – gleichsam der Sheriff selbst.«

»Dem Sheriff gleich?« schrie Hopkins, sich rasch umdrehend. »Nicht ganz, Herr Kilderkin.«

Kilderkin nickte bejahend mit dem Kopf.

Hopkins kratzte sich in den Haaren.

»Ich sage, Herr Hopkins«, nahm Kilderkin wieder das Wort, »daß Herr Ketch eigentlich Ihr Amt zu verwalten hat, er verrichtet Ihr Geschäft. Qui facit per alium facit per se — wer etwas durch die Hände eines anderen tun läßt, tut es eigentlich selbst.«

Hier brach der Almosenier in ein erstaunliches Lachen aus, während ein nichts weniger als lustiger Ernst über das ganze Gesicht des Herrn Hopkins sich verbreitet hatte.

»Begreifen Sie alles, was ich Ihnen gesagt habe?« wiederholte der Almosenier. »Sind Sie damit einverstanden? Wollen Sie diese Amtspflichten erfüllen und überhaupt alles tun, was man von Ihnen verlangen wird?«

Ich wiederholte dagegen die Versicherungen meines Eifers und bezeigte ihm meine Erkenntlichkeit mittels mehrerer Phrasen voll Dankgefühls und Ehrfurcht, vermischt mit den üblichen Verbeugungen und Komplimenten.

»Ganz gut! Sehr wohl!« sagte Kilderkin. »Ich glaube, daß sich dieser junge Mann als Nachfolger seines Oheims betrachten darf und daß er sich bereithalten solle, sein Amt anzutreten, sobald dazu eine Gelegenheit sich bieten wird.«

»Auch ich bin dieser Ansicht«, sagte Hopkins. »Sie, mein junger Herr, können immerhin Ihre Vorbereitungen treffen und werden Ihre offizielle Ernennung bald erhalten.«

Ich stammelte abermals dieselben Beteuerungen der Dankbarkeit und Ehrfurcht und zog mich nach einigen sehr tiefen Bücklingen zurück.

II.

Erstes Abenteuer des Scharfrichters. – Das Mißglücken einer Hinrichtung.

So bin ich endlich Scharfrichter der hohen Stadt London, für mich hat das Leben fortan nicht mehr gefahrvolle Abenteuer, Chancen noch Zufälle. Ich verschwinde. Was mir noch zu sagen übrigbleibt, dreht sich um die Abenteuer anderer Leute, wobei ich eine allerdings wichtige und definitive, allein doch immer nur sekundäre Rolle gespielt habe. Ich verliere mich gänzlich unter dem Haufen von Charakteren auf dem Schauplatz – ich trete nun tief unter einen griechischen Chor hinab, ich bin ferner nur noch ein Figurant.

Alle ihrer Natur nach noch so verschiedenen Erscheinungen und Tatsachen zeigen sich völlig gesondert und unabhängig voneinander, drehen sich jedoch alle um einen einzigen Mittelpunkt – den Galgen. Der Strick ist das einzige sie vereinigende Band.

Anfänglich waren die von meinem Geschäft auf mich eindringenden Empfindungen und Eindrücke so gut wie gar nichts; ich muß dies sagen: Ich fühlte mich vollkommen abgehärtet, förmlich vertiert. Mensch wurde ich nur zuweilen, wenn ich mich meiner ersten Jugend erinnerte. Brot essen, schlafen, trinken, mein Amtsgeschäft verrichten, darauf beschränkte sich mein ganzes Leben, dies war alles, was ich Leben hieß.

Diesen bizarren Zustand meines Geistes vertraute ich einem jungen Wundarzt, dessen Bekanntschaft ich gemacht hatte, als ich noch Resurrektionist gewesen. Er munterte mich auf, meine Geschichte zu Papier zu bringen.

Ihm und seinem Vater, der einen anatomischen Kursus las, lieferte ich die Leichname zu den Sektionen. Der junge Mann hatte seine eigene Freude daran, über alles, was ich gesehen und erlebt, mich plaudern zu machen, überhaupt bewies er sich immer gegen mich sehr liebenswürdig.

So kam er eines Abends im dritten Jahre nach meiner Installation zu einem Besuch zu mir und schickte sogleich meine Frau fort, eine Pinte Wacholderbranntwein zu holen. Hierauf zündete er eine Zigarre an, setzte sich behaglich zu mir und sagte: »Herr Ketch, unser wundärztliches Handwerk ist in der Tat ein sehr zartes Geschäft, aber das Ihrige ist es noch mehr. Ich sage Ihnen, daß ich mich bei Fortsetzung Ihres Mangels an Aufmerksamkeit auf Ihre Amtsverrichtungen und bei fernerer so schlechter Ausführung der Ihnen gewordenen Aufträge genötigt sehen werde, dem Herrn Sheriff einen Besuch abzustatten und ihm anzuzeigen, daß Sie ein außerordentlich fahrlässiger Beamter sind. Und der Herr Sheriff wird Sie, mein Herr Ketch, wahrlich zu finden wissen. Aber wie dem auch sei, Sie sollten in der Tat sich Mühe geben, Ihr Handwerk besser zu lernen.«

Da mein Freund, der Wundarzt, immer Späße machte, so hielt ich auch diese seltsame Anrede abermals für einen Scherz.

»Was gibt's denn wieder?« fragte ich.

»Wie, was es gibt? Bezahlt man Sie oder bezahlt man Sie nicht, daß Sie die Leute aufhängen sollen? Antworten Sie kurz und bar auf diese Frage.«

»Man bezahlt mich allerdings, daß ich sie hängen soll.«

»Wohlan, der von Ihnen zuletzt Aufgeknüpfte ist lebendig auf unsern Sektionstisch gekommen, obgleich er erst abends, also volle dreizehn Stunden nach der Hinrichtung, dahin gebracht wurde.«

»Was sagen Sie? Das ist rein unmöglich!« rief ich.

»Halten Sie das Maul und hören Sie, was ich Ihnen erzählen will. Der Mann war lebendig, so gewiß, als Sie ihn für tot hielten. Gegen halb zehn Uhr abends legte man ihn auf den Tisch in der Mitte des Amphitheaters. Der Prosektor kam mit einem Dutzend von Zöglingen und erklärte uns, daß er den Unterleib noch öffnen wollte, um alles für die Vorlesung des folgenden Morgens gehörig vorzubereiten. Bevor er die Operation begann, legte er zufällig seine linke Hand auf den Leichnam, zog sie aber schnell wieder zurück und schrie betroffen: ›Dieser Mensch lebt, er ist ganz warm!‹ — Nach einer kurzen Pause des Staunens trat er wieder hinzu und drückte kräftig die Brust des vermeintlichen Leichnams, worauf dieser sehr vernehmlich stöhnte. Alle Zöglinge waren vor Erstaunen außer sich; einer schlug einen Aderlaß vor, der andere ein warmes Bad. – ›Einen Augenblick Geduld, meine Herren‹, fiel der Prosektor ein, ›Sie alle wissen, wegen welchen Verbrechens dieser Mensch hingerichtet worden – er war ein Kannibale, ein Ungeheuer, er hat seine Mutter gemordet. Er lebt noch, daran ist nicht zu zweifeln. Erwägen wir also weislich, was in diesem Fall zu tun sein dürfte. Ketch hat seine Pflicht versäumt, aber wir, meine Herren, sind keine Henker. Dieses Ungeheuer sterbe! Das müssen wir alle wünschen. Ein solches Geschöpf in das Leben zurückzurufen, wäre ein wahres Verbrechen! Reden Sie, meine Herren, was fangen wir mit ihm an?‹ – Einige Studenten stellten den Antrag, man sollte Sie, mein Herr Ketch, kommen lassen; aber ein anderer, dessen Vater Advokat ist, nahm das Wort. Er erklärte uns, daß ein Scharfrichter außerhalb seiner Amtsverrichtung durchaus keine legale Gewalt habe, und wir verzichteten auf Ihre Hilfe. Indessen wurden wir alle darüber einig, daß man durchaus keinen Versuch zur Lebensrettung dieses Unglücklichen machen dürfe.

Endlich kam man auf den Gedanken, die Sektion für den folgenden Morgen zu versparen. Die kalte Luft in dem Amphitheater hatte während unserer ziemlich langen Diskussion Zeit genug gehabt, auf diesen Körper einzuwirken und jeden Versuch einer Lebensrettung ohnehin sehr zweifelhaft zu machen. Da wir nun überdies fest entschlossen waren, bei dieser Angelegenheit ganz neutral zu bleiben, den Tod und das Leben bei diesem Kampf ihren eigenen Kräften zu überlassen, so verschlossen wir die Tür sorgfältig und entfernten uns sämtlich.

Bei unserer Rückkehr am anderen Morgen sahen wir sogleich, daß der Tod die Oberhand behalten hatte, obgleich die Verrückung des von uns über den Leichnam geworfenen Tuchs hinlänglich verkündete, daß die beiden mächtigen Feinde, Leben und Tod, in diesem friedlichen Amphitheater auf eine schreckliche Weise um den Sieg gekämpft hatten.«

Nach diesen Worten faßte mich der Wundarzt schärfer ins

Auge und fuhr viel ernster also fort: »Dies diene Ihnen zur Lehre, mein Herr Ketch, daß Sie künftig Ihre Pflichten treuer und sorgfältiger erfüllen. Aus besonderer Vorliebe für Sie sind wir alle übereingekommen, dieses Geheimnis heiligst zu bewahren. Es wird also niemals bekannt werden, wofern nicht Sie selbst für dienlich erachten, in Ihren Denkwürdigkeiten, welche Sie jetzt niederschreiben, die Welt davon in Kenntnis zu setzen.«

Nun nahm der Wundarzt einen andern Ton an und begann mit seiner gewöhnlichen Heiterkeit: »Heute, mein Herr Ketch, müssen Sie mir ein wenig beichten. Sie sagten mir diesen Morgen, daß die Erinnerung an Ihre Jugend Ihnen stets Freude mache.«

»Allerdings!«

»Also haben Sie noch Gefühl! Sie empfinden noch etwas!«

»Gewöhnlich lebe ich wie ein Stein, in einem Zustand völliger Vernichtung. Führen mich aber die Gedanken in die Zeiten meiner Kindheit zurück, so erwache ich plötzlich. Diese Erinnerungen verleihen mir einige Empfindung; indessen fühle ich in der Regel keine Spur von Mitleiden, nicht einmal gegen mich selbst. Wäre dies etwa ein natürliches Resultat meines Gewerbes? Warum härten sich in diesem Fall nicht die Richter, die Gesetzgeber und die Mitglieder der Jury ebenso ab, wie ich mich abgehärtet habe? Bei allen diesen Angelegenheiten ist ja ihre Rolle viel bedeutender als die meinige; ich bin ja dabei nichts als der Stiel eines Beils, das Ende einer Schlinge. Ich töte nicht anders wie ein Stein, der irgendwo herabstürzt.«

»Nun, so erzählen Sie mir einmal etwas aus Ihrer Jugendgeschichte.«

Ich erzählte ihm, was ich dem geneigten Leser bereits erzählt habe, meine verschiedenen Gewerbe, meine Lehrlingschaft bei dem Schweineschlächter, von den Tausenden von Leichnamen, die ich umfaßt und zu den Wundärzten getragen habe, von meinem Leben im Gefängnis, von meinen Händeln mit der Justiz.

Nachdem ich geendet hatte, rief er: »Ich glaube Ihnen. Dies alles ist wohl geeignet, aus einem Menschen einen Stein zu machen. Bei Ihnen sind alle zarten Fibern getötet, das Gedächtnis allein führt Ihnen noch angenehme Ideen zu. Bei Ihnen ist nicht mehr die Rede von Sprungfedern und von Elastizität, Sie leben gerade wie ein am Galgen Erdrosselter.«

»Ach ja, das ist alles ganz wahr! Aber was soll ich dabei tun? Was mich an der ganzen Sache verdrießt, ist nur, daß eigentlich die Herren Richter erfahren und empfinden sollten, was ich erfahre und empfinde. Indessen scheinen diese Herren nicht unglücklich zu sein.«

»In der Tat härten die meisten Gewerbe, welche sich mit den Übeln der Menschheit beschäftigen, das menschliche Herz ab. Richter, Advokaten, Anwälte, Schreiber, Ärzte, Wundärzte verlieren sehr bald ihr Empfindungsvermögen. Alle diese Leute haben oft davon nicht mehr als Sie, mein Herr Ketch. Allein diese Leute haben gelernt, ihren Tod zu maskieren und zur Täuschung der Menschen stets in schönen Worten sich auszudrücken. Übrigens bleibt Ihnen, Herr Ketch, noch immer die Intelligenz. Sie versprachen mir, an Ihren Denkwürdigkeiten zu arbeiten. Nun, wie weit sind Sie damit gekommen?«

Ich sagte ihm, daß ich ihm ein langes Kapitel bei seinem nächsten Besuch zeigen würde, wenn er nur die Güte haben wollte, es zu korrigieren. Dies versprach er und verließ mich.

III.

Die Pharyngotomie. – Ketch wird angeklagt
und mit dem Verlust seines Amtes bedroht. –
Er behauptet sich darin. – Großes Verzeichnis von Gehängten. –
Die Polizeiagenten.

Nachdem der Wundarzt fortgegangen, dachte ich sehr lange und sehr traurig über diese Geschichte des wieder lebendig gewordenen Hingerichteten nach. Ich mußte mir sehr viele Mühe geben, daran wirklich zu glauben.

Ich stellte also nähere Nachforschungen an, und diese benahmen mir jeden Zweifel an der Wahrheit der Angaben des Doktors. Mein Delinquent hat im Gefühl seiner Schuld und bei der Gewißheit, an den Galgen zu kommen, einen Wundarzt, der ebenfalls wegen eines Vergehens im Gefängnis saß, zu gewinnen gewußt, daß er an ihm die Operation der Pharyngotomie vollbrachte. Diese besteht in folgendem: Man macht eine kleine Öffnung in dem untern Teil des Larynx, groß genug, um ein kleines Röhrchen von der Dicke und Gestalt einer Pfeifenspitze hineinbringen zu können. Während der vier seiner Hinrichtung vorangehenden Monate trug er diesen seltsamen Halsschmuck; ein Mitgefangener versicherte, selbst gesehen zu haben, daß der Gefangene den Mund und die Naslöcher fest geschlossen und dabei sehr lange Zeit lediglich durch dieses Loch in dem Larynx geatmet habe.

Diese Tatsachen rechtfertigten mich vor den Sheriffs. Denn trotz des gelobten Stillschweigens plauderten die jungen Wundärzte so häufig und vielfältig von dieser Geschichte, daß sie endlich auch zu den Ohren der Magistrate kam. Der Präsident ließ mich rufen und überhäufte mich mit Drohungen und Schmähungen, weil er nichts anders glaubte, als ich sei bestochen gewesen, den Delinquenten zu retten.

Ich entgegnete ihm: »Aber bedenken Sie doch, mein Herr Präsident, wie unangenehm es für mich gewesen wäre, mit meinem Gehangenen einmal Auge in Auge auf der Straße zusammenzutreffen! Überdies gilt mir nichts höher als die Erfüllung meiner Pflicht; hat sich also bei dieser Geschichte ein Mißverständnis, ein Irrtum, ein Fehler eingeschlichen, so kann niemand solche mir aufbürden. Mein Strick ist immer gut, aber die Verdikte sind es nicht immer.«

»Unverschämter! Ich weiß, was Sie denken und was Sie sagen! Haben Sie nicht neulich auf offener Straße ausgerufen, daß man zu viele Leute aufhänge? Kümmern Sie sich um Ihre Angelegenheiten, mischen Sie sich nicht in andere Dinge, und gehen Sie jetzt fort!«

Ich ging meines Weges, indem ich feierlich gegen diese Anschuldigung protestierte und alles für Verleumdung erklärte. Der Wind war mir nicht günstig. Die Provinz entzog mir alle meine Vorteile, indem sie mich und meinen Knecht fortan regelmäßig besoldete. Demnach mußte ich mein Haupt beugen.

Wäre nicht der Gehangene der erbärmlichste und verabscheuteste aller Spitzbuben gewesen, hätte er auf der ganzen Welt ein einziges Herz, das ihn liebte, gehabt, so würde er reklamiert, vom Galgen genommen und wiedererweckt worden sein, und meine Stelle wäre sicher verloren gewesen. Drei oder vier Jahre zuvor war ein anderer Muttermörder, der Hauptmann Niekholls, gleich diesem gehangen worden und hatte ebenfalls keinen einzigen Freund gefunden, der ihn begraben wollte.

Vor dieser Epoche, vor meinen Unterredungen mit dem jungen Wundarzt, hatte ich nicht daran gedacht, über alle Ereignisse in bezug auf mein Gewerbe besondere Beobachtungen anzustellen und aufzuschreiben. Deshalb kann ich hier nur erwähnen, daß ich im Lauf von drei Jahren mehr als einhundertfünfzig Verurteilte zu London und in der Provinz gehängt, und zwar sehr gut gehängt habe. Oft führte mich das Schafott Auge in Auge mit einem meiner früheren Kameraden und Freunde zusammen, und niemals zuckte oder schwankte ich.

Der erste Name, den ich einzuschreiben auf den Einfall kam, war der von Richard Hunter, der überführt worden, mittels einer Nachmachung des gestempelten Pik Asses sich der Spielkartensteuer entzogen zu haben. Zur Zeit seiner Verhaftung blühten seine Geschäfte, und er genoß der allgemeinen Achtung bei allen seinen Nachbarn. Derselbe Schuft, der ihn zum Verkauf der nachgemachten Karten veranlaßt hatte, zeigte ihn auch beim Stempelamt an und legte ihm eine Schlinge, um ihn auf der Tat zu erwischen und Beweise in die Hand zu bekommen.

Umsonst erhob sich zu seinen Gunsten die Stimme der achtungswertesten Personen, indem damals jede Fälschung mit dem Strang bestraft wurde. Nach einem letzten Abschied von seiner Frau und seinen Kindern unterwarf sich dieser Mann seinem Schicksal sehr mutig. Grausames Verhängnis, einem Menschen dafür das Leben nehmen zu müssen, weil er ein gestempeltes Pik As nachgemacht hat!

Jetzt würde man es nicht mehr wagen. Einige Jahre haben eine wundervolle Revolution im Geist der Gesetzgeber hervorgebracht. Wer würde es heutzutage wagen, für ein solches Vergehen einen Menschen zum Tode zu verurteilen?

Im Verlauf desselben Jahres wurde der achtundzwanzigjährige John B. wegen desselben Verbrechens oder vielmehr wegen eines Betrugs an dem Schatz hingerichtet. Dieser Mann bediente sich einer Karte, welche allerwärts den Spielkartenstempel enthielt, löste dann diese verschiedenen Stempel davon ab und klebte sie auf andere Karten, sah jedoch sein Kunststück bald entdeckt. Der Unglückliche wurde verurteilt und hingerichtet. Im Augenblick, als ich auf dem Schafott die Schlinge um seinen Hals legte, erhob er seine Stimme und rief: »Was man mir zum Vorwurf macht, ist kein Verbrechen, sondern kaum ein Vergehen! Eine Zeit wird kommen, wo das Land vor der Schmach solcher Grausamkeiten erröten wird. Ich unterwerfe mich dem Gesetz!«

Im Verlauf von zwei Jahren hängte ich mehr als dreißig Personen, deren keine ihr dreißigstes Jahr noch erreicht hatte. Man war damals unbarmherzig. Einer von diesen Leuten, kaum sechzehn Jahre alt, wurde zum Tode verurteilt, weil er einen falschen Bankzettel in Umlauf gebracht; zwei junge Weiber von achtzehn und neunzehn Jahren desgleichen für eine kleine Gaunerei in einem Kaufmannsladen; ein Weib von zwanzig Jahren für Ausgebung einer falschen Münze; ein junger Mann von weniger als zwanzig Jahren für einen Diebstahl mit Einbruch, wobei sonst gar nichts Erschwerendes vorgefallen war.

So war die Justiz jener Epoche. Ich tötete Woche für Woche, und ich verwünschte die Richter und die Jury.

Die zwei bemerkenswertesten Verbrechen jener Epoche waren ein Verbrechen der Fälschung und eines der Erpressung, mit der Drohung verbunden, einen Beamten öffentlich eines schimpflichen Verbrechens beschuldigen zu wollen. John Rogers Turner wurde ebenfalls hingerichtet, weil er eine Tratte von 4070 Pfund Sterling nachgemacht hatte. Dieser Mann war in einem Handelshaus angestellt, wollte sich nach Amerika zurückziehen und hatte die Frechheit, sich für seinen Patron auszugeben. Ohne den Zufall, daß er einem seiner Bekannten bei den Leuten begegnete, welche ihn dem Agenten als die Person, der das Billett gehörte, vorstellen sollten, hätte er das Geld wirklich erhoben. Man machte einige Versuche zu Turners Rettung; man gab sich Mühe, einen Aufschub zu erlangen, indem man den mildernden Umstand geltend machen wollte, daß das Verbrechen keineswegs vollbracht, sondern nur versucht worden, indem er ja das Geld nicht erhoben habe. Alles war fruchtlos. Indessen sollte man doch meines Erachtens zwischen einem vollzogenen Diebstahl und einem Diebstahlsversuch einigen Unterschied machen. Kein Mensch auf dieser Welt kann vorhersehen, welche Empfindungen, Eindrücke und Gewissensbisse die Ausführung eines Verbrechens verhindern können. Ein Beispiel aus der jüngsten Zeit wird die Wahrheit meiner Behauptung beweisen, indem man sehen wird, wie bei einem Dieb unmittelbar nach dem Diebstahl die Reue erscheint und ihn abhält, von dem Gelingen seines Verbrechens Nutzen zu ziehen.

Der Kellermeister einer großen Familie, welche ihr Hotel nahe bei Cavendish-Square hat, entwendete das Silberzeug seiner Herrschaft, tat alles, was er fortbringen konnte, in ein Päckchen und verabredete sich mit einem Genossen, der das köstliche Metall sogleich einschmelzen sollte. Gegen Abend sendete ihn sein Herr mit einem Brief in ziemlich entfernte Gegend fort. Diese günstige Gelegenheit benutzte der Dieb, nahm das Päckchen mit dem Silberzeug mit und ließ die Tür offen, damit man auf die Vermutung kommen sollte, während seiner Abwesenheit habe sich ein Dieb in die Silberkammer eingeschlichen. Im Augenblick, als der Spitzbube mit seinem Päckchen unter dem Arm aus dem Haus trat, fühlte er sich plötzlich von Reue befallen; allein der saubere Genosse stand schon sehnsüchtig da und verlangte hastig seine Beute.

»Einen Augenblick Geduld«, sagte der Kellermeister, »ich habe mich anders besonnen, ich werde das Silberzeug nicht stehlen.«

»Du kannst es aber nicht wieder zurückgeben, ohne dich bloßzustellen!«

»Ich will es in die Hände eines Dritten hinterlegen, wo es sicherer ist als in den deinigen.«

Damit verließ er ihn, eilte nach der Oxford Street, trat in das Büro der öffentlichen Wagen, hinterlegte daselbst sein Päckchen und ließ sich darüber schriftlich bescheinigen, daß es niemand als ihm selbst zurückgegeben werden sollte, besorgte dann den Brief seines Herrn und ging in seine Wohnung zurück. Man hatte den Silberdiebstahl bereits entdeckt, und das ganze Haus war darüber in Bestürzung. Kein Mensch dachte an eine Beschuldigung des wahren Verbrechers; dieser sann die ganze Nacht darüber nach, wie er seinem Herrn das gestohlene Gut erstatten sollte.

Der Herr glaubte in der Physiognomie und in den Antworten des Kellermeisters alle Anzeichen des Schuldbewußtseins zu bemerken und ließ ihn daher am folgenden Morgen verhaften. Er wurde nach Newgate gebracht und mußte daselbst die Zeit der Gerichtsverhandlungen erwarten.

Seine Verteidigung war fein und gewandt. Er bewies, daß die Eile, womit er sich seines Auftrags entledigt, ihm unmöglich Zeit genug gegönnt habe, über das Silberzeug zu verfügen, daß er also auch nicht der Dieb desselben sein könnte. Da überdies alle Beweise mangelten, so mußte man ihn freisprechen.

Indessen lag das Silberpäckchen gut eingewickelt und versiegelt noch immer in dem Büro der öffentlichen Wagen von Oxford Street. Sobald der Kellermeister frei war, eilte er dahin, nahm das Päckchen gegen seinen Schein zurück, brachte alles seinem Herrn, bekannte sein Verbrechen, versicherte aber dabei, daß er unmittelbar nach Vollbringung des Diebstahls den Entschluß gefaßt habe, seinem Herrn alles zurückzugeben, sobald dies ohne Gefahr für ihn selbst würde geschehen können.

Im Verlauf meiner Denkwürdigkeiten werde ich oft Veranlassung finden, die Tatsache zu wiederholen, daß ich manche Hinrichtung gesehen, welche nichts gewesen als eine höchst bedauerliche Ungerechtigkeit.

In dem Jahr, von dem ich spreche, wurde ein junger Mann von vierundzwanzig Jahren des Diebstahls eines Kopfpfühls von fünf Schilling Wert überführt. Die Polizei ergriff ihn, wogegen er sich tapfer verteidigte. Man wendete gegen ihn das Gesetz wegen freiwilliger Gewalttaten an, und er wurde dafür, nicht wegen des Diebstahls, gehangen. Der Polizeioffiziant, der ihn verhaftet, hatte schon lange einen Groll gegen ihn und ihm Rache geschworen, sobald er einmal in seine Hände fallen würde. Diese Rache wurde denn auch vollständig geübt. Einer der Kameraden dieses jungen Mannes war früher wegen eines Gaunerstreichs verhaftet worden; der Unglückliche, von dem ich hier spreche, hatte durch sein Zeugnis und andere Schritte den Verhafteten frei gemacht, mithin auch die drei Polizeioffizianten um die schon sicher geglaubte Beute gebracht – und dieser Freundesdienst kostete ihn das Leben.

Ich sah mich genötigt, eine ganze Pinte Gin zu mir zu nehmen, um die nötige Kraft zur Aufknüpfung dieses armen Jungen zu gewinnen, der lediglich eines Diebstahls von fünf Schilling schuldig war.

Oben haben wir gesehen, welche Bewandtnis es mit der Rasse der Polizeibeamten und Polizeispione hat. Oft gehen diese Herren in eine mit Dieben angefüllte Taverne und setzen sich zu denselben.

»Meine Herren«, sprechen sie dann sehr höflich, »wir wollen Sie gar nicht stören. Spielen, trinken, belustigen Sie sich nach Belieben. Aber einige von Ihnen hatten heute ihren Glückstag und haben jetzt ohne Zweifel viel Heu in den Stiefeln [Geld in der Tasche]. Wir anderen sind auch Freunde des Vergnügens, so lassen Sie denn sehen, meine Herren, was Sie dafür zu tun imstande und geneigt sind.«

Man gibt ihnen vier bis fünf Guineen; sie entfernen sich, besuchen eine andere Taverne und erheben dort ähnliche Kontributionen von andern Zweigen der Spitzbubenfamilie. Um sich die Polizeiagenten, welche zur Vorbringung von Nachweisungen vor Gericht gefordert werden, zu Freunden zu machen, verfehlen die Angeklagten niemals, sehr großmütig gegen diese

Leute sich zu beweisen und deren Schweigen förmlich zu erkaufen.

Was mich betrifft, so will ich lieber sechs Polizeispione als einen einzigen Dieb hängen!

IV.

Der halb Gehängte. – Der zerrissene Strick. – Wirkungen der Hinrichtungen auf das Volk.

Während des Monats Mai 1807 war die Insel Jersey der Schauplatz einer bizarren, der Erzählung würdigen Begebenheit. Ich selbst bin zwar dabei nicht Augenzeuge gewesen, wurde jedoch später dahin berufen, um mehrere Verbrecher hinzurichten.

Ein Soldat vom 34. Regiment namens Hales war wegen Diebstahls zum Tode verurteilt und wurde hingerichtet. Er hing schon seit eineinhalb Minuten am Galgen, da hing sich der Henker an seine Beine, um ihn vollends totzumachen. Dieses neue Gewicht dehnte den Strick so sehr aus, daß die Füße des Verbrechers den Boden berührten. Um ihn endgültig zu erdrosseln, versuchte der Henker, ihn seitwärts zu ziehen; da es auch damit nicht recht gehen wollte, schwang er sich auf seine Schultern. Man denke sich das Erstaunen der Zuschauer, als plötzlich der Hingerichtete mit dem Henker auf dem Rücken sich erhob, die Augen öffnete, mit der Hand nach der Schlinge emporgriff und seinen Hals frei machte. Der Sheriff befahl, einen andern Strick herbeizubringen, aber das Volk empörte sich. Man mußte die Hinrichtung bis zu neuen Befehlen von London verschieben. Der seltsame Fall wurde unmittelbar Sr. Majestät vorgelegt, und sie begnadigte den Soldaten. Irre ich nicht, so lebt dieser Mensch noch heute, wenigstens war dies noch vor einigen Jahren der Fall, und die ganze Welt kannte ihn unter dem Namen des »Halbgehängten«. Er hatte sich sogar verheiratet und war Vater einer zahlreichen Familie geworden. Indessen hatte sein Wiederaufleben dem Scharfrichter von Jersey großen

Schaden zugefügt, denn von Stund an wurde ich zu allen Hinrichtungen auf die Insel berufen.

Im Jahr zuvor, am 11. Januar 1806, war ein Mann zu Dublin gehängt worden. Sein Verbrechen hatte nicht viel zu bedeuten und bestand im Diebstahl einer Kuh.

Der Strick reißt, der Delinquent stürzt gegen einen Pfahl und erhält eine starke Kontusion. Man bereitet einen andern Strick, der Mann wird zum zweiten Male gehängt und entgeht diesmal dem Tode nicht.

Noch sonderbarer ist ein Fall, der sich im September 1804 zu Botanibay zugetragen. Dreimal riß der Strick beim schweren Delinquenten namens Samuel. Man war im Begriff, einen vierten Versuch zu machen, da befahl der Prévôt, die Hinrichtung zu verschieben. Der Verbrecher wurde später begnadigt.

Diese drei Beispiele beurkunden eine unverzeihliche Nachlässigkeit in der Wahl der Schlingen, welche doch immer zuvor einer sorgfältigen Prüfung unterworfen werden sollten. Alle solche Fälle versetzen das Volk in Wut und benehmen dem Henkeramt alles Ansehen und allen Kredit, bringen den Henker völlig in Verruf.

Man hat sehr viel über den Eindruck der Hinrichtungsschauspiele auf die Menge geschrieben; ich selbst habe darüber mehrere Werke gelesen, aber meines Erachtens hat man über diesen Punkt bis jetzt nur Albernheiten zu Markt gebracht.

Nicht wahr ist es, daß die Zuschauer dadurch erschreckt würden, nein, sie empfinden davor nur Abscheu und Ekel. Ich weiß, was ich hier sage und spreche als Kundiger. Der Tod, vorzüglich der gewaltsame Tod, erregt immer eine schreckliche Teilnahme; allein der Schrecken, den er einflößt, hat noch keinen einzigen Menschen von der Bahn des Lasters abgehalten. Wer andere will kennenlernen, blicke in sein eigenes Herz! Ich urteile hier nach meinen eigenen Empfindungen.

Als ich selbst noch ein Verbrecher war, sprach ich über diesen Punkt mit mehr als fünfhundert meiner damaligen Genossen, und alle waren darüber mit mir vollkommen einverstanden.

Als eines Tages Grimes von der Hinrichtung eines seiner alten Kameraden zurückkam, fragte ich ihn: »Macht dir der Galgen Furcht?«

»Furcht? Ganz im Gegenteil. Wann wird die Reihe an mich kommen? Wozu nützt es, ein solches Hundeleben zu führen? Um es zu endigen, muß ich mich nur selbst *erhöhen* lassen!«

Auf dem letzten Punkt angelangt, möchten wohl alle eigentlich dem Strick entrinnen; aber entrinnt einer, so fängt er gewiß wieder von vorne an. Das Leben eines Diebes ist nichts als ein langer Selbstmord. Wäre mir erlaubt, meine Ansicht offen darzulegen, so würde ich, wie sehr ich auch Henker sein mag, geradezu sagen, daß der Anblick einer Hinrichtung auf keinen einzigen Menschen eine gute Wirkung äußert.

Nicht etwa, als ob nicht ein solches Schauspiel vielen Leuten sehr angenehm wäre; solche Leute empfinden dabei in der Tat ein schwer zu erklärendes Vergnügen; es ist eine mir wohlbekannte Rasse, welche gewiß keine Hinrichtung versäumt. In den vordersten Reihen am Schafott bemerkte ich immer dieselben Gesichter, vorzüglich eine lediglich aus Frauenzimmern bestehende Schar. Seit fünfzehn Jahren mieten sie unaufhörlich die Fenster eines ersten Stockwerks, die auf den Hinrichtungsplatz hinausführen. Verheiraten sich diese Weibsleute, so bringen sie auch bald ihre Kinder mit dahin. Früher waren sie nur ihrer drei, jetzt sind es ihrer acht. Sooft ich jemanden hänge, bin ich gewiß, sie alle an ihren Posten zu finden, blonde hübsche Dingerchen.

Im Jahre 1806 wohnte ein Jüngling von sechzehn Jahren mehreren nacheinander folgenden Hinrichtungen bei. Dies machte einen solchen Eindruck auf ihn, daß er mir einen Besuch abstattete und über das ganze Wesen meines Standes mich wacker ausfragte. Er nannte sich Mathias Mark Watson. Eines Abends, nachdem er mehrere Verbrecher hinrichten gesehen, ging er in seine Wohnung zurück und legte sich den Strick um den Hals, um die Empfindungen eines Gehängten zu erforschen. Dieser Versuch kostete ihn das Leben. Was vermag der Anblick des Todes gegen die Leidenschaften und Begierden des Menschen, der an sich sein Dasein nur wenig achtet?

Edward Barlow, bereits sechzig Jahre alt, Scharfrichter der Grafschaft Lancaster, welcher während seiner vierzig Dienstjahre achtundvierzig Verbrecher hingerichtet hatte, wurde des Pferdediebstahls angeklagt und überwiesen. Zum Tode verurteilt, erlitt er das Schicksal jenes Künstlers des Altertums, der in dem von ihm selbst erfundenen ehernen Stier gebraten worden.

Zwei Jahre später kamen zwei Arbeiter, nachdem sie einer Hinrichtung beigewohnt hatten, auf den seltsamen Einfall, in die nächste Taverne zu gehen und dort noch desselben Abends durch das Spiel »Kopf oder Wappen« unter sich zu entscheiden, wer den andern hängen sollte. Der Verlierer willigte ein, sich an einem Laternenpfahl der Straße von Hamstead aufhängen zu lassen. Der Nachtwächter fand ihn daselbst und schnitt den Strick ab. Der Gehängte fiel auf seine Beine herab und mit äußerster Wut sogleich über den Watchman her, belohnte seinen Liebesdienst mit Faustschlägen, erklärte ihm, daß er wohl das Recht habe, sich hängen zu lassen, daß er darum gespielt, verloren und daß sein Kamerad als Mann von Herz, Charakter und Freundschaft gehandelt habe. Hierauf suchte er diesen wieder auf und bat ihn dringend, den Henker an ihm noch einmal zu machen. Man führte sie beide ins Gefängnis.

Als ich selbst noch ein Kind war, wohnte ich mit allen kleinen Schlingeln regelmäßig jeder Hinrichtung von Newgate bei, aber — wird man es glauben? — diese Gewohnheit war von unserer Seite mehr ein Zeichen der Achtung und Neigung für den Delinquenten als ein Beweis der Neugierde. Wir sehnten uns dabei nach nichts so sehr als nach dem Anhören der Biographie der Leute, welche wir als die Märtyrer unserer verfolgten Rasse betrachteten. Wir wollten alle Vorgänge aus dem Leben des Missetäters erfahren, namentlich wie viele Verurteilungen er erlebt habe. Vor allem interessierten wir uns für sein Benehmen im Augenblick des Todes. Starb er anständig und ruhig, so wurde er von uns zu einem Helden gestempelt und mit einer Leichenrede beehrt. Niemals empfanden wir nach einer solchen Hinrichtung das mindeste Gefühl von Trauer oder Furcht. Ein solcher Akt war uns nichts als ein leider zu selten erscheinendes Vergnügen, eine häusliche Tragödie, wobei wir die Zuschauer spielten und nach der Epoche uns sehnten, wo wir selbst dabei tätige Schauspieler werden würden. Es handelte sich dabei vorzüglich um die Aufgabe, uns vorzubereiten, wenn einst die Reihe an uns kommen sollte, ebenfalls als Brave zu sterben. Dabei erbitterten und steigerten sich natürlich unsere Gefühle des Hasses gegen die Richter und die Autoritäten auf das lebhafteste.

Damals wurde der Galgen sehr häufig gebraucht. Jetzt hat man sich mehr auf die Seite der Milde geneigt, allein diese Milde erfolgt allzusehr nach Zufall und Laune.

Im Jahre 1819 wurden von eintausendzweihundertvierundfünfzig Verurteilten nur siebenundneunzig hingerichtet. Dies ist ohne Zweifel sehr wenig, allein diese siebenundneunzig Hingerichteten waren nicht schuldiger als die übrigen Verbrecher, welche man nur deportierte. Die Zahl der Hinrichtungen hat sich seit einigen Jahren besonders zu London bedeutend vermindert, und im Verhältnis sterben in den Provinzen weit mehr Verbrecher. Dieser Unterschied ist nichts anderes als das Resultat der öffentlichen Meinung, welche sich zu London gegen die Anwendung der Todesstrafe bei jedem andern Fall als dem Mord so laut und bitter ausspricht. Aber auch selbst bei dem Mord sollte man billig einige Unterschiede aufstellen. Mancher wegen dieses Verbrechens Hingerichtete verdient wirklich den Tod weniger als viele Diebe.

V.

Mord von Steele. – Hinrichtung zweier Unschuldiger. – Metzelei auf dem Hinrichtungsplatz.

Am 18. Februar 1807 wurden die des Mordes angeklagten und zum Tode verurteilten John Holloway, zweiunddreißig Jahre alt, und Owen Haggerty, vierundzwanzig Jahre alt, von mir gehängt. Sie sollten einen Herrn John Cole Steele, der im Bezirk von Strand, Katharinenstraße Nr. 15, gewohnt hat, ermordet haben. Diese Verurteilung zum Tode hatte nichts anderes herbeigeführt als lediglich das Zeugnis eines gewissen Benjamin Hanfield oder Enfield, der zu siebenjähriger Deportation verurteilt und wegen seiner Entdeckungen gegen jene beiden jungen Männer begnadigt worden war. Hören Sie nun, wie die Sache sich verhielt.

Steele hatte London am 5. November 1802 verlassen, um nach Feltham zu gehen, wo er einige Grundstücke besaß. Am andern Abend gegen sieben Uhr kehrte er mit siebenundzwanzig Guineen in der Tasche nach London zurück, gelangte jedoch nicht an sein Ziel, sondern blieb als Leiche auf der Heide von Hounslow am Fuß eines Baumes, durch mehrere Wunden hingestreckt, liegen.

Fünf Jahre lang suchte man umsonst die Mörder. Mehrere Personen wurden angeklagt und verhört. Polizei und Magistratur waren wütend. Ich kannte die beiden Angeklagten und ihren Ankläger; alles nötigt mich zu dem Gedanken, daß sie unschuldig sind und von dem letztern geopfert wurden. Hanfield wollte damit ganz einfach die Deportation vermeiden und in eine andere Strafe verwandelt sehen. Als man ihn in einer Postchaise nach Hounslow führte, damit er daselbst die Stelle, wo der Mord begangen worden, genau angeben sollte, war ich gegenwärtig. Ich bemerkte, daß eine genaue Angabe des Ortes, wo der Mord geschehen, und der Stelle, wo man den Leichnam hingelegt hatte, ihm durchaus unmöglich war.

»Wie«, sagte ich zu ihm, »du erkennst weder die Bäume noch den Platz auf der Straße, wo der Gemordete angehalten worden?«

»Die Nacht war so dunkel«, antwortete er, »daß man kaum drei Schritte weit sehen konnte.«

Diese Antwort erschien damals vollkommen genügend. Allein da ich nach der Hinrichtung der Verurteilten mehr als jemals von deren Unschuld überzeugt war, stellte ich genauere Nachforschungen an und gelangte zu der Gewißheit, daß während der ganzen Nacht jenes Mordes heller Mondschein geherrscht hatte. Solange die Instruktion ihres Prozesses dauerte, waren beide Angeklagte in ein so künstlich gebautes Gefängnis eingesperrt, daß der Kerkermeister jedes ihrer Worte hören und verstehen konnte, aber kein einziges ihrer Gespräche gab den mindesten Stoff zu ihrer Belastung. Haggerty und Halloway, welche beständig im Verbrechen gelebt hatten, was sie zu leugnen sich auch gar nicht bemühten, protestierten bis ans Ende ihres Lebens beharrlich für ihre Unschuld an diesem Mord, und ich bin heute noch lebendigst überzeugt, daß die Mörder von Steele an jenem Tag nicht hingerichtet worden sind.

Dieser Hinrichtung entsinne ich mich noch sehr deutlich, weil sie viele Leute das Leben gekostet hat.

Die ganze Geschichte hatte großen Lärm gemacht, die Richter viel Zeit gekostet, die Meinungen über Schuld oder Unschuld der Angeklagten äußerten sich so vielseitig und lebhaft, daß allgemeine Teilnahme für diese Sache täglich reger wurde und am Tag der Hinrichtung auf dem Platz Tyburn eine unermeßliche Volksmenge sich versammelte.

Im Augenblick, als die Hinrichtung vollzogen war, wurde der Korb eines Pastetenhändlers im Gedränge umgeworfen. Einige Gassenschlingel bemerkten es sogleich, drängten und schlugen sich um die Pastetchen, brachten dadurch in die von allen Seiten eingeschlossene und dichte Masse die größte Verwirrung, so daß alles in panischem Schrecken nach den wenigen und schmalen Ausgängen von dem Platz zusammenströmte. In einem Augenblick waren hundert Personen niedergeworfen und Tausende, welche sich retten oder verteidigen wollten, traten sie mit Füßen. Es entstand eine schaudervolle Metzelei.

VI.

**Eine seltsame Monomanie. –
Besuch bei Ketch. – Der Philosoph. – Verschiedene Arten,
das Leben zu verlieren. – Anekdoten.**

Ungefähr eine Woche nach der Hinrichtung dieser beiden Männer, welche ich noch immer für unschuldig halte, rauchte ich im Winkel beim Feuer ruhig mein Pfeifchen, da trat ein Herr bei mir zum Besuch ein, ungefähr ein Vierziger. Er hatte ein sehr ehrbares, ja Hochachtung gebietendes Aussehen, trug ein Jabot, eine Weste von Atlas und seidene Strümpfe. Sein Gesicht war lang, blaß und sanft.

»Lassen Sie sich gar nicht stören«, sagte er, indem er einen Stuhl nahm, bevor ich solchen angeboten hatte, »ich wünsche nur einige Nachweisungen von Ihnen zu erhalten. Hören Sie mich gefälligst an. Ich habe der letzten Hinrichtung von Haggerty und Halloway beigewohnt. Der Tod beider Verurteilten schien mir beinahe in einem Augenblick zu erfolgen. Erfahren Sie, daß ich über alles, was den Tod betrifft, außerordentlich neugierig bin. Schon vor sehr langer Zeit warf ich mir selbst einmal die Frage auf, welche Todesart wohl die leichteste und sanfteste sei. Sie, mein Herr, haben hierin einige Erfahrung — wohlan! Was denken *Sie* von der Sache?«

Ihn ruhig anhörend, blieb ich stumm. Er wurde noch lebendiger und fuhr sogleich wieder fort: »Ist der Galgen *nicht* von allen Mitteln das geeignetste, den schnellsten und sanftesten Tod hervorzubringen, so müssen Sie mit mir übereinstimmen, daß die Anwendung desselben eine wahre Barbarei ist. Soll denn das Gesetz den Menschen das Leben rauben, so wähle man wenigstens die wenigst schmerzliche Weise, an dieses Ziel zu gelangen.«

Mit wahrer Exaltation, woran ich den politischen Monomanen erkannte, fuhr er hastig fort: »Zudem dachten die Menschen in alten Zeiten nur daran, wie sie möglichst grausam sein könnten; hieraus entsprangen alle ihre teuflischen Erfindungen: verbrennen, im Blei und im Öl sieden, braten, schinden, spießen, hängen, die Eingeweide ausreißen, Zunge und Ohren abschneiden, köpfen und was weiß ich noch alles! – Das Urteil gegen Guy-Faux stammt erst aus dem siebzehnten Jahrhundert. Der Richter sprach zu ihm: ›Ihr werdet auf den Hinrichtungsplatz geführt, dort wird die rechte Hand, welche das Verbrechen begangen, abgehauen; abgehauen ebenfalls werden die Beine, welche Euch trugen, als Ihr das Verbrechen begingt; herausgerissen werde das Gehirn, worin der Gedanke zu dem Komplott entstanden; an der Wurzel abgeschnitten die Zunge, welche den Plan den andern Verschwörern mitteilte; herausgerissen die Eingeweide, welche Eure teuflische Person nährten; das Ganze werde verbrannt, damit keine Spur davon auf christlicher Erde zurückbleibe.‹ – Das waren für Leute Ihres Gewerbes wahrhaft köstliche Zeiten!«

»Nun, mein Herr«, unterbrach ich ihn, »welche Hinrichtungsart wollen Sie denn an Stelle des Stricks vorschlagen?«

»Das weiß ich eigentlich selbst nicht; ich komme lediglich, bei Ihnen mich Rats zu erholen, welche Todesart Ihnen als die schnellste und sanfteste erscheint. – Glauben Sie etwa ja nicht, daß ich mit dem Gedanken an einen Selbstmord umgehe!«

Diese letzten Worte brachten mich gerade auf den Gedanken, daß dieser Monomane auf Selbstmord sinne.

Ich fuhr wieder fort: »Betrachte ich die Sache aus dem Gesichtspunkt eines öffentlichen Beispiels, so erscheint mir das Aufhängen mit dem Strick als die passendste Hinrichtungsart. Nur eine einzige Verbesserung wüßte ich dabei vorzuschlagen: Man sollte einen Mantel über die Schultern des Delinquenten werfen, denn es erscheint mir als höchst unanständig, im Mittelpunkt einer volkreichen und zivilisierten Stadt die Arme, die Beine und den ganzen Körper eines Mannes eine volle Stunde lang frei in der Luft baumeln zu lassen.«

»Was sagen Sie zu der Schnur der Türken?«

»Das Leiden des Hingerichteten ist dabei dasselbe, es bleibt immer ein Tod durch Erdrosselung. Allein, wie ich Ihnen schon zu sagen die Ehre hatte, man hängt vorzüglich des Beispiels wegen.«

»Des Beispiels wegen? Bah! Je mehr Sie hängen, desto mehr erhalten Sie zu hängen. Die Verfälscher von Bankzetteln wurden zu Hunderten gehängt, und dennoch wimmelt es heute noch von solchen Leuten. Ließe die Regierung auch die Hälfte der Bevölkerung von London hinrichten, so würde sie dadurch den Umlauf von falschen Bankzetteln dennoch nicht verhindern. Aber kehren wir zu meiner Hauptsache zurück. Ich habe Ihnen ein Bekenntnis abzulegen. Ich wohne allen Hinrichtungen bei, und niemals sehe ich einen Menschen hängen, ohne nicht einen vollen Monat darüber zu träumen und die ziemlich unangenehme Sehnsucht zu empfinden, die Sache einmal an mir selbst zu versuchen. In solcher Stimmung schildere ich mir selbst alle denkbaren Übel des Lebens und habe dann stets unendliche Mühe, der Versuchung nicht zu erliegen. Wie wird das enden? Ich weiß es nicht. Einer meiner Freunde, der dieselbe Sehnsucht empfand, hängte sich vorgestern auf, und das Seltsamste bei der Sache ist, daß auch er niemals bei einer Hinrichtung fehlte.«

»Ich denke«, antwortete ich, »daß er bloß dahin gegangen, um sich abzuhärten, und daß die Gewöhnung an dieses Schauspiel ihn endlich gegen alle Todesfurcht wappnete.«

»Sehen Sie, mein Herr Ketch, Sie können hier eine schöne Tat vollbringen. Wie wäre es, wenn Sie Ihre Stelle niederlegten und den Autoritäten ein nachahmungswürdiges Beispiel gäben? Veröffentlichen Sie Ihre Beweggründe dazu und zeigen Sie der Welt die völlige Nutzlosigkeit, ja die Gefahr der Hinrichtungen.«

»Aber, mein Herr, wovon soll ich denn künftig leben? Mich selbst aufzuhängen wäre ebensogut als andere nicht mehr aufhängen zu wollen. Einen andern Narren für meine Stelle würde man bald wieder finden, und die Sache würde ihren alten Gang fortgehen.«

»Das ist freilich wahr.«

Dieser bizarre Narr sann einen Augenblick nach und fuhr dann fort: »Geben Sie mir Aufklärung über die beste Weise, diese Welt zu verlassen.«

»Vielleicht«, antwortete ich, meine Pfeife anzündend, »sollte man die Todesart des Lord Castlereagh wählen, der sich die Pulsader mit einem Federmesser öffnete. Ich hörte einen Wundarzt sagen, daß man ein herzförmiges, an der Spitze sehr schmales Werkzeug, ungefähr von der Gestalt eines Radiermessers, wieder aus der Wunde ziehen könne, ohne daß äußerlich die geringste Spur von dem Stich zurückbleibe, weil sich die Wundlippen sogleich außen wieder schlössen und der Bluterguß nur nach innen erfolge. Übrigens hat der hohe Lord eine schnelle und sichere Todesart gewählt. Aber warum überhaupt den Tod suchen, der ohnehin so schnell kommt?«

»Hier ist gar nicht die Rede von Philosophie. Meine Frage an Sie betrifft lediglich den Gegenstand meiner speziellen Studien. Reden Sie immer zu! Verheimlichen Sie mir nichts von allem, was Sie über diese Sache wissen.«

»Nun denn«, antwortete ich, »eine Durchstechung des Rükkenmarks eröffnet ohne Zweifel den kürzesten Weg vom Leben zum Tod, vom Licht zur Finsternis. Hören Sie eine Tatsache dieser Gattung, welche wohl des Erzählens wert ist. Beim Hinauffahren nach Ludgate-Hill fiel ein betrunkener Köhler von seinem Karren. Er war ganz mit Schmutz bedeckt und schien bei seinem Sturz gelitten zu haben. Ich trug ihn mit Hilfe zweier Männer auf einem Fensterladen in das Hospital von St. Bartholomäus. Nachdem er völlig entkleidet war, untersuchte ihn der Wundarzt auf das genaueste, konnte aber nicht die mindeste Verletzung an ihm entdecken; dennoch erklärte der Mann, daß er nicht aufstehen könne. Der berühmte Abernethy tritt ein; man zeigt ihm den Kranken. Er weiß nicht, was er dazu sagen soll. Eine Stunde später meldet man uns, daß der Kranke, während man ihn barbierte, plötzlich verschieden sei. Der Wundarzt verfügte sich sogleich zu ihm und nahm mich mit; wir fanden ihn nur halb barbiert, aber völlig tot. Auf unsere Fragen berichtete der Barbier: Der Kranke sei mitten im Gespräch, ohne alle Agonie plötzlich gestorben. Er sagte: ›Ich hielt ihn an der Nase und zog ihm den Kopf sanft herum, um ihn auf der andern Seite barbieren zu können, da fiel er, sogar ohne den leisesten Seufzer, um und war mausetot.‹ – ›Meine Herren‹, sagte Abernethy, ›das müssen wir näher betrachten, denn der Tod dieses Kranken hat ohne Zweifel irgendeine Ursache. Morgen will ich die Leichenöffnung vornehmen, und dann werden wir wohl sehen, wie sich die Sache eigentlich verhält. Was denken Sie davon, meine Herren?‹ – ›Ich glaube‹, antwortete einer der Zöglinge, ›daß einer der Wirbelknochen zerbrochen ist und daß beim Umdrehen des Kopfes durch den Barbier ein Knochensplitter in das Rückenmark eingedrungen.‹ – Abernethy erwiderte: ›Sie haben es erraten. Man trage die Leiche in das Amphitheater, wir wollen sogleich dahinterkommen.‹ Man entblößte die Rückenwirbel, und man fand in der Tat, daß ein Knochensplitterchen, kaum so groß wie die Hälfte einer gewöhnlichen Stecknadel, in das Rückenmark eingedrungen war. Abernethy nahm die Leiche bei der Nase und machte die Zöglinge darauf aufmerksam, daß der Splitter aus der Wunde zurückging, sobald man den Kopf auf eine Seite, aber wieder in die Wunde eindrang, wenn man den Kopf auf die entgegengesetzte Seite drehte. Damit war das Problem gelöst. Ich lernte bei dieser Gelegenheit, wie wenig es bedürfe, um den Lebensmechanismus des Menschen stillstehen zu machen.«

»Fahren Sie immer fort, alles interessiert mich ausnehmend.«

»Der Zufall entdeckte mir eine andere, nicht minder plötzliche und nicht gewaltsame Todesart. Mitten auf dem Feld fand man einen toten Mann, der eine Gabel an seiner Seite hatte. Man öffnete die Leiche, ohne die Ursache seines Todes finden zu können. Endlich ließ sich einer der Wundärzte die Gabel reichen, weil einer der Zeugen versichert hatte, er habe gesehen, daß dieser Mann noch wenige Minuten vor seinem Tod, mit der Stirn auf die Zinken dieser Gabel gestützt, auf dem Feld gestanden. An einer der Gabelspitzen glaubte man ein ganz kleines Blutfleckchen zu bemerken, aber an dem ganzen Leichnam entdeckte man nicht die Spur einer Wunde. Endlich untersuchte der Wundarzt den Augenwinkel zunächst an der Nase und sagte dann: ›Nun habe ich die Ursache des Todes gefunden. Als der Mann auf seine Gabel sich stützte, ist ihm eine der

Spitzen ganz nahe an der Nase in das Auge gedrungen. Um sich auf diese Weise zu töten, bedarf es nur einer Nadelspitze, ohne daß äußerlich davon eine Wunde sichtbar würde. Diese so leicht verwundbare Stelle kann nur dadurch erreicht werden, daß man das Werkzeug von der Seite her in den Augenwinkel einbohrt und dann unter dem Oberteil des Nasenbeins nach dem Gehirn hinauftreibt. Macht man diese Operation mit der kleinsten Nadel, so erfolgt der Tod auf der Stelle.‹ «

VII.

Die Hinrichtungen.

Diese beiden Andekdoten machten auf meinen Frager einen seltsamen Eindruck. Er ließ den Kopf sinken, schloß die Augen, schien sehr ernsthaft nachzudenken und ließ zehn Minuten verstreichen, ohne nur den Mund zu öffnen; dann zog er sein Portefeuille aus der Tasche, schrieb die beiden Geschichten hinein, deren Details ich ihm wiederholen mußte, und begann hierauf wieder das Fragen.

»Was denken Sie von dem alten englischen Brauch des Enthauptens? Von dieser Todesart, deren Erfindung man später mit Unrecht den Franzosen zugeschrieben hat? Denn die berüchtigte Guillotine der Neufranken ist doch nichts anderes als die Erneuerung einer uralten Sache, indem das altenglische Werkzeug in seiner Konstruktion nur sehr wenig davon verschieden war und seine Arbeit ebenso schnell und sicher vollbrachte. Ich hatte alte Werke in der Hand, worin die geringsten Kleinigkeiten auf das genaueste beschrieben waren. Es kann in der Tat keinen schnellern Tod geben als den durch Enthauptung; aber das dabei vergossene Blut erschreckt das Volk, und solche Schrecknisse muß man, wo möglich, bei solchen Gelegenheiten vermeiden. Die beiden Todesarten, wovon Sie mir erzählten, sind wirklich die einzigen, welche auf meinem Verzeichnis noch fehlten; jetzt ist dieses vollständig. Sagen Sie mir darüber Ihre Ansicht!« Damit sprang der Mann auf und rief mit großer Exaltation: »Ja, mein Herr, sagen Sie mir Ihre Ansicht, diese Todesarten habe ich selbst überstanden, alle, alle!«

»Sie, mein Herr, haben diese Todesarten überstanden?«

»Ganz gewiß! Ist nicht jeder Mensch ein Bruchteil des Ganzen, welches man die Menschheit nennt? Muß nicht jedes einzelne Teilchen derselben Substanz so betrachtet werden, als habe es alle Eigentümlichkeiten der Substanz, wovon es einen Teil bildet? Unmöglich kann ein Mensch einem andern Menschen Leiden bereiten, ohne nicht zugleich selbst dieselben Leiden zu fühlen. Diese Kraft der Anziehung und der Elektrizität, welche die profane Welt gewöhnlich Sympathie nennt, hat eine so starke Wirkung, daß jeder Peitschenhieb auf den Rücken eines Sklaven durch die ganze Welt vibriert und alle Nerven jedes Wesens, welches den Namen eines Menschen trägt, erbeben macht. Diese Wahrheit ist mir so gegenwärtig und übt auf mich so gewaltigen Einfluß, daß ich mein ganzes Leben hindurch zu leiden haben werde. Bevor ich nicht in das Nichts des Grabes versunken sein werde, kann ich mich auch nicht von mir selbst losreißen, das heißt nicht frei machen von der menschlichen Natur, von diesem Ganzen, wovon ich ein lebendiges und fühlendes Teilchen bilde. In diesem Sinn habe ich schon mehr als einmal den Tod und die grausamsten Züchtigungen erduldet. Meine Knochen krachten unter dem Rad, meine Weichen wurden zerfleischt und in Stücke gerissen. Noch im vergangenen Sommer erhielt ich bei einer Reise durch Italien eine gräßliche Verrenkung der Schultern, und dieses grausame Leiden fühle ich jetzt noch immer!«

Diese blühende Tirade hatte mich völlig betäubt, und ich stieß einen Schrei des Erstaunens aus, weil ich nicht daran dachte, daß er nur bildlich gesprochen.

»Die Diebstähle und alle andern Fälle, welche man nicht als Kapitalverbrechen betrachtet«, fuhr er fort, »werden zu Rom und in einigen andern Städten entweder mit Gefängnis oder mit der im Mund des Volkes ›la Corda‹ genannten Strafe belegt. – Diese Strafe der Corda erfolgt auf öffentlicher Straße. Dem Delinquenten sind beide Hände auf den Rücken gebunden und zwar mittels eines Stricks, der über eine Rolle läuft, daran zieht man ihn zwanzig bis dreißig Fuß hoch in die Luft empor; will man ihn schonen, so läßt man ihn sanft auf den Boden zurückfallen. Bei dieser Operation wird das Gewicht des Körpers des Delinquenten von seinen Händen getragen, und ein kräftiger Mann besteht es sehr gut, wenn seine Armmuskeln stark genug sind, die Hände an den Rücken fest angeschlossen zu halten. Will man sich strenger zeigen, so verfährt man ganz anders. Ich hatte das Unglück, Zeuge eines solchen Verfahrens sein zu müssen. Der sehr hoch hinaufgezogene Verbrecher wurde sehr rasch und plötzlich losgelassen und stürzte dadurch so furchtbar zu Boden, daß seine beiden Schultern gräßlich verrenkt wurden. Die Grausamkeit dieser Marter affizierte mich in so hohem Grade, daß ich selbst dadurch nicht mehr gelitten hätte, wenn meine eigenen beiden Schultern verrenkt worden wären.«

Ich mußte zugestehen, daß diese Strafart sehr grausam sei; allein ich mußte auch bekennen, daß unsere sogenannte neunschwänzige Katze in der Tat nicht minder grausam ist.

Er erklärte mir hierauf das Mittel, dessen man sich zuweilen in den päpstlichen Staaten zur Tötung der Verbrecher bedient, die man nicht hängen will. Der Delinquent sitzt mit dem Rükken gegen den Scharfrichter gewendet auf dem Schafott und dieser versetzt ihm mit einem eigens geformten Hammer einen Streich auf den Kopf. Der Schlag raubt ihm augenblicklich alle Besinnung; sobald man sich von seinem wirklichen Tod überzeugt hat, schneidet ihm der Scharfrichter mit einem breiten Messer den Kopf von einem Ohr zum andern ab. Dies ist von allen mir bekannten Hinrichtungsarten die am schnellsten tötende. Übrigens wendet man sie ja auch in allen Scharfrichtereien an, wo man tödlich erkranktes Hornvieh und unbrauchbare Pferde nach allen ihren Bestandteilen benutzen will. Dieselbe Hinrichtungsart übt ja auch die Mehrzahl der deutschen Fleischer in ihren Schlachthäusern und kannten schon die alten Römer, wie des Dichters berühmtes »Procumbit humi bos« beweist.

Der geehrte Leser hat vielleicht daran genug. Die exzentrischen Ideen des Mannes, von dem ich spreche, würden Stoff genug zu einem dicken Band liefern. Er sprach niemals von etwas anderem als von Hinrichtungen; er lebte nur im Tod. Seit jenem ersten Besuch ließ er keine Woche verstreichen, ohne nicht wenigstens einen Besuch mir zu erstatten. Oft nötigte er mich, ihm einen Galgenstrick um den Hals zu legen und alle Manipulationen, wodurch man den Tod leicht und sanft machen könne, ihm auf das genaueste zu zeigen. Niemals erfuhr ich seinen Namen oder seine Wohnung; seit drei Jahren habe ich ihn aus dem Gesicht verloren, ich weiß auch nicht, was aus ihm geworden ist, lebe aber des festen Glaubens, daß er seinem Dasein durch Selbstmord ein Ende gemacht habe.

Im allgemeinen suchen alle Menschen, in deren Innern der Keim des Selbstmords schlummert, stets die Hinrichtungsschauspiele voller Sehnsucht und Beharrlichkeit auf, und gewiß äußert dieses Schauspiel keine Wirkung so sicher und auffallend wie die, den Menschen mit der Idee der Zerstörung immer vertrauter zu machen. Ich, ein Dieb und ein Scharfrichter, hatte nie in meinem ganzen Leben die geringste Furcht vor dem Galgen. In meiner frühesten Jugend wie in den dreißig Jahren meines Henkeramtes dachte ich darüber stets so, wie das Volk denkt: Ich sah in den Hinrichtungen nichts anderes als ein Drama, eine dramatische Schlußszene, von zwei Schauspielern dargestellt, dem Scharfrichter und dem Opfer.

Auch mein Vorgänger, der wackere Jonathan, hatte davon dieselben Begriffe und erzählte mir häufig Anekdoten zur Beurkundung seiner Doktrinen.

Als er eines Tages mit einem Delinquenten durch die Oxford Street zog, wurde er wegen einiger Schulden, die seine Lust am Wohlleben ihm zugezogen, auf seinem Scharfrichterkarren verhaftet. Der Delinquent konnte hiernach nicht sogleich hingerichtet werden, wurde nach Newgate zurückgeführt und dann begnadigt.

Sechs Monate später ermordete derselbe Dieb einen Mann, wurde ertappt und zum Tode verurteilt. Als er sich mit dem guten Jonathan wieder auf demselben Weg befand, sagte er halb lächelnd, halb unwillig zu seinem Henker: »Hoffentlich werdet Ihr mich doch diesmal nicht wieder unterwegs verlassen? Hoffentlich werde ich doch heute gehangen! Wird es denn einem Menschen so sehr schwer gemacht, seines natürlichen Todes zu sterben?«

»Seines natürlichen Todes!« rief mein Oheim. »Was nennt Ihr denn natürlichen Tod?«

»Den Galgen, mein Lieber! Der Galgen ist mein natürlicher Tod, das hat mir eine Kartenschlägerin schon in frühester Jugend geweissagt!«

»Getrost, nur getrost!« rief Jonathan. »Der Strick soll Euch heute nicht fehlen. Ängstigt Euch nicht, alle meine Schulden sind bezahlt, ich habe keinen einzigen Wechsel mehr in Umlauf.«

VIII.

Die unglückliche Familie. – Der Traum eines Spielers.

Im Herbst des folgenden Jahres, am Abend eines Sonntags, erweckte ein in meine Amtsverrichtungen eingreifendes Ereignis Gefühle in meiner innersten Brust, welche so lang geschlafen hatten, daß ich sie für längst abgestorben hielt. Am nächsten Montagmorgen sollten vier Männer hingerichtet werden. Meine Frau und ich, wir tranken unsern Tee bei Anbruch der Nacht.

»Sarah«, sagte ich zu ihr, »mein Herz wird ganz erdrückt von dem Gedanken an den morgigen Tag. Ich hänge einen jungen schönen Mann von zweiundzwanzig Jahren; das Schicksal dieses jungen Mannes schmerzt mich sehr.«

»Ei! Wozu kümmerst du dich um dergleichen Dinge? Ich an deinem Platz würde dabei ganz gleichgültig bleiben, weder links noch rechts blicken.«

»Ach, das ist eine gar traurige Geschichte, alle Welt nimmt teil daran.«

Nach dieser Äußerung hatte meine Frau ihre soeben ausgesprochene Lehre rein vergessen und brannte jetzt vor Begierde, die Geschichte des jungen Mannes zu erfahren.

»Wohlan denn, schenke mir noch eine Tasse Tee ein, und ich will dir die Geschichte erzählen. – Dieser Unglückliche ist der Sohn eines durch Getreidehandel reich gewordenen Kaufmanns, der sich nach Berkshire zurückgezogen, um dort mit seiner Familie den Rest seiner Tage zu verleben. Allein, er beging die Unbesonnenheit, einen Teil seines Vermögens bei dem Haus eines Bankiers anzulegen, dessen Associé einer seiner Freunde war. Zu gleicher Zeit hatte ihm sein dienstwilliges und großmütiges Herz einen argen Streich gespielt. Er leistete Bürgschaft für einen seiner alten Bekannten, damit dieser die Generaleinnahme der Grafschaft antreten konnte.

Im Laufe derselben Woche machte das Bankierhaus Bankrott, und der Generaleinnehmer verließ England und schleppte eine bedeutende Summe aus seiner Kasse mit fort. Der junge, hierdurch zugrunde gerichtete Mann ließ nicht die geringste Klage darüber hören. Umsonst bemühte er sich, seine Seele über die Schicksalsschläge zu erheben, seiner Frau und seinen Kindern ein Beispiel des Mutes zu geben. Der Kampf war für einen Gatten und Vater zu stark. Eines Abends legte er sich scheinbar ruhig und resigniert zu Bett; am andern Morgen fand man seine Leiche in einem Gartenteich.

Ein Diener der Familie, der täglich nach Newgate kommt, um den Sohn seines alten Herrn zu besuchen, hat mir alle diese Einzelheiten erzählt. Während diese Unglücksfälle seine Familie betrafen, war der junge Mann zu Paris, wo er seine medizinischen Studien vollendete. Er kam gerade noch zu rechter Zeit zurück, um dem Leichenzug des Vaters sich anschließen zu können. Seine erste Sorge war das Aufsuchen einer Wohnung für seine Mutter und seine Schwestern, welche die Justiz verfolgte. Wo von der Justiz die Rede ist, wird auch der geringste ihrer Agenten unter dem Vorwand, nur ein Werkzeug in der Hand des Gesetzes zu sein, Euch gewiß stets ganz kaltblütig sagen: ›Diese Pflicht ist mir sehr schmerzlich, aber erfüllen muß ich sie!‹ – Du weißt, meine gute Sarah, daß dies auch mein Schicksal ist.

Aber ich will in meiner Geschichte fortfahren. Die alten Freunde der Familie zogen sich von ihr zurück, einer nach dem andern, die meisten, ohne nur Abschied zu nehmen und ohne das Geringste in solcher Not für sie getan zu haben. Die wenigen Leute, welche sie nach diesem Unglücksfall noch eine Zeitlang besuchten, taten dies lediglich, damit nicht ein zu plötzliches Abbrechen das Ansehen einer Unhöflichkeit und des Mangels an Bildung gewänne, und damit der von der Welt einmal geforderte Anstand vollständig beobachtet würde.

Nach zwei Jahren betrogener Hoffnungen und fruchtloser Bittstellerei erschien endlich die vollkommenste Armut. So tief sanken diese Unglücklichen, daß sie zwei Tage lang gar nichts mehr zu essen hatten. Während dieser Zeit irrte der Sohn halb wahnsinnig in den Straßen umher, wollte nicht, ohne Hilfe zu bringen, zu der Mutter und zu den Schwestern zurückkehren, und wußte doch nicht, woher er Hilfe nehmen, was er machen sollte. So gepeinigt und gemartert, hatte er sich an einen Brunnen an der Ecke der Albermale Street gelehnt, da klopfte ihn plötzlich jemand auf die Achsel und rief ihm im Ton der höchsten Freude zu: ›Bei Gott, du hier? Das ist doch seltsam!‹ – ›Ja, ich, ganz zufällig.‹ – ›Zufällig? Komm, komm! Welch seltsames Zusammentreffen! Wunderbar, höchst wunderbar!‹ – Und ohne weiteres nahm er ihn am Arm und zog ihn durch die St. Jame's Street mit fort. Indessen glaubte der junge Mann im Gesicht seines Führers mehr und mehr die Züge eines Schulkameraden zu erkennen, den er seit der Schulzeit nicht mehr gesehen hatte. Dieser beharrte in einer Art von Ekstase und rief jeden Augenblick wieder aus: ›Welcher Traum! Welcher Traum! Ja, nun sehe ich ihn erfüllt! Bist du vielleicht arm? Bist du bedürftig?‹ – ›Nur allzusehr‹, antwortete der junge, vom Hunger ganz geschwächte Mann, ›und zur Vervollständigung meines Elends habe ich eine Mutter und zwei Schwestern, welche gleich mir entbehren und leiden!‹

›Vortrefflich! Das kommt ja immer besser! Alles trifft haarklein zusammen!‹ rief der Schulkamerad, drückte des Freundes Arm noch heftiger an sich und beschleunigte seine Schritte noch stürmischer.

›Halte doch!‹ sagte der Unglückliche. ›Ich bin zu schwach, ich habe gar keine Beine mehr, ich sterbe vor Hunger. Wohin führst du mich denn? Was habe ich hier zu tun?‹

›Armer Junge! Wie, du hast Hunger? Ich bin sehr grausam gegen dich, ich bin dir nicht einmal zu Hilfe gekommen, aber hier nimm, hier sind zehn Guineen!‹

Kaum hatte der junge Arzt diese genommen, so fiel der andere hastig über ihn her und warf die Guineen auf den Boden, so daß nur eine davon in der Hand des Unglücklichen zurückblieb. Hiernach seinen alten Schulkameraden für wahnsinnig haltend, wollte der junge Mann entfliehen und zu seiner Mutter eilen; aber der andere packte ihn am Kragen und schwur, daß er ihn nicht gehen lassen würde, wofern er nicht die Guinee ihm erstattete. Er gab dem tollen Stürmer das Goldstück sogleich zurück, und dieser las die übrigen nun hastig vom Boden auf.

Über dieses seltsame Benehmen befragt, antwortete er: ›Wohlan, du sollst alles hören. Seit einem Jahr bin ich Spieler; ich habe bedeutende Summen verloren, aber all mein Unglück war nicht mächtig genug, diesen traurigen Hang in mir zu überwinden. In der vergangenen Nacht legte ich mich nach einem abermaligen beträchtlichen Spielverlust zu Bett. Kaum war ich eingeschlafen, so träumte mir, ich sei vollauf im Glück und gewinne alles Gold auf dem Spieltisch. Solange ich spielte, sah ich dich immer an meiner Seite, dich, in Lumpen gehüllt, mit bleichem, ausgehungertem Gesicht. Du fordertest Gold von mir mit der Versicherung, daß das Glück von mir weichen würde, wenn ich eine Gabe verweigern wollte. Dennoch gab ich dir nichts und gewann fort und fort so viel, daß ich alle meine Verluste decken konnte und endlich noch eine große Summe darüber in der Hand hatte. Noch ganz mit diesem Traum beschäftigt und mit allen seinen Einzelheiten stets vor Augen, war ich nun auf dem Weg nach dem Spielort, in der süßen Hoffnung, ihn bald verwirklicht zu sehen. Denke dir also mein Erstaunen, als ich plötzlich dich dort erblickte, den ich seit unserer Schulzeit nicht mehr gesehen hatte, dich, der – ich weiß nicht warum – alle meine Gedanken plötzlich wieder so lebhaft beschäftigte und in meinem seltsamen Traum eine so bedeutende Rolle spielte. Muß ich nicht darin einen Wink des Schicksals erkennen? So arm, wie ich dich gefunden, mußt du jetzt mir folgen. Zweifle nicht, zögere nicht, mache keine Bedingung! Die Bank für den Vormittag ist eröffnet, die Kugel dreht sich, ich muß sie im Flug erhaschen, den günstigen Augenblick festhalten!‹ «

»Allbarmherziger Gott!« rief meine Frau. »Du kennst ja alle Einzelheiten dieser Geschichte, als wärest du selbst dabeigewesen!«

»Ich sagte dir ja, daß ich den alten Diener der Familie täglich im Gefängnis sah; was ich von der Geschichte weiß, erfuhr ich von ihm. Überdies steht auch alles ausführlich in einer Petition, wovon ich eine Abschrift erhielt.«

»Aber wann wirst du denn einmal von dem Verbrechen, dessen man ihn beschuldigt, reden? Fasse dich kürzer, der junge Mann hat mir so innige Teilnahme eingeflößt, daß ich vor Ungeduld brenne, das Ende zu erfahren.«

»Oho! Erinnerst du dich nicht mehr, was du soeben gesagt, man sollte nicht so neugierig sein, man sollte sich nicht um alles bekümmern? Weib, Weib, es ist leichter, einer ganzen Stadt Tugend zu predigen, als sie selbst zu üben. Willst du indessen, daß ich fortfahre, so mußt du auch gestatten, daß ich so erzähle, wie ich alles erfuhr, weil ich sonst aus dem Konzept kommen würde.«

»Erzähle nur zu, Alter, ganz wie du willst.«

»Er schleppte also seinen Kameraden Animigo nach dem St. Jame's Square, in ein Hotel an der Ecke des Platzes. In diesem großen Haus saßen sechzig Personen an der Spieltafel. Die Hoffnung auf Verwirklichung seines Traums begeisterte den jungen Mann so mächtig, daß er sogleich beim Eintritt in den Saal ein Bankbillett von fünfzig Pfund Sterling aus der Tasche zog und hastig auf Schwarz setzte. Das Spiel beginnt, der

Bankier spricht: ›Une-cinq-rouge perd.‹ Seinen Kameraden fixierend und ihn als seinen guten Engel betrachtend, läßt der Spieler alles Geld stehen. Schwarz gewinnt noch einmal. Das machte zweihundert Pfund Sterling. Er rührt die Summe nicht an und gewinnt zum drittenmal, mithin standen nun vierhundert Pfund Sterling. Einer der Umstehenden will ihm bemerklich machen, daß diese vierhundert Pfund Sterling ihm gehörten, aber der unverwüstliche Spieler bedeutet durch ein Kopfnicken, daß er die ganze Summe stehenlassen wolle. ›Quarante‹, ruft der Bankier; dies war die möglichst schlimme Chance. Unser Spieler begann an dem magischen Einfluß seines Kameraden zu zweifeln, als jedoch der Bankier sein ›Quarante‹ rief, schlug er lebhaft mit der Faust auf den Tisch und jauchzte: ›Ich war dessen gewiß, ich wußte wohl, daß ich mich nicht täuschen könne!‹ Zum viertenmal fällt die Farbe für ihn, und zum viertenmal läßt er das ganze Geld stehen. Also betrug der Satz nun achthundert Pfund Sterling, und er gewinnt abermals. Weil ihm aber der Croupier nur fünfhundert Pfund Sterling auszahlte, so fragte er um die Ursache. Man antwortete ihm, daß die Bank niemals über fünfhundert Pfund Sterling hinaus garantiere, wofern nicht der Pointeur solches ausdrücklich verlange und bestimmt erkläre. Der Spieler gibt diese Erklärung von sich, und der Croupier erwidert: ›Jetzt stehen wir für alle Summen, welche zu spielen Ihnen gefällig sein wird.‹ — ›Vortrefflich!‹ rief der Gewinnende. ›Da Sie, im Fall ich verlor, dreihundert Pfund Sterling mir zu rauben dachten, so will ich an den Galgen kommen, wenn ich mich jetzt nicht durch das Sprengen Ihrer Bank räche! Also va banque!‹ — Die betrug eintausendeinhundert Pfund Sterling. Wie er gesagt hatte, so geschah auch, er sackte die ganze Summe, das heißt fast zweitausend Pfund Sterling, ein, entfernte sich mit seinem Kameraden und zwang diesen, davon einhundert Pfund anzunehmen.

Nachdem diese hundert Guineen ausgegeben waren, suchte unser junger Mann von neuem Hilfe bei dem Spieler. Dieser gab ihm von Zeit zu Zeit einige Sümmchen, sagte ihm aber endlich: ›Freund, ich kann dir nichts mehr geben, warum versuchst du nicht selbst dein Glück? Es gibt hier Spielhäuser jeder Art, ich will dir eins davon zeigen. Hier sind fünf Pfund Sterling, beginne damit ein eigenes Geschäft, was soll sonst aus dir werden?‹ – Einige Tage nachher ließ sich der junge Mann mit seinem Billett von fünf Pfund Sterling in der Tasche in ein Spielhaus führen. Er gewann daselbst sechs Pfund Sterling, ohne zum Verwechseln seiner Fünfpfundnote genötigt gewesen zu sein. Da er glaubte, damit für einmal genug zu haben, so eilte er in seine Wohnung zurück und kaufte unterwegs in einem Kaffeehaus, wo man ihn kannte, eine Flasche Wein für seine kranke Mutter. Zur Bezahlung dieses Weines gab er eine der gewonnenen Einpfundnoten hin und erhielt das übrige Geld bar heraus. Am andern Morgen wanderte eine zweite dieser Noten in die Hand des Fleischers.

Am Mittag kommt die Polizei ins Haus, um ein Uhr saß der junge Mann schon im Gefängnis. Seine Banknoten waren falsch. Man durchsuchte ihn aufs genaueste und fand die vier andern, ebenfalls falschen Banknoten. Ich kenne die ganze Geschichte und weiß aus sicherer Quelle, daß ein gewisser Caleb Nash, der sich lediglich mit diesem Handwerk abgibt, gegen ihn eine kleine Summe gespielt hat, um seine falschen Banknoten an den Mann zu bringen. Nash verlor sechsmal nacheinander. Der arme unschuldige Gewinner bezahlt heute dafür mit seinem Kopf. Es gibt keinen größeren Spitzbuben als diesen Caleb, dieser Kerl würde sich nicht bedenken, Gottvater selbst an den Galgen zu bringen. Sarah, dieser junge Mann, seine Mutter und seine Schwestern dauern mich sehr. Die Welt, worauf wir leben, ist eine wahre Hölle!«

»Pst! Pst!« murmelte meine Frau. »Bedenke immer, was du da sprichst!« Meine Sarah ist, beiläufig gesagt, nämlich sehr fromm. Ein auf offener Straße predigender Methodist hat sie bekehrt oder verkehrt. Meine Sprache ärgerte sie. Als ihr Liebling zu London predigte, ließ sie mir keine Ruhe und keinen Frieden, bis ich nicht gleichfalls, ihn zu hören, hinausging. Werden Sie mir wohl glauben, wenn ich Ihnen sage, daß dieser fromme Prediger eines Tages zu mir kam, um mit mir über den wohlfeilsten Preis für die kaum begrabene Leiche seines Bruders zu handeln, weil er diese wieder um einen sehr hohen Preis an einen Anatomen verschachern wollte?

Ihrer Frömmigkeit gemäß, sagte meine Frau in einem Anfall von Empfindsamkeit, wie es ihr zuweilen begegnete: »Wie wäre es, wenn wir Herrn Cantwell, den Methodistenprediger, diesem jungen Mann sendeten, ich bin gewiß, daß er ihm Trost bringen würde. Er ist eine gar gute und fromme Seele und sagt alles, was den Unglücklichen zu sagen ist, ganz vortrefflich.«

»Sarah – die Heiligen auf unseren Gassen sind nicht immer Heilige! Du kennst ja Herrn N., den Methodistenprediger von Newgate, der eine der Gefangenen zur Frau genommen hat?«

»Ja.«

»Wohlan, höre eine Geschichte von ihm. Ein junges Mädchen, Jenny W., wurde nach einmonatigem Gefängnis wieder entlassen. Herr N. begegnete ihr an der Ecke von Old Bailey und setzte sie in eine Wohnung unter dem frommen Vorwand, daß sie dort eine Schule halten, ihre Subsistenz gewinnen und dadurch verhindert werden sollte, wieder in das Laster zu versinken. Einige Monate später war das Mädchen für mehr als einhundert Pfund Sterling verschuldet, indem alle Handelsleute der Nachbarschaft auf seine Empfehlung ihr Kredit gegeben hatten. Da die Dame nicht die geringste Neigung zur Befriedigung der gerechtesten Ansprüche äußerte, so wendeten sich die Gläubiger geradezu an den frommen Herrn selbst, erinnerten ihn, daß sie lediglich auf seine Empfehlung ihre Waren hingegeben, und versicherten ihn überdies, daß er selbst ihre Rechnungen bezahlen müsse, indem sie wohl wüßten, daß er alle seine Nächte in der Wohnung des Mädchens zubringe. Nach einigem Hin- und Herreden bot der heilige Mann zwanzig Prozent. Als man diesen Vorschlag nicht annahm, übergab sich das hübsche Mädchen wieder dem Gefängnis, gleichsam als wollte sie ihre abermalige Verlassenheit einleiten und ihre Verlassenschaft freiwillig zedieren. Ihr ganzes Mobiliar nahm der fromme Patron in Anspruch, indessen mußte er doch vor dem Gericht der zahlungsunfähigen Schuldner erscheinen. Hier bestand er die ganze Untersuchung mit unzerstörbarer Unverschämtheit, gewann seinen Prozeß und machte sich mit seiner Schönen, die er unter den Schirm der Fittiche der Religion genommen, davon. Was ich dir, meine liebe Sarah, hier sage, ist der genauesten Wahrheit getreu, und ich habe solche Kleinigkeiten dir nur erzählt, damit du daraus lernen mögest, auf deiner Hut zu sein, verstanden?«

IX.

Der Besuch einer Geliebten. – Die Bitte.

Ein schwaches Pochen an unserer Tür erregte unsere Aufmerksamkeit.

»Geh, liebe Sarah, man klopft!«

Meine Frau ging zu öffnen, indem sie sich ihre Augenwinkel mit der Schürze trocknete.

Bleich und zitternd trat eine elegant gekleidete junge Dame ein. Beim Anblick ihres ängstigenden Zustandes bot meine Frau ihr einen Sitz an, öffnete das Fenster und holte frisches Wasser, bevor irgendein Wort über unsere Lippen gekommen. Nach Verfluß einiger Minuten kam die junge Dame wieder zu sich, zog aus ihrer Tasche eine Börse und einen Brief, legte beides auf den Tisch und flüsterte mit halb erstorbener, flehender Stimme: »Haben Sie die Güte, dies Schreiben zu lesen!« Dann bedeckte sie mit einer krampfhaften Bewegung ihr Gesicht mit beiden Händen. Meine Frau bat sie, sich zu beruhigen.

Ich ergriff den Brief und las folgendes:

»Mein Herr!
Haben Sie ein menschliches Herz in der Brust, so beschwöre ich Sie, diesen Brief mit aller Aufmerksamkeit zu lesen. Die Schreiberin selbst übergibt ihn. Sie erblicken in ihr die unglücklichste aller Frauen, welche außer Ihnen keine Hoffnung mehr auf dieser Welt hat. Ich liebe, ich liebe einen Verurteilten, einen

Unschuldigen; einen Unschuldigen, welcher sterben soll. Er ist unschuldig, ich schwöre es vor Gott, vor den Menschen, vor der ganzen Welt, für alle Zeit und für alle Ewigkeit. Ach, mein Herr, könnten Sie wirklich Ihren Arm zur Vernichtung eines jungen Mannes hergeben, der nichts Schlechtes begangen hat, zur ganz vorwandslosen Vernichtung eines Lebens, das seine Quelle in Gott hat? Ach, alle Geister der Hölle hätten ihn nicht zur Begehung einer niedrigen und entehrenden Handlung bewegen können; zu Ihnen, als zu meiner letzten Hoffnung, nehme ich jetzt meine Zuflucht. Stoßen Sie ein weibliches Wesen nicht zurück, welches für einen jungen, unschuldigen und guten Menschen Sie anfleht. Sie werden diese wilde Tat der Grausamkeit, worüber die Engel im Himmel weinen müssen, nicht vollstrecken.

Dieser Beutel enthält vierhundert Pfund Sterling, das ist alles, was ich in diesem Augenblick zusammenbringen konnte; aber besäße ich Millionen, so würden diese Millionen Ihnen gehören. Retten Sie nur den Unschuldigen. Dieser Beutel ist gar nichts. Ich werde Ihnen viel mehr geben, sobald ich nicht mehr zum Geheimhalten genötigt, die nötigen Gänge deshalb machen kann, alles Geld soll in Ihre Hände kommen.

Ich gründe meine Hoffnung auch auf den Umstand, daß ich keiner Seele diesen jetzigen Schritt anvertraut habe, indem Sie dadurch in den Stand gesetzt werden, auf meine Ansichten einzugehen, mein Flehen zu erhören.

Ohne Zweifel fragen Sie jetzt, was ich eigentlich von Ihnen getan haben wolle. Darauf kann ich Ihnen nur antworten: Suchen Sie irgendein Mittel zu seiner Befreiung. Entreißen Sie einen Unglücklichen den Krallen eines Gesetzes, welches selbst strafbarer ist als alles, was die Mauern von Newgate umschließen, diese Mauern, welche jetzt alles enthalten, was meinem Leben noch einigen Wert verleihen kann.

Niemand kann Sie verraten; das ganze Geheimnis gehört nur mir und Ihnen an. Oh, wäre ich ein Mann, hätte ich die Kräfte eines Mannes, ich trotzte allen Gefahren, um ihn dem Tod zu entreißen.

Oft hörte ich sagen, das Geld sei allmächtig. Oft hörte ich auch, daß Sie schon mehr als einen Unschuldigen gerettet haben. Versichert man nicht, daß der Doktor Dodd und ein Irländer entrannen durch Mittel, welche wohl andern bekannt sein mögen, die aber nur Sie allein anwenden können?

Der Himmel, sage ich Ihnen, hat seine Augen auf Sie gerichtet. Retten Sie ihn, gleichviel, durch welches Mittel! Sie gewinnen dabei alles und haben nichts zu verlieren, während tausend Gebete und Segnungen für diese edle Tat Ihnen zuteil werden müssen.

Meine Treue, mein Glaube, meine Ehre seien Ihnen Bürgen für Ihr künftiges Geschick. Bald wird ein großes Vermögen zu meiner Verfügung stehen, retten Sie ihn, und alles, was ich besitze, soll Ihnen gehören. Sagen Sie mir jetzt nur, daß ich hoffen könne und daß Sie einen Versuch machen wollen. – Oh, geben Sie mir Hoffnung! Machen Sie, daß wir leben können! Retten Sie ihn, retten Sie mich!

Ihre unglückliche Dienerin.«

Ich warf einen verstohlenen Blick auf das unglückliche Mädchen. Niemals war ich gerührt worden, niemals hatte ich so gewaltig das Erwachen der Empfindung gefühlt. Aber was ist zu machen, was kann ich tun, fragte ich mich. – Ihre Einbildungskraft spiegelt ihr Chimären vor, irgendein Mißverständnis hat ihr einen irrigen Glauben an meine Macht eingeflößt. Wie soll ich sie nun enttäuschen, die letzte Hoffnung ihr rauben und sie überzeugen, daß ich in der Tat die Mittel, in deren Besitz sie mich wähnt, nicht habe?

Nach einigen peinlichen Anstrengungen, einen schicklichen Ausdruck für meine Gedanken zu finden, sagte ich ihr endlich: »Die Mittel zur Rettung des Lebens des jungen Mannes, worauf Sie in Ihrem Brief anspielen, bestehen in der Wirklichkeit gar nicht und sind nur leere Traumgebilde der Phantasie mancher Leute, welche mit Erfindung solcher Dinge sich beschäftigen. In meinem ganzen Leben lernte ich nur einen einzigen Versuch dieser Art kennen, und dieser einzige Versuch mißlang.«

»Doch, doch! Man hat solche Versuche gemacht, und sie sind gelungen, dessen bin ich gewiß!«

»Das Publikum ist außerordentlich leichtgläubig und läßt sich von den märchenhaftesten Erzählungen betören. An der ganzen Geschichte von dem Doktor Dodd ist kein wahres Wort, und was Sie von dem Irländer zu erwähnen belieben, ereignete sich in Irland und ist mir genau bekannt. Es geschah im Jahre siebzehnhundertneunundfünfzig. Der Sheriff von Tyrone wurde zu einer Geldbuße von einhundert Pfund Sterling und zu zweijährigem Gefängnis verurteilt, weil er den zum Tode verurteilten William Barret gerettet hatte. Man hat behauptet, dieser Mensch sei mit einem Halsband versorgt worden und dadurch, nach einstündigem Hängen am Galgen, dem Tod entronnen. Geschah dessen Rettung wirklich auf diese Weise, woran ich indessen sehr zweifle, so muß notwendig der Sheriff von allem gewußt, alles selbst eingeleitet haben, weil ohne ihn dergleichen unmöglich geschehen könnte. Überdies ereignete sich alles in einer entfernten Provinz. Eine politische Partei wünschte die Befreiung des Schuldigen, ein Volkshaufe umringte das Gefängnis und schleppte den Gefangenen im Einverständnis mit dem Sheriff fort. – Hier zu London könnte nichts dergleichen mit der geringsten Hoffnung auf Erfolg versucht werden.«

»So glauben Sie doch selbst an eine solche Möglichkeit, Sie zweifeln nur an der Wahrscheinlichkeit! – Wollen Sie noch mehr Geld? Sie sollen es haben, einen Augenblick Geduld –« Hier unterbrach sie sich und legte die Hand auf ihr Herz, das so ungestüm und laut klopfte, daß ich dessen Schläge vernahm, wie man das Wogen des Meeres hört, wenn man, an Bord liegend, sich mit dem Ohr auf gleicher Höhe mit den brüllenden Wellen befindet. »Warten Sie«, fuhr sie fort, »jetzt kann ich nicht – aber zählen Sie auf mein Wort! Ja, nicht wahr, Sie vertrauen mir? – Ich sehe es in Ihren Augen, ach, ich danke Ihnen für dieses Vertrauen! – Ja, ich danke Ihnen auf den Knien!«

Und sie stürzte mir zu Füßen, während ich, von meinen eigenen Empfindungen betroffen und erschreckt, mich abwendete, so lebhaft war das Gefühl von Ehrfurcht, welches ihr Blick mir einprägte.

Es war in der Tat das erstemal, daß ich mich einem keuschen, tugendhaften und schönen Frauenzimmer gegenüber befand. Voll des bittersten Schmerzes verwünschte ich das Verhängnis, welches mich inmitten die verworfensten Personen hineingeworfen und in die Notwendigkeit versetzt hatte, die Werke des oft so ungerechten Gesetzes zu vollstrecken.

Meine Frau hatte die junge Dame aufgehoben und auf einen Stuhl gesetzt, wo ich sie mit dem sanftesten Ton der schmerzlichsten Angst fragen hörte: »Was sagte er? Was wird er tun? Ach, ich bitte Sie, üben Sie allen Ihren Einfluß, sagen Sie ihm, daß er mein ganzes Vermögen erhalten soll, sobald ich großjährig sein werde, daß für ihn alle meine Gebete zum Himmel aufsteigen sollen. Ach, sprechen Sie für mich, sprechen Sie für mich!«

Meine Frau selbst wurde innigst gerührt.

Die junge Dame war nichts weniger als enttäuscht von dem Glauben an die Möglichkeit, ihr in diesem Fall dienen zu können. Ich wollte nicht den mindesten Zweifel darüber in ihrem Herzen zurücklassen, dennoch hatte ich nicht den Mut, die einzige letzte Hoffnung ihr zu rauben, denn irgendeine Hoffnung auf Begnadigung schien sie nicht zu hegen.

»Wollen Sie jetzt in Ihre Wohnung zurückkehren«, sagte ich zu ihr, »so dürfen Sie versichert sein, daß ich alles, was mir nur immer möglich ist, in dieser traurigen Angelegenheit tun werde.«

»Gott segne Sie dafür! Ach, so ist es denn wahr, daß Ihnen der Allmächtige ein reineres und sichereres Gefühl von dem Wahren und von dem Falschen eingeflößt hat als denen, welche die Welt regieren!«

»Um 's Himmels willen, täuschen Sie sich nicht! Ich lebe der innigsten Überzeugung von der vollkommensten Unschuld des jungen Mannes an dem ihm angeschuldigten Verbrechen; allein ich habe nur wenig Hoffnung. Die ganze Nacht will ich dem Nachdenken über jede Möglichkeit in dieser Sache widmen. Indessen erlauben Sie, daß ich diesen Beutel Ihnen zurückstelle« – und ich steckte den Beutel in ihren Sack – »und haben Sie die Güte, uns zu sagen, wo meine Frau Sie finden kann. Sie können vollkommen versichert sein, daß meine gute Sarah keines der Geheimnisse mißbrauchen wird, welches Sie ihr anzuvertrauen vielleicht veranlaßt werden könnten.«

Nach diesen Worten entfernte ich mich eiligst und überließ die junge Dame der Sorgfalt meiner Frau, welche dieselbe, wie ich später erfuhr, nach einigen Verabredungen wegen einer zweiten Zusammenkunft in einem Wagen nach ihrer Wohnung zurückbringen ließ.

Bald stand ich vor dem Tor von Newgate; ich war sehr aufgeregt.

Was habe ich hier zu tun? fragte ich mich selbst. Will ich allein diese Festung mit Sturm einnehmen und einen jungen Mann, den ich niemals gesehen, seinem Kerker entreißen? Hoffe ich etwa, die Kerkermeister bestechen zu können oder gar Zaubermittel zu besitzen?

Die Jämmerlichkeit aller dieser albernen Ideen erfüllte mich mit einer Art von Verachtung gegen mich selbst. Geschehen war mir, was so vielen Leuten von höherem Wert und höherer Würde auch oft zu geschehen pflegt: Ich hatte ein zweideutiges Versprechen gegeben, lediglich um der Unannehmlichkeit eines dringenden Bittstellers zu entgehen, welchen ganz offen abzuweisen unsere Empfindsamkeit oder unser Interesse verbieten.

»Er liegt in der Löwengrube, der arme junge Mann«, rief ich unwillkürlich aus, »er wird verschlungen werden, ich werde ihn töten! Armes Mädchen! Wie wußte deine Gegenwart den Eisenharnisch, der bisher mein Herz bedeckte, wegzureißen! Wie gern möchte ich dir dienen, und geschähe es nur, um dir meine Dankbarkeit auszudrücken, obgleich ich nicht weiß, ob ich dadurch jemals glücklicher sein werde!«

Ich weiß nicht, wie lange dieser Monolog gedauert hätte, wäre ich nicht von einem Kerkerknecht unterbrochen worden, der mich fragte, ob ich schon wisse, daß in der kommenden Woche vier Männer aufgehängt werden sollten. Und er fügte hinzu: »Wir haben da drinnen ein Schauspiel, wie es seit Menschengedenken der älteste Aufseher im Kerker nicht erlebt hat. Eine Mutter, zwei Schwestern, eine junge Braut, das ist zuviel für einen Menschen, der sterben soll. Der Gouverneur ist wütend darüber, daß wir die junge Dame eingelassen haben, die, welche Ihr soeben vorübergehen saht. Ich weiß nicht, was aus dem armen jungen Menschen werden soll. Hammond ist nach dem Arzt geeilt, sie alle sollen ohnmächtig sein!«

X.

Das Gesuch um Gnade. – Der Staatsminister. – Die Mutter des Verurteilten.

»Die Begnadigung ist abgeschlagen worden?« fragte ich den Gefängniswärter.

»Ja. Die Frauen hatten auf die Vorstellung eines für ihre Angelegenheit sich interessierenden Parlamentsmitgliedes eine Audienz beim Minister erhalten. Ihr alter Diener hatte sie dahin begleitet, er, der sie nie verlassen hat, und der, gleich dem Hund des Fauntleroy, den Tod für seine Herrschaft erduldet hätte. Hört, was sich bei dieser Audienz zugetragen: Der Minister empfing die vier Supplikanten in seinem Büro sitzend, wie mit irgendeiner Staatsangelegenheit dringend beschäftigt. Bei ihrem Eintritt machte er eine leichte Verbeugung mit dem Kopf und schien ganz vertieft in die Lektüre der vor ihm aufgehäuften Staatspapiere.

Nachdem er die Damen eine Zeitlang hatte stehen lassen, begann er endlich: ›Meine Damen, ich kenne den Gegenstand Ihres Besuches. Es ist eine sehr unglückliche Geschichte, allein Sie wissen, daß ich Pflichten zu erfüllen habe, und zwar ohne Ausnahme und ohne Ansehen der Person! Haben Sie neue Tatsachen oder neue Beweise vorzubringen? Haben Sie deren nicht, wozu Ihre Zeit verschleudern? Eine Verlängerung dieser Audienz wäre lediglich eine Verlängerung Ihres Schmerzes und Ihrer Not. Wo sind Ihre Dokumente?‹

Die Mutter erwiderte: ›Dokumente, mein Herr Minister? Ich habe das Zeugnis aller derjenigen, welche ihn seit seiner Kindheit kennen.‹

›Die Zeugnisse derjenigen, welche ihn kennen! – Madame, zur Vernichtung von Beweisen bedarf ich neuer Beweise, ohne solche kann ich nicht in den Lauf der Gesetze eingreifen. Demnach, Madame, ist unsere Konferenz zu Ende.‹ Und er ließ sich an, das Zimmer zu verlassen.

Da riefen alle vier Damen zugleich: ›Er ist unschuldig! Er ist unschuldig! Im Namen des Himmels, er ist unschuldig!‹

Der Minister erhob sich mit unverwüstlicher Ruhe, nahm eine sehr wichtige Miene an und antwortete: ›Ich will Sie nicht mit der Vermutung kränken, daß Sie selbst etwas anderes glauben, aber sagen muß ich Ihnen, daß Sie gar keine Erfahrung zu haben scheinen und diese Art von Geschäften unmöglich so gut verstehen können wie ich. Ich will Sie auf keine Weise hinhalten oder in Zweifel lassen. Ich erkläre Ihnen daher auf das Bestimmteste, daß ich den Vermittler zwischen dem Schuldigen und dem Gesetz hierbei weder machen kann noch will. Haben Sie eine neue Tatsache, einen neuen Beweis vorzutragen, so bin ich bereit, Sie anzuhören. Ich sage Ihnen dies zur Vermeidung jedes möglichen Mißverständnisses und damit Sie danach sich richten!‹

›Aber, mein Herr Minister‹, entgegnete die Mutter, indem sie zum Erstaunen aller plötzlich eine große Herrschaft über sich selbst gewann, ›gehen wir einen Augenblick auf Ihre Ansichten ein, nehmen wir an, mein Sohn sei schuldig. Sind dann sein ganzes früheres Leben, sein voriger Ruf für gar nichts zu halten? Ist ein erstes Verbrechen gar nichts als ein Verbrechen? Darf man nicht auch den Zweifel auf die Waage legen, der in den Augen des strengsten Gesetzkundigen die für diesen besondern Fall vorgebrachten Beweise schwächt? Erheischt nicht ein zweifelhafter Fall die ernstlichste Untersuchung? Kommt das Unglück einer Mutter, die Verzweiflung seiner Verwandten, denen er so teuer ist, gar nicht in Anschlag? Ach, mein Herr Minister, nehmen Sie einen Augenblick den Fall an, daß Sie das

Blut eines Unschuldigen vergössen, denken Sie an den nicht fernen Tag, wo Sie die Stimme Gottes und der Engel seine Unschuld verkünden hören werden!‹

›Madame, ich werde nicht zugeben, daß man mich hier einschüchtere. Jede weitere Diskussion ist überflüssig. Ich glaubte, Sie hätten mir einige neue Tatsachen mitzuteilen; da Sie deren jedoch nicht haben, so ist es besser, daß wir uns trennen.‹

Dabei machte der Minister eine Bewegung, die Tür zu gewinnen. Er fand sich jedoch durch die beiden Schwestern und die junge Dame von jedem Rückzugsweg abgeschnitten. Er warf einen Blick auf sie, der sagen zu wollen schien: Fordern Sie von mir nichts Wichtiges oder Vernünftiges, sonst erhalten Sie eine abschlägige Antwort.

Die Damen wendeten sich ab, rangen die Hände, seufzten und weinten. Dieses herzzerreißende Schauspiel machte nicht den geringsten Eindruck auf den unbeugsamen Beamten. Aber der schmerzlich verwundete Stolz der von ihres Sohnes Unschuld überzeugten Mutter brach plötzlich und heftig hervor. Der alte Diener hat mir dies wörtlich wiederholt.

Mit der Würde von Mistreß Siddons trat sie auf ihn zu und rief: ›Mein Herr, sagen Sie mir, sind Sie denn ein wirkliches Wesen? Sind Sie hier angestellt, um Leben oder Tod zu erteilen? Haben Sie ein Herz, eine Seele, eine Intelligenz gleich allen andern menschlichen Geschöpfen? Sind die vom Himmel zu unserer Leitung bestimmten Gaben Ihnen versagt? Sehen Sie nicht ein, daß keine Schmach, keine Schande auf dem Haupt meines Sohnes lasten wird? Die ganze Welt spricht ihn frei, und aller Haß fällt auf Sie zurück! Sie, mein Herr, Sie werden vor der Nachwelt mit der Schande bedeckt erscheinen. Sie können verurteilen, Sie können alles, aber Sie können nicht aus einem Unschuldigen einen Schuldigen machen. Man hatte mir Ihren Charakter als sehr hart und hochmütig bezeichnet und mir gesagt, daß die Festigkeit, womit Ihre Eitelkeit sich zu brüsten und zu schmücken weiß, nichts anderes sei als der Eigensinn des Irrtums. Was gilt der Ruhm, der auf Ihrer Stirn lastet? Was ist er anderes als die Kunde, daß Sie in Ihrem Amt mehr

Irrtümer als alle Ihre Vorgänger begangen haben? Wer würde nicht einen so glücklichen und so großen Mann beneiden? Aber sogar der Dämon der Albernheit und der Dummheit würde sich scheuen, dessen sich zu rühmen, was Sie Ihre Festigkeit zu nennen belieben. Mein Herr Minister, ich sage Ihnen dies alles ganz offen, und weder mich noch die Welt können Sie verblenden. Ja, ich sage Ihnen auch, daß Sie ein abscheulicher Mörder sind, wenn Sie meinen Sohn opfern! Als solchen werde ich Sie auf allen Straßen und auf allen Dächern ausrufen, bis ich diese verwünschte Welt verlassen werde! Beim Jüngsten Gericht werde ich gegen Sie auftreten und Gott um Rache anflehen. – Meine Kinder, trocknet eure Tränen und verspart sie zur Anrufung des Himmels und der Wesen, welche noch einen Funken von Menschengefühl in der Brust haben; verschwendet und entwürdigt sie nicht vor einem Mörder. Die wilden Tiere des Waldes haben ebensoviel Menschlichkeit wie die offizielle Maschine, vor der ihr jetzt steht! Gott, der Allgütige‹, rief sie, Augen und Arme zum Himmel erhebend, ›alle deine Pläne sind gerecht. Unsere Pflicht ist es, auch für den verworfensten und härtesten aller Menschen zu beten; lehre ihn, mehr Mitleiden und mehr Gerechtigkeit für deine Geschöpfe zu haben, erleuchte du ihn, o mein Gott, und verzeihe ihm!‹

Während dieser ganzen Apostrophe ordnete der Minister seine Papiere, oder schien wenigstens dies zu tun, und rüstete sich für die Konzilsitzung. Die Dame hatte eine Pause gemacht, aber er traute dem guten Wetter nicht, befürchtete ohne Zweifel einen neuen Ausbruch, klingelte daher rasch und sagte dem eintretenden Diener: ›Begleite diese Damen!‹

Hierauf entschlüpfte er rasch durch eine Hintertüre. Die Damen eilten nach Newgate, um daselbst die Entscheidung des Konzils und die Ankunft des Berichtes des Recorders zu erwarten.

Der junge Mann erhielt keine Begnadigung. Vielleicht hätte er solche erhalten, wenn niemand darum eingekommen wäre. So ist einmal der Charakter des Chefs der Justiz.«

Mit dieser Einschätzung hatte der Gefängniswärter die vollständige Wahrheit ausgesprochen. In der Epoche, wovon ich spreche, wollten einige Magistrate der Stadt einem Menschen, den sie der Begnadigung würdig erachteten, das Leben retten. Man beriet sich darüber zu Newgate: Sollen wir dem Minister unsere Aufwartung machen? Sollen die Sheriffs selbst für den Angeklagten sich interessieren?

Der Ordinary entgegnete: »Wollen Sie, meine Herren, das Leben dieses Menschen wirklich retten, so gibt es in der Tat dafür nur das einzige Mittel, daß Sie die vollkommenste Gleichgültigkeit über sein Schicksal heucheln und sich stellen, als wüßten Sie gar nichts von diesem Menschen. Ist dagegen einer von Ihnen so unvorsichtig, darüber mit dem Minister zu sprechen, so dürfen Sie darauf zählen, daß dieser Mann stirbt. Welche Gründe Sie auch geltend zu machen haben, der Widerspruchsgeist des Ministers wird sich allmächtig dagegen auflehnen und den Vollzug des Urteils durchsetzen. Bitten Sie um Begnadigung, so sendet er den Verurteilten sogleich auf das Schafott.«

Dies war in der Tat die reine Wahrheit, ich selbst erlebte dafür mehr als einen Beweis.

Eines Tages erstaunten wir nicht wenig darüber, daß er einigen Dieben mit Einbruch und einigen Straßenräubern eine Frist bewilligt hatte. Von sechsunddreißig Verurteilten sollten fünf hingerichtet werden, drei wegen Verbrechen der Fälschung. In den Augen des Konzils war dieses Verbrechen das der Gnade unwürdigste, weil es geradezu den Ruin der damals ohnehin in eine so schwierige Lage verwickelten Bank herbeiführen mußte. Ein vierter hatte sich eines schimpflichen Vergehens schuldig gemacht, der fünfte hatte einen Mantelsack von einem Wagen losgemacht, jedoch ohne denselben fortbringen zu können.

Der Gefängniswärter, der Kerkermeister und ich, wir sahen uns mit großen Augen an und wußten nicht, wie wir unser Erstaunen ausdrücken sollten.

»Warum soll dieser letzte eher gehängt werden als die einunddreißig übrigen?«

Der Kerkermeister antwortete: »Der Wagen, den er bestehlen wollte, enthielt die Depeschen der Regierung und fuhr auf der Straße von Dover.«

»Gut«, sagte ich, »aber der Dieb wollte doch nicht die Depeschen stehlen, und der Zufall, daß solche in dem Wagen gewesen, kann doch unmöglich sein Verbrechen zu einem schwereren machen.«

Dagegen wußte niemand etwas einzuwenden.

Gehen wir nun aber wieder zu der Geschichte des armen jungen Mannes zurück. Seine Mutter und seine Schwestern waren also zu Newgate, und seine Braut hatte, wie ich schon erzählt habe, möglichst viel Geld zusammengeborgt, solches mir gebracht und dann sogleich in das Gefängnis sich zurückbegeben. Ich kam beinahe zugleich mit ihr an, und bald nach uns erschien die abschlägige Antwort auf das Gesuch um Begnadigung. Die hiernach folgende Szene war schrecklicher und herzzerreißender als alles, was jemals ein Romanschreiber erfunden hat oder der Schauplatz des wirklichen Lebens bieten kann.

Die feuchten und schwarzen Mauern des Gefängnisses ertönten von dem gräßlichen Jammergeschrei der beiden Mädchen, die vor Schmerz beinahe verrückt geworden. Die Mutter sagte kein Wort, stieß keinen Seufzer aus, aber ihre Blicke hatten einen unnennbaren Ausdruck, und ihr starres Schweigen war schauderhaft. Die junge Braut unterlag mehreren Nervenanfällen, verfiel dann in ein hitziges Fieber und verlor ihren Verstand. Das Hospital von Clapham nahm sie auf, und lebend verließ sie es nicht mehr. Die Mutter war in den Zustand völliger Vernichtung versunken. Nach ihren Reden und ihrem ganzen Benehmen in der Audienz bei dem Minister hätte man ihrem Charakter einen gewissen Schwung von Männlichkeit und Energie zutrauen sollen. Allein, dies alles war bei ihr nur eine schnell vorübergehende Aufwallung gewesen, der Entschluß einer verzweifelten Mutter, die Wut eines schwachen Vogels, der sich auf die Hand des Feindes stürzt, der seine Brut ihm geraubt. So viele Schmerzen hatten endlich ihre Kraft gebrochen. Als man ihren Sohn zur Hinrichtung führte, war sie im Zustand gänzlicher Schwäche und Zerrüttung. Solange ihr Sohn im Kerker gesessen, erregten ihre Energie und ihre Tätigkeit allgemeines Erstaunen; aber sobald sie alle ihre Anstrengungen fruchtlos und ihre letzte Hoffnung vernichtet sah, wurde sie sanft, stumm und passiv wie ein Lamm, das man zur Schlachtbank führt.

Sogleich nach der Rückkehr in ihre Wohnung legte sie sich ins Bett und stand davon nicht wieder auf. Man konnte sie nicht vermögen, irgend etwas zu sich zu nehmen, sie schien für alles gänzlich unempfindlich, nur die Stunden zählte sie eifrig, mit jedem Schlag berechnete sie, wieviel Zeit wieder verstrichen sei, und verkündete dann mit lauter Stimme, wie lange ihr Sohn nun noch zu leben habe. Beide sollten vom selben Streich getroffen werden, und sie schien nur den Augenblick abzuwarten, wo sie die Reise miteinander würden antreten können. Dabei wurde sie im Verlauf der Stunden keineswegs ängstlicher, sie zählte die Glockenschläge der letzten Stunde so ruhig wie alle Stunden zuvor und sagte gelassen und bestimmt: »Noch eine Stunde.«

Als aber der Glockenschlag die achte Stunde verkündete, stieß sie einen gräßlichen Schrei aus und schloß ihre Augen für immer.

Das Schicksal, die Leiden und der Tod dieser unglücklichen Mutter dienten dem Schmerz der beiden Töchter gleichsam als ein Ableitungsmittel und verhinderten sie, die Katastrophe, welche sie eines Bruders beraubte, mit gleicher Energie zu fühlen.

Er wurde mit vier andern Verurteilten hingerichtet. – Ich tat es!

Das christliche Mitgefühl des englischen Volkes hat einen eigentümlichen Charakter. Eine kleine, zu rechter Zeit eröffnete Subskription hätte diese Familie gerettet und den Sohn vom Besuch eines Spielhauses abgehalten. Keine Seele dachte daran. Als jedoch diese Unglücklichen von der eben erwähnten Katastrophe vernichtet waren, strömte aus allen Gebieten der Stadt das Geld zusammen, und man sammelte so bedeutende Summen, daß die beiden Waisen sich für ihre Zukunft unbesorgt auf den Kontinent zurückziehen konnten, wo man sie bald vergaß, als wenn sie niemals gelebt hätten.

Sechs Monate später wurde Caleb Nash, der Mann, der die falschen Bankzettel gemacht hatte, ebenfalls zu Newgate eingekerkert, weil er des Versuchs, falsche Bankzettel auszugeben, überführt war. Kaum im Gefängnis angekommen, ließ er den Advokaten der Bank zu sich berufen und erklärte ihm, daß er den wahren Verfälscher der Bankzettel nennen würde, sobald man keine Kapitalklage gegen ihn anstellen wollte. Der Advokat war damit zufrieden, der Prozeß wurde hiernach eingeleitet und Caleb nur zur Deportation verurteilt. Je mehr ein Verbrecher in Verbrechen versunken und verhärtet ist, desto mehr Chancen hat er für sich, dem Galgen entgehen zu können.

An dem Abend, als Caleb mit einer Bande von Deportierten nach Van Diemensland eingeschifft werden sollte, besuchte ich ihn in seinem Kerker. Ich sagte zu ihm: »Caleb, wenn Ihr auf eine Frage von mir klar und bar antworten wollt, so verpflichtet Ihr mich, und ich zahle Euch eine Gallone Porter.«

»Sehr gern«, antwortete er.

»Wohlan! War der junge Mann, welcher wegen Ausgabe der sechs Einpfundzettel hingerichtet worden, schuldig? Hatte er sie von dem Spieltisch des Smith für gut angenommen?«

Die Antwort war klar und bar. »Alle Wetter«, sagte Caleb Nash, »es war ein Täubchen, und ich habe es gerupft!«

Ich bezahlte das Bier und verfügte mich zu dem Gouverneur von Newgate, um ihm zu melden, was ich vernommen hatte. Bald erhielt auch er die vollständigsten Beweise für die Wahrheit meiner Erzählung und sendete hierauf einen Vertrauten an die beiden Schwestern des unglücklichen jungen Mannes, ihnen bekanntzumachen, daß die Unschuld ihres Bruders vollkommen zutage gefördert sei.

XI.

Aston. – Der lange Tom. – Die Matrosenpresse.

Ich habe dieses Abenteuer etwas hastig erzählt und kurz abgefertigt, weil es mich vieles Nachdenken gekostet und zu manchen Betrachtungen veranlaßt hatte.

Andere Anekdoten, deren vollkommenste Wahrheit im Ganzen und in allen Details ich feierlichst verbürgen kann, überzeugten mich, daß die menschlichen Gesetze so unvollkommen, so irrtümlich und so ohnmächtig sind wie der Mensch, der sie gemacht hat, und ich, der sie vollstreckt.

Der Vater von Aston, ein Schiffer auf der Themse, starb plötzlich und hinterließ seinen Sohn, noch in der Lehre, ohne alle Hilfsmittel. Dieser junge Mann wurde gepreßt und an Bord eines Kriegsschiffes abgeliefert. Kaum war er auf diesem Fahrzeug angelangt, so insultierte und schlug ihn ein Matrose; er dreht sich um und schlägt ebenfalls den Beleidiger. Dieser ergreift ein Beil und schmettert damit so auf Astons Schädel, daß der Getroffene gleich auf den ersten Streich beinahe tot zu Boden stürzt.

Zwei Tage später schickt man ihn in das Spital, woraus er nach fünf Monaten mit einer breiten Narbe am Kopf und einer Niederdrückung des Gehirns wieder hervorgeht.

Weit entfernt, irgendeine Genugtuung für diese garstige Mißhandlung zu erhalten, wird er mit einem Kriegsgericht, mit dem Galgen, mindestens mit der Peitsche bedroht. Er versinkt in tiefe Schwermut, wird dann beinahe wahnsinnig und bleibt zwölf Monate lang in einem Hospiz. Ein Freund seines Vaters hört, daß er dort ist, besucht ihn, spricht ihm Trost zu. Er gewinnt seine Heiterkeit und Energie wieder, kehrt sogar für einen Augenblick zu vernünftigem Bewußtsein zurück und sieht sich nach einer Anstellung um. Aber der Unglückliche war für immer verloren. Bald von völliger Stumpfheit und Apathie befallen, bald durch geistige Getränke sich wieder beleben und anfeuern wollend, sucht er endlich nichts mehr, als Vergessen seiner Selbst zu erringen.

Damals lebte zu London ein durch seine Geschicklichkeit, seine Pfiffe und Verbrechen gleichberühmter Mann, der lange Tom genannt, weil seine Straflosigkeit sich so lange hinzog und weil sein Leben, eine einzige lange Reihe von Verbrechen, den Menschen und dem Himmel zu trotzen schien. Diesen fand zufällig Aston, gefiel ihm, liebte ihn, ahmte ihn nach, verbrachte drei Jahre mit ihm, das Gewerbe der Landstreicher und Bösewichte bald verfolgend, bald wieder aufgebend, aber stets von Zeit zu Zeit dem Wahnsinn zur Beute werdend.

Mehr als ein Übeltäter ist in demselben Fall: Wer sich verzweifelten Unternehmungen überläßt, muß schon in seiner Vernunft von irgendeiner geheimen Wunde betroffen sein. Je furchtloser, unbedenklicher, gewissenloser und unvorsichtiger ein Spitzbube ist, desto mehr gelingt ihm alles im allgemeinen. Ich bin der Meinung, daß Aston durch jenen Beilschlag des Matrosen alles Nachdenkens über die Folgen seines Betragens unfähig geworden. Er diente dem langen Tom als Kamerad und Adjutant; dieser wußte das Gesetz zu umgehen, Aston wurde gefangen und aufgehängt.

Im Vorbeigehen dürfen wir wohl erwähnen, daß das Gesetz der Matrosenpresse schon Tausende zu Verbrechern gemacht und auf das Schafott geliefert hat. Hören wir nur die einzige Geschichte einer armen Frau namens Mary Jones.

Der Mann dieses armen Weibes wurde gepreßt, das heißt mit Gewalt zum Matrosen gemacht. Das Wenige, was beide besaßen, wurde zur Bezahlung einiger Schulden eingezogen und sie mit ihren beiden kleinen Kindern zu Bettlern gemacht. Mary Jones war erst achtzehn Jahre alt und ausgezeichnet schön. Vom Hunger eines Tages überwältigt, tritt sie in eine Linnenbude, nimmt einige Stücke grober Leinwand vom Ladentisch und verbirgt sie unter ihrem Rock. Die Leinwandhändlerin bemerkt es, zwingt sie zur Herausgabe des Gestohlenen, schleppt sie vor Gericht und liefert sie glücklich an den Galgen!

Auch das mußte ich tun!

Die Verteidigung dieser armen Frau lautete einfach und naiv also: Ich lebte glücklich, mir fehlte nichts, da raubte mir die Matrosenpresse meinen Mann, und seit jenem Tag hatte ich kein Bett mehr, worauf ich mich legen, kein Stück Brot mehr, womit ich meine Kinder nähren, kein Hemd mehr, womit ich sie bedecken konnte. Jetzt weiß ich recht wohl, daß ich übel getan habe, aber damals wußte ich nicht, was ich tat!

Alle Notabeln ihres Kirchspiels bezeugten, daß sie die Wahrheit gesprochen. Aber die Mehrzahl der Geschworenen bestand aus Krämern, sie hielten ein warnendes Beispiel für nötig. Als ihr das Urteil verlesen wurde, hatte sie ein kleines Kind an der Brust, und als sie nach Tyburn wanderte, säugte sie das Kind noch immer.

Dieses Weib hatte offenbar nur einen sehr kleinen Schaden zugefügt. Sie hatte versucht, durch unerlaubte Mittel ihren nackten Kindern eine Hülle zu verschaffen! Der Staat hatte sie ihres Mannes, die Kinder ihres Vaters beraubt, der ihnen allen die einzige Stütze gewesen! Das Gesetz hatte der Frau das Leben genommen, der Mutter, der letzten Verwandten, die den Kindern übriggeblieben. Das Gesetz stellte sie allen Gefahren, allen Beleidigungen, allen grausamen Mißhandlungen bloß, welche das gewöhnliche Schicksal aller Waisen ohne Asyl und ohne Schutz sind.

Man sagt gewöhnlich: Bedarf der König Männer, so muß er sie irgendwo finden.

Wie? Die Männer sollten ihren Familien, ihren Verwandten, dem Leben entrissen und gleich Schafen zur Schlachtbank geführt werden? Hatte jener Quäker nicht recht, der, um sich über den Soldatenstand lustig zu machen, eine ungeheure Kokarde an seinem Hut befestigte, eine Herde Schafe auf den Markt von Manchester trieb und auf die Frage eines Freundes: »Was zum Teufel treibst du da?« lachend antwortete: »Ich führe meine Rekruten zur Schlachtbank!«

XII.

Ketch wird zu einem Mitglied des Parlaments gerufen. – Seine Ansicht über die Philanthropie dieses berühmten Mannes.

In jener Epoche meines Lebens bestellte mich eine bedeutende Person für den folgenden Tag zu einem Besuch in ihrem Haus am Hanover Square. Dieser Befehl wurde mir durch den Kammerdiener des Einladers zugestellt, und dieser sagte mir, daß sein Gebieter Mitglied des Parlaments sei, einen ungemeinen Widerwillen gegen die Strenge der Kriminalgesetze empfinde und wahrscheinlich, wie wenigstens er, der Kammerdiener, glaube, in diesem Augenblick mit den Mitteln zu einer Verbesserung der Kriminalgesetze sich lebhaft beschäftige.

»Mein Herr«, antwortete ich dem Gesandten, »ich hatte in meinem Leben mit sehr vielen seltsamen Charakteren zu tun. Auch Ihr Herr scheint dieser Klasse anzugehören. Was sagen Sie dazu?«

»Diese Frage klingt sehr unverschämt!«

»Wieso? Wäre es denn ganz unmöglich, irgendein Mitglied der Kammer der Gemeinen mit einem Gehirnanfall behaftet sich zu denken? Hat sich etwa dieser Fall in der Wirklichkeit so selten ereignet?«

»Nun, weil Sie es von dieser Seite nehmen, so will ich ganz offen mit Ihnen sprechen. Die erste Pflicht einer Hausdienerschaft ist ohne Zweifel, daß sie die Fehler und Schwachheiten ihrer Herrschaft geheimhalte oder bestens bemäntle, wenigstens, solange sie sich im Haus dieser Herrschaft befindet. Aber genug über diesen Artikel. Die Familie meines Gebieters hat sich schon seit geraumer Zeit von seinem Irrsinn überzeugt, da er jedoch nichts Böses tut, kein Unheil anrichtet und niemandem Schlimmes zufügt, so überläßt man ihn ungehindert seinen Neigungen, Einfällen und Launen. Diese Freiheit rechtfertigt wohl sehr glänzend seine hohe Stellung im Staat und die Bewunderung, welche alle seine Reden den Leuten seiner Partei und dem ganzen Publikum abgewinnen. Überdies hat er ohne sein Wissen einen Aufseher, der überall und immer bei ihm ist, um ihn gegen jede Gefahr zu schützen, die etwa aus einem plötzlichen Anfall von Wahnsinn entstehen könnte. Gehen Sie also immerhin zu ihm, und richten Sie Ihr Benehmen hiernach ein.«

Am folgenden Tag war ich zu der bestimmten Stunde bei dem hohen Herrn.

Er sagte: »Ich kenne Ihre Geschichte, Sie haben die Welt von der schlechtesten Seite gesehen, Sie müssen wohl zu Ihrer Zeit eine große Zahl von Kriminalverbrechern kennengelernt haben, ich will ein möglichst genaues Verzeichnis derselben liefern und darin mehr Wahrheit vorwalten lassen, als in den täglich gedruckt werdenden Biographien, womit das Publikum täglich von neuem betrogen wird, zu finden ist.«

»Mein Herr«, antwortete ich ihm, »ich glaube wohl, bei einigem Nachdenken Ihnen dazu alle nötigen Dokumente liefern zu können.«

»Sehr wohl«, fuhr er nach einer langen Pause fort, »setzen Sie für mich ein genaues Verzeichnis der bekanntesten Verbrecher auf. Mein Zweck dabei ist eigentlich die Anstellung eines Vergleichs aller Beziehungen zwischen unserem System und ihren Fortschritten auf der Bahn des Verbrechens. Beschäftigen Sie sich mit dieser Arbeit und kommen Sie erst wieder, wenn ich Sie werde rufen lassen.«

Wie konnte nur ein Verrückter sich so vernünftig zeigen? Und welches Motiv mag ihn wohl veranlaßt haben, mich zu einer beinahe nutzlosen Arbeit aufzufordern?

Diese Fragen richtete ich an meinen Freund, den Wundarzt.

»Sie glauben also«, entgegnete dieser, »daß Sie später wieder von diesem Mann hören werden? Da sind Sie in der Tat verrückter als er selbst. Die Manie dieses großen Mannes besteht darin, daß er unaufhörlich den Gesetzgeber spielt oder wenigstens nur Gesetze vorbereitet. Schon morgen wird Sie eine neue legislative Phantasie aus seinem Gedächtnis verbannen.«

Wie der Wundarzt mir sagte, so geschah es auch. Der Herr

Gesetzgeber vergaß mich und die mir eröffnete Theorie bereits am folgenden Tag. Ich hörte davon niemals wieder sprechen. Indessen hatte sein Auftrag doch für mich einigen Nutzen, indem ich mich an die gewünschte Arbeit machte und durch die desfallsigen Nachforschungen manches ermittelte, was für meine Denkwürdigkeiten von großem Nutzen ist.

XIII.

Wucherer, Pfandleiher und andere Geldverborger. – Lustige Akzeptanten.

Ein junger Narr aus guter Familie und dabei ein Herrchen nach der Mode hatte im Spiel eine bedeutende Summe verloren und las in den Zeitungen eine Anzeige, wonach Geld gegen die einfache Bürgschaft des Darleihers selbst angeboten wurde. Voll Besorgnis wegen der Bezahlung einiger Ehrenschulden und voll Sehnsucht nach neuer Barschaft, um zur Erstattung seiner Verluste das Glück von neuem versuchen zu können, suchte der junge Herr die Leute auf, welche ihren Beutel aller Welt so gefällig öffneten. Er hatte sich eingebildet, daß man ihm, dem Inhalt der Anzeige getreu, Geld auf seine einfache Unterschrift borgen würde, aber man machte ihm tausend Einwände; man forderte von ihm Bürgschaften von dritten Personen, und er entfernte sich wieder unverrichteterdinge und sehr mißmutig.

Als er am andern Morgen beim Frühstück saß, führte sein Diener einen Fremden bei ihm ein.

Dieser redete ihn ohne viele Umstände an: »Mein Herr, ich habe vernommen, daß Sie eines Darlehens von eintausend Pfund Sterling für einige Zeit bedürfen.«

»Ja, mein Herr, ich war gestern deshalb bei einigen Personen, verlor jedoch alle Hoffnung, da diese Leute nur Papiere, die von einem Dritten bereits akzeptiert sind, annehmen. Übrigens will ich niemanden wissen lassen, daß ich in diesem

Augenblick in einiger Klemme bin, und habe mich daher entschlossen, keinen meiner Freunde um seine Unterschrift anzugehen.«

»Das begreift sich sehr leicht. Ich selbst bin zwar kein Geldverleiher, allein ich kenne einen achtbaren Mann, nach dessen Lebenswandel man sich mit der Zuversicht erkundigen kann, daß man keinen Flecken darin finden wird, der aber dessenungeachtet, zufolge mancher eigentümlicher Verwicklungen, sich bald genötigt sehen dürfte, den verzweifelten Zustand seiner Angelegenheiten bekanntzumachen. In diesem Augenblick drückt ihn das dringendste Geldbedürfnis, und ich zweifle gar nicht, daß er nach gewonnener Überzeugung von der vollkommenen Sicherheit bei einem Akzept Ihrer Tratten sich gern herbeilassen wird, Ihnen gegen eine kleine Gratifikation seine Unterschrift zu leihen.«

Ich übergehe alle übrigen Details; hier genüge zu wissen, daß die Leute, welche die erwähnte Anzeige durch ihre Zeitungen erlassen hatten, dem jungen Herrn wirklich für drei Tratten, jede von dreihundert Pfund Sterling, sechs Schilling und acht Penny, von ihm auf eine andere Person gezogen und von dieser akzeptiert – den baren Betrag von fünfunddreißig Pfund Sterling behändigten, gleichsam als ein Drangeld oder Trinkgeld. Am andern Tag verfügte sich der junge Herr wieder zu seinen Geldverleihern, welche ihm ungefähr zweihundert Pfund Sterling bar und, nach ihrer Angabe, ungefähr ebensoviel in Juwelen und Bijouterien, das heißt also in ganz wertlosen Dingen, vorstreckten und dazu noch das Versprechen gaben, ihm von Zeit zu Zeit Geld vorzuschießen. Diese Kunststückchen dauerten bis zur Verfallszeit der ersten Tratte fort.

Nun erschien ein neuer Schauspieler auf der Szene, angeblich ein sehr achtbarer Handelsmann, der sich für den Inhaber der drei Tratten ausgab und deren Valuta bar bezahlt zu haben versicherte.

Dieser Mann ließ sich also vernehmen: »Ich kenne diese Herren Geldverleiher nicht; ich eskomptierte diese Effekten im Verlauf meines Handelsgeschäfts; das Geld ist jetzt selten, und ich sehe mich genötigt, meine Bezahlung auf der Stelle zu fordern.«

Damit endete die erste Zusammenkunft. Die zweite erfolgte am kommenden Morgen. Derselbe Herr Kaufmann erschien wieder in Begleitung eines Freundes, beide mit sehr geheimnisvollen, ernsten und beinahe Trauer verkündenden Mienen.

Der Kaufmann eröffnete den Feldzug mit der Anrede an den jungen Herrn: »Mein Herr, ich ersuche Sie um die einfache Erklärung, ob Sie sich als den Aussteller dieser Tratten anerkennen?«

»Ja, mein Herr.«

»Haben Sie viele solcher Effekten im Umlauf?«

»Nur deren drei, mein Herr, wofür ich überdies die Valuta nicht empfangen habe.«

»Ha, dies ist gerade genug, um sich an den Galgen zu bringen! – Die Tratten hier in meinen Händen sind ebenso viele Diebstähle und wenigstens, was den Akzeptanten betrifft, reine Spitzbüberei. Sie, mein Herr, bekennen sich in Gegenwart dieses Herrn dazu, daß Sie selbst diese Tratten bezogen und unterschrieben haben. Hiernach bedarf es mit Ihnen gar keines weiteren Arrangements. Sie bezahlen mich auf der Stelle, oder Sie unterziehen sich allen natürlichen Folgen eines Protestes.«

Der junge Mann konnte nicht bezahlen und wurde zu Newgate eingesperrt, ohne eigentlich die Gefahr seiner Lage zu kennen oder nur zu ahnen. Glücklicherweise kamen ihm einige Freunde zu Hilfe, wodurch die Sache nicht bis zu der ersten Jury gelangte und der Prozeß ohne weitere Folgen blieb.

Ein Kerl namens Jack Nose, mein alter Genosse in der Spitzbüberei, war in diese Geschichte mit den drei Tratten verwikkelt. Er wurde nach Newgate abgeführt und später zur Deportation verurteilt. Als einen Mann meiner Bekanntschaft besuchte ich ihn und erfuhr von ihm die merkwürdigsten Nachweisungen über alle Finessen und Kunstgriffe bei den Gaunerstreichen solcher Geldverleiher.

Jack Nose war acht Jahre hindurch von diesen Wucherern beständig gebraucht worden und hatte in ihren oft sehr tragischen Possenspielen abwechselnd die Rollen von Commis, Zwischenträgern, Boten, Huissiers, Advokaten, Kavalieren etc., wie es gerade die Umstände erheischten, übernehmen müssen. Da er dafür keine feste Besoldung erhielt, so rechnete er lediglich auf die Freigebigkeit seiner Herren und auf gewisse Anteile am Gewinnst von jedem gelungenen Spitzbubenstreich.

So hatte er nach der erwähnten Geschichte mit dem jungen Herrn von zweien seiner Patrone zwanzig Pfund Sterling in Banknoten, nämlich von jedem deren zehn erhalten. Dieselbe Rate hoffte er von einem dritten Patron zu empfangen, an den die beiden andern ihm ein Billettchen behändigten, welches Jack auch getreulich übergab, ohne den Inhalt zuvor gelesen zu haben.

»Es ist gut«, antwortete dieser dritte Patron und gab ihm einen Bankzettel von zehn Pfund, den Jack in seine Tasche steckte. Bei dieser Szene war eine dritte Person anwesend, die nichts als ein bestellter Zeuge war. Am folgenden Morgen wurde Jack von zwei Polizeioffizianten verhaftet, ins Gefängnis geschleppt, einer mit Drohungen verknüpften Gelderpressung angeklagt und dafür auch wirklich zu vierzehnjähriger Deportation verurteilt.

Man höre nun auch die Lösung dieses Rätsels.

Die Geschichte mit den drei Tratten hatte Lärm gemacht und war auch dem Vater des jungen Mannes zu Ohren gekommen. Der alte Herr erzürnte sich darüber gewaltig und schwur die grimmigste Verfolgung gegen die Mitglieder dieses unheilbringenden schwarzen Bundes.

Dies erfuhren die Bundesgenossen bald. Der einzige gefährliche Zeuge bei dieser ganzen Geschichte konnte Jack werden, demnach faßten sie den Entschluß, ihn um jeden Preis beiseite zu schaffen. Das Billett, welches Jack von den beiden Patronen an den dritten empfangen und auch wirklich übergeben hatte, war nichts als ein Drohbrief in den grimmigsten Ausdrücken, eine wahrhaft stürmische Apostrophe: »La bourse ou la vie!«*

* La bourse ou la vie! – Geld oder Leben! (frz.)

Der gedungene Zeuge sagte eidlich aus, daß er selbst mit angesehen, wie Jack Nose die drei Banknoten in seine Tasche gesteckt habe.

Und der arme Spitzbube wurde deportiert.

XIV.

Der Bankier Fountleroy.

Wer erinnert sich nicht des Todes des berühmten Bankiers von Berner's-Street, des schönen, großartigen Fountleroy! Er hatte eine neue, sehr unglückliche und weitverbreitete Folgen habende Art von Verfälschung der Papiere erfunden.

Er war noch sehr jung, als man ihn als Kompagnon in einem Bankierhaus aufnahm, welches er nahe am Bankrott vorfand. Da die Führung des ganzen Hauses ihm übertragen war, ließ er sich von seiner Eitelkeit und seinem persönlichen Interesse und vor allem von seiner Liebe und Freigebigkeit gegen Frauen zu verzweifelten Anstrengungen hinreißen, um seine Stellung in der Welt aufrechtzuerhalten oder um nach seinem Geschmack leben zu können.

Fountleroy war weder ein Bösewicht noch ein Betrüger, aber er hatte Papiere und keine Grundsätze, er war geldgierig und ein Lebemann, gewinnsüchtig und freudelustig. Er hatte nur das zu erringende Geld, die zu erfassende Beute im Auge und bedachte nicht, daß in diesem Augenblick die Rechtlichkeit das Ziel viel sicherer hätte erreichen können als der Betrug. Er hatte eine gute Erziehung erhalten, und sein Stolz, vereint mit seinem hohen Begriff von seiner sozialen Stellung, trieb ihn immer weiter vorwärts. Er meinte, jede geringere Stellung als die des Chefs eines Bankierhauses sei unter seiner Würde und könne ihm kein Glück verleihen, und seine Vergehen sind zugleich der Ausdauer eines unbezähmbaren, über jegliche Wendung seines Schicksals wachenden Willens zuzuschreiben.

Er fand also die Geschäfte des Handelshauses in einiger Unordnung und stellte sich an dessen Spitze wie ein Steuermann, der dasselbe durch alle Klippen hindurchzusteuern berufen war; seine Eitelkeit und sein Eifer rissen ihn fort.

Die erste Fälschung schien ihm nur eine Anleihe, kein Diebstahl. Er verkaufte mittels einer Fälschung ein fremdes Besitztum und eignete sich den Kaufpreis an; man verlangte den Geldeswert, und er fand sich genötigt, zu einer zweiten Betrügerei zu schreiten, um das nötige Geld aufzutreiben und die Entdekkung des Betruges zu verhindern. So verlor er sich denn in ein Labyrinth ohne Ausgang und beging der Fälschungen so viele, daß die Einbildungskraft nicht zu deren Aufzählung ausreicht.

Wenige Schicksale gleichen wohl dem des Fountleroy. Von guter Erziehung, voll geistiger Fähigkeiten, ja selbst nicht ohne edle Gefühle, sah er sich stets nur wenige Schritte vom schimpflichen Tod entfernt und dem Verderben nah, während er nach außen Festigkeit und Heiterkeit aufrechterhielt. Die letzte Hälfte seines Lebens war den entsetzlichsten Qualen preisgegeben, einer beinahe übernatürlichen Anstrengung, die äußere Ruhe zu bewahren und die ihn stets von neuem anfallenden furchtbaren Gedanken zu bannen: gewiß die schwerste Aufgabe eines Menschen! Wahrscheinlich würde seine Seele durch die ihr von der unglücklichen Lage aufgezwungene Energie selbst zertrümmert worden sein, wenn die Entdeckung seiner Vergehen noch lange gezögert hätte.

Der stolze Fountleroy sank zusammen, als er entdeckt und gefangengenommen wurde. Er war vernichtet. Der Anblick des Polizeioffiziers Plauk, den er gut kannte, übte auf ihn die Wirkung des Sonnenstichs, welcher zum Wahnsinn treiben kann. Von diesem Augenblick an konnte er sich nie wieder erholen; sein Herz schlug zwar noch immer, aber wie eine Uhr, die stehenbleibt, wenn die Kette abgelaufen. Er scheint in den letzten Jahren seine Ausgaben nicht mehr berechnet und sich den kostspieligsten Aufwand erlaubt zu haben.

Man hatte von jeher sein Betragen wunderlich gefunden. Er unterschrieb freigebig für öffentliche Wohltätigkeitsanstalten und gab oft dem Bettler einen Sovereign. Bei andern Gelegenheiten schien er aber geizig zu sein; er scheute nichts, um das

Todesringen seines Herzens zu betäuben. Je älter er ward, um so seltsamer schienen die Anfälle von Freude und Verzweiflung, die ihn oft in schnellem Wechsel befielen.

»Ich hätte«, sagte er zu einem seiner Freunde, »das Land mit einer genügenden Summe verlassen und mich auf den Kontinent zurückziehen können, und dieser Gedanke trat mir oft vor die Seele. Es ward mir aber schwer, von dem Piedestal, worauf meine Einbildungskraft mich gestellt, herabzusteigen. Die Furcht, vor den Augen der Welt herabzukommen, hielt mich wie ein Zauber in London zurück.«

Dieser Stolz und der Gedanke, daß er eine Person von Wichtigkeit sei, haben ihn bis zum letzten Augenblick nicht verlassen.

»Ach«, rief er eines Tages, als sein Urteil gesprochen, indem er sich im Spiegel sah, »da ist er also, dieser glückliche, dieser reiche Fountleroy, von dem man soviel gesprochen hat! – Noch vor wenigen Tagen war ich reich, geehrt und hatte Freunde. Was bin ich jetzt? Von der allgemeinen Verachtung gestempelt – ein Verbrecher – ein Verurteilter!«

Er sank auf einen Stuhl und deckte sein Angesicht mit den Händen, die er auf seine in die Höhe gezogenen Knie stützte, eine Stellung, worin er oft stundenlang zu verharren pflegte.

Dann plötzlich aufspringend und mit starken Schritten einhergehend, sagte er: »In meiner Natur lag das Streben nach Ehre, ich wollte mich in der Stellung meines Vaters erhalten und hatte eingesehen, daß das, was ich unter Ehre verstand, nicht mit Armut vereinbar sei. Um Achtung und guten Ruf zu erlangen, muß man das Haupt beugen und sich dem Geist einer auf Irrtum gegründeten Gesellschaft anpassen. Der traurige Stolz, während der wenigen Lebenstage unter meinesgleichen geehrt zu sein, hat mich zugrunde gerichtet.« Sein Auge war gen Himmel erhoben, und der ihn in diesem Augenblick Gesellschaft Leistende deutete nach der Bibel.

»Sie haben recht«, sagte Fountleroy, »und ich danke Ihnen. Die Zeit eilt vorüber, und ich habe keinen Moment zu verlieren. – Wenn ich das nur früher bedacht hätte!«

Und plötzlich, die Augen auf die Bibel gerichtet, rief er aus: »Ja, es gibt eine erste Ursache, einen Gott, der alles regiert, durch seinen hohen Rat leitet, der alles durchschaut. Es hat Gott gefallen, daß ich geboren worden und die Führung eines schwankenden Hauses übernehmen mußte, um einst meine Tage auf dem Schafott zu beschließen! Und hatte ich denn nicht selbst Willen und Kraft? Hätte ich denn meinen Nachen nicht in den Hafen steuern können, statt ihn auf Felsen zu lenken? Wenn der Zufall –«

»Sprechen Sie nicht also, Herr Fountleroy«, unterbrach ihn einer seiner Freunde, ein frommer Mann, der soeben eingetreten war.

»Warum nicht?«

»Weil es keinen Zufall gibt in der Welt!«

»So meinen Sie denn, alle Dinge seien vorherbestimmt und vorausgesehen?«

»Gott hat nichts dem Zufall überlassen; er ist die Ursache aller Ursachen. Der Zufall ist ein leeres Wort, das weder den gewöhnlichen Lauf der Natur noch irgendeine sekundäre Ursache bezeichnet.

Sie müssen zugeben, daß es keine Wirkung ohne Ursache gibt«, fuhr der Freund fort, der diese Gelegenheit, Fountleroy zum letzten Schritt vorzubereiten, nicht unbenutzt lassen wollte. »Sie befinden sich jetzt in einer Lage, die man für den höchsten Punkt des Unglücks halten könnte; man kann sich in der Tat nichts Schlimmeres denken. Klagen Sie aber nicht die Vorsehung an, Sie in eine unvermeidliche Verkettung von Umständen verwickelt zu haben. Gedenken Sie ernstlich des Zustandes Ihrer Seele; prüfen Sie sich mit Aufmerksamkeit und Strenge und sehen Sie dann, ob Sie sich nicht eines freien Willens bewußt gewesen. – Wir werden später noch davon sprechen. Ich habe einen Brief für Sie, den Sie lesen müssen!« Bei diesen Worten legte er den Brief in Fountleroys Hände.

Von diesem Tage an trug sich eine auffallende Veränderung in dem Betragen Fountleroys zu. Seine Unruhe legte sich, seine Ideen wurden ruhiger und richteten sich oft nach der Vergangenheit. Jeden Abend las er in der Bibel und sprach mit seinen Freunden und dem Geistlichen von religiösen Gegenständen.

Bei seinem Eintritt ins Gefängnis hatte man ihm ein bequemes Zimmer in der Wohnung eines der ersten Gefängniswärter bereitet, welche Vergünstigung selten einem unter so schwerer Beschuldigung stehenden Verbrecher gewährt ward; und man erlaubte ihm bis zum Tag der Hinrichtung, darin zu verweilen, indem man ihm beständig einen Aufseher zugesellte, der jeden Versuch des Selbstmordes hintertreiben sollte.

Die Aufsicht über die zum Tode Verdammten fällt abwechselnd jedem Gefängniswärter zu, und während Fountleroy im Gefängnis war, sendete man ihm einen Wächter namens Clarke, dessen unangenehme Gesichtszüge, wenn sie regungslos waren, ihm Ähnlichkeit mit einer aus Schiefer geschnittenen Statue gaben. Fountleroy war bei dem Anblick dieses Mannes von Entsetzen ergriffen, er behauptete, sterben zu müssen, wenn man ihm keinen andern, weniger häßlichen Wächter stelle. Der Gouverneur befahl sogleich, daß man diesem seinem Wunsch nachkomme, für welche Gunst Fountleroy dankbarer als für manche andere war.

Während er in dem Zimmer auf und ab schritt, pflegte er oft aus der Bibel die Worte Davids zu sagen: »Herr, wo soll ich hinfliehen vor deinem Angesicht! Fliege ich gen Himmel, so bist du da – nehme ich die Flügel der Morgenröte und flöge zum äußersten Meer, so wird doch dein Finger mich leiten und deine Rechte mich halten.«

Die Bank von Berner's-Street hatte schon seit langem ihren Klienten die vorteilhaftesten Bedingungen gestellt, die manchen vornehmen Leuten sehr zunutze kamen. Es befand sich sogar ein Mitglied der königlichen Familie, der jetzt gestorbene Herzog von York, unter diesen.

Er war es, der dem Fountleroy drei Tage vor seiner Hinrichtung um Mitternacht einen mysteriösen Besuch abstattete. Es ist noch ein Geheimnis, wie er in den Kerker gedrungen und wer ihn hineingelassen.

Der Gefängniswärter vernahm ein Pochen an der Tür und eine Stimme, welche rief: »Laßt mich ein!«

Nach einigen Augenblicken Zögerns öffnete der Wächter, der den Gouverneur vermutete, die Tür und sah einen großen, in einen Mantel gehüllten Mann eintreten, dessen Gesicht von der auf die Stirn gedrückten, mit großem Schild versehenen Mütze geborgen war.

Fountleroy erkannte demungeachtet den Prinzen und rief: »Oh! Welche Gnade!«

Der Fremde erhob den Finger wie zum Zeichen des Schweigens und ging auf den Gefangenen zu. Mit feierlicher Stimme sagte er: »Ich habe alles versucht, Sie zu retten – ich habe meinen ganzen Einfluß geltend gemacht – aber, Fountleroy, alles ist vergebens. Sie haben mir Dienste geleistet, und ich habe es nicht vergessen. Die Unmöglichkeit, Sie zu retten, betrübt mich tief, und um Ihnen meine aufrichtige Teilnahme zu zeigen, wollte ich Ihnen diese traurige Nachricht selbst überbringen und kam diese Nacht zu Ihnen. Schweigen Sie jetzt, antworten Sie mir nicht, alles ist umsonst, und Sie wissen wohl, welche wichtigen Gründe dieses mein Hiersein zum Geheimnis stempeln. Leben Sie wohl, richten Sie Ihre einzige Hoffnung auf Gott, betrachten Sie die Welt wie schon tot für Sie. Glauben Sie an meine Freundschaft und leben Sie für immer wohl!«

Er wandte sich nach der Tür, um dem Gefängniswärter sein Antlitz zu verbergen, und sagte zu ihm: »Bleiben Sie bei Ihrem Gefangenen und folgen Sie mir nicht, ich kenne meinen Weg.«

Mit diesen Worten verließ er das Zimmer, und der Wächter blieb während einiger Augenblicke im Zweifel, ob er den Bewohner einer andern Welt oder ein menschliches Wesen vor sich habe, so ungewöhnlich und unbegreiflich schien es ihm, daß ein Mensch durch die dicken Mauern und die zahlreichen Türme gedrungen sei.

Fountleroys Erstaunen, sein passiver Gehorsam, dieser mysteriöse Ein- und Ausgang, alles zeugte vom hohen Rang des Fremden, denn am Tage hatte jeder beim Arrestanten freien Zutritt.

Es liegt etwas Widriges darin, die öffentliche Aufmerksamkeit auf die Leiden einer Frau zu lenken, der man keinen Trost zu geben vermag und der nicht zu helfen ist; ich glaube jedoch die Geheimnisse meines Lebens ungestraft ausplaudern zu können. Miß Forbes, welche dem Gefangenen durch zarte Bande verbunden war, kam täglich, ihn zu sehen. Er hatte sie wie seine Frau behandelt und ihr mehrere Kinder gegeben; ihre Lage war entsetzlich, und das Publikum richtete sie streng, denn ihr Geliebter war ein verheirateter Mann, der seine Frau kurz nach der Trauung zufolge einer früheren Verabredung mit derselben, verlassen hatte. Diese Verbindung hatte also nicht durch Fountleroys Leidenschaft zu Miß Forbes gestört werden können, und er würde gewiß dieses Mädchen zu seiner Gattin gewählt haben, wenn er frei gewesen wäre.

Mistreß Fountleroy, welche ihren Mann seit dem Tage der Vermählung nicht wieder gesehen hatte, eilte herbei, um ihn im Unglück zu trösten. Als Fountleroy diese Absicht seiner Frau erfuhr, verlangte er Bedenkzeit, um sich auf diese Prüfung vorzubereiten, und als er sie schon vor der Tür wußte, bat er noch um Aufschub dieser Unterredung.

»Ich werde ein Zeichen geben, wenn ich gehörig vorbereitet bin«, sagte er zu dem Wächter.

Demungeachtet war dieses Zusammentreffen sehr ergreifend; sie stürzte ihm in die Arme und schluchzte laut. Miß Forbes und Mistreß Fountleroy begegneten sich ein einziges Mal, und die Furcht vor einer Wiederholung dieses Zusammentreffens beängstigte Fountleroy nicht wenig. Er sagte also mit einem Gefühl von Freude seiner Frau Lebewohl und fügte hinzu, daß er um alle Reichtümer der Welt willen nicht noch einmal diesen Abschied beginnen möchte. Er hatte einen Sohn von seiner Frau, und die Unterredung mit diesem war auch sehr schmerzlich. Der junge Mann, der sein vierzehntes Jahr angetreten, vermochte schon seines Vaters und seine eigene Lage zu begreifen und verstand den Einfluß, den dieses entsetzliche Unglück auf sein junges Leben ausüben werde.

Je näher der Tag, der sein Leben endigen sollte, heranrückte, desto mehr verfiel Fountleroy in einen Zustand der Gefühllosigkeit. In der Nacht vor seiner Hinrichtung schien er nichts von allem sich um ihn Zutragenden zu wissen. Viele behaupten, er habe an dem Gefängnisarzt einen Freund gefunden, der ihn durch ein Arzneimittel in jenen Zustand der Erstarrung versetzt. Das mag wohl wahr sein, und ich habe es immer vermutet.

Herr Fountleroy beklagte sich bitter darüber, daß er die Predigt der Verurteilten anzuhören gezwungen war, welche ihm zur großen Qual gereichen mußte. Der ehrwürdige Prediger hatte den Text gewählt: »Wer sich fest glaubt, wache über sich, daß er nicht falle.« Im Lauf der Predigt sagte er: »Der Fehltritt unseres Bruders ist groß und der gefährlichste, der in einem industriellen Land begangen werden kann; wir werden in unseren Annalen der Verbrechen in dieser Art nicht einen Fall finden, der mit diesem zu vergleichen ist. Der Schlag war gegen die reichste Stiftung der Welt, deren Verbindungen am weitesten reichen, geführt: gegen die englische Bank nämlich. Die Direktoren, als sie die Verfälschung der Aktien entdeckt, schrieben dieselben sogleich auf den Namen der ersten Besitzer, welches Verfahren ihrer Menschlichkeit Ehre macht und eine Menge durch den Verurteilten zugrunde gerichtete Personen rettete.«

Welch eine Barbarei! Ist dieser Mann nicht viel mehr Henker als ich? Vergaß er nicht alle christliche Barmherzigkeit, als er die Leiden eines Elenden also steigerte, und trat er nicht an diesem Tag aus seinem sonst so liberalen, guten und menschlichen Charakter heraus? Warum war das Verbrechen größer, weil es eine reiche Stiftung beeinträchtigt? Wozu lobte er so am unrechten Ort die Direktoren der Bank? Dem, der in einigen Stunden sterben muß, sollte man nicht durch eine Schilderung seiner Lage das Elend noch vergrößern. Es erscheint mir als eine unnötige Grausamkeit, einen Mann aus dem Kerker herauszuführen, um ihm Bitterkeiten zu sagen und ihm sein Verbrechen mit den lebhaftesten, entehrendsten Farben zu schildern.

Der ehrwürdige Prediger pflegte gewöhnlich seine Pflicht mit Schonung zu erfüllen, er ward aber durch den Wunsch, einigen

Reichen zu schmeicheln, diesmal hingerissen. – Sonst waren die zum Tode Verdammten dem Publikum zur Schau gestellt, das für Geld in die Kapelle zugelassen wurde. Einer der Verurteilten machte sich einstmals diese Gelegenheit zunutze, stürzte in die Menge, und durch eine weibliche Verkleidung, die man ihm übergeworfen, gelang es ihm, noch im letzten Augenblick zu entfliehen.

Von jener Zeit an hat man diesen barbarischen Gebrauch abgeschafft, die Reform sollte jedoch vollständig sein: Man sollte alles vermeiden, was den Unglücklichen, dem nur kurze Zeit zur Versöhnung mit Gott verliehen, reizen könnte.

XV.

Die Spieler und die Handelsleute.

Man käme darin überein, sagte neulich unser Kaplan, daß das Spiel ein die Menschheit demoralisierendes Laster ist. Niemand aber will einsehen, daß die meisten der Handelsleute sich nur durch das Spiel erhalten; denn ich meine, die Börse ist nichts anderes als ein Spieltisch!

Der Kaufmann, der, nachdem er sein Wort gegen zweihundert vertraute Freunde gebrochen und zweihundert neuen Bekannten ewige Freundschaft geschworen hat, zehnmal nur noch drei Schritte vom Bankrott entfernt war und viermal sich mit seinen Gläubigern abgefunden hat, nachdem er fünfzig seiner besten Freunde verfolgen und einsperren lassen, auf falsche Banknoten Gelder eingezogen, sich dann in seinen Aldermanrock hüllt und nach Newgate fährt, wo er mit großem Bombast gegen die Laster Londons deklamiert, seine Schildkrötensuppe verspeist und, nachdem er dieselbe mit einer Flasche Claret begossen, seinen Tilbury nach seiner Villa lenkt und dort nach den Ermüdungen des Tages seine Kinder sermoniert, ihnen, was er die Kenntnis der Welt nennt, predigt und ihnen die Rolle einstudiert, die er selbst gespielt hat: Ist dieser Kaufmann etwas Besseres als ein Spieler?

Diese Schilderung ist nicht übertrieben; es ist das Leben von neunzehn unter zwanzigen, welche auf dem Geldmarkt spekulieren, wo die schlechtesten Leidenschaften des Menschen, Neid, Haß, List und Ungerechtigkeit, sich entfesseln.

Das sich stets bereichernde, stets vergrößernde London, dieser Mittelpunkt der Wissenschaften und Künste, umschließt auch zugleich alles Material, um die Menschenseele elend zu machen und zu besudeln.

Wer heute die Moral predigt, kann morgen vor den Assisen stehen, und der heute das Gefängnis verlassende Verbrecher kann morgen Theologie studieren.

In London, wo neunzehn bis zwanzig Leute bis zum letzten Schilling ihr Kapital aufs Spiel setzen, wo mehr als die Hälfte auf ein imaginäres Kapital spekuliert, ist es zu verwundern, daß nicht noch mehr Fälschungen vorkommen, das heißt anerkannte Fälschungen; denn es ist gewiß, daß deren unzählige in Zirkulation sind. Wer je auf dem stürmischen Meer des Handels umhergetrieben, muß die Wahrheit meiner Behauptung, daß der Handel ein Hasardspiel geworden ist, bestätigen.

So sprach auch der Geistliche; und in der Tat kamen vor einigen Jahren unter den Kaufleuten täglich Fälschungen vor. Vielleicht hatte keiner die Absicht zu fälschen, und diese Art von Betrug war nur die letzte Anstrengung der durch falsches System der Spekulation am Rand des Verderbens stehenden Kaufleute. Die Unglücklichen hatten einige Stufen der Leiter erstiegen und konnten sich nicht entschließen, sich herabgleiten zu sehen. Wenn der geregelte Handel für das Land ein Glück ist, so ist dagegen jene Schar Spekulanten mit leeren Taschen, die mit dem wahren Kapitalisten ein und denselben Platz einnehmen, ein wahrer Fluch. Sie hemmen und stören den Lauf der Geschäfte, um durch ihre chimärischen Mittel sich den Weg nach dem Fortunatempel abzukürzen. Man hat die ganze Stadt in eine große Rennbahn umgewandelt, wo nur eine kleine Anzahl den Lebensunterhalt verdienen kann, das heißt, man hat alle Grundsätze der Rechtlichkeit umgestoßen.

Ich führe noch einmal meinen Prediger redend ein: »Die

Möglichkeit, in einer von Privatspekulanten wimmelnden Stadt mit einem kleinen Kapital Reichtum zu erlangen, muß manchen Abenteurer zum Verbrechen führen. Hätte Fountleroy nicht gewußt, daß das Rot und Schwarz der Gesellschaft ihm geboten sei, hätte er nicht gehofft, eines Tages die Defizite mit dem Resultat glücklicher Spekulationen reichlich zu ersetzen, so würde er aller Wahrscheinlichkeit nach nicht jenen gefährlichen Ausweg versucht haben, um das Haus vom Verderben zu retten!«

Ehe ich nun aber von einer anderen, der Huntonschen Angelegenheit rede, werde ich zwei Anekdoten mitteilen, welche beide eine Stelle in der Geschichte der Galgen einzunehmen verdienen.

Während des Schreckensjahres 1826 starb ein Bewohner von Nordengland, der in Luxus gelebt hatte, und hinterließ zwei Söhne und mehrere Töchter. Seine Hinterlassenschaft deckte kaum seine Schulden.

Ein sich für die zwei jungen Leute lebhaft interessierender Freund riet ihnen, sich nach London zu begeben und dort Anstellung zu suchen. Um ihnen diesen Schritt zu erleichtern, gab er ihnen Empfehlungsbriefe an einen reichen Handelsherrn und gebot ihnen, sich diesem gleich bei ihrer Ankunft in der Hauptstadt zu präsentieren. Dieser letztere zeigte ihnen große Teilnahme, lud sie zu Tisch und begann schon an demselben Tag Schritte zu ihren Gunsten. Nach einigen Tagen hatte er schon dem Ältesten eine Stelle in dem Haus des verstorbenen William Curtis ausgemittelt.

Dieser Ehrenmann wohnte in der Nähe von India-House, und während er sich für die ihm empfohlenen jungen Leute bemühte, durcheilten diese London; drei Wochen verstrichen, ohne daß sie sich nur bei ihm blicken ließen.

Jeder der beiden jungen Männer hatte ungefähr einhundertfünfzig Pfund Sterling im Portefeuille, welches die letzten Trümmer ihres väterlichen Vermögens waren.

Endlich, nach drei Wochen, tritt der Älteste bei seinem Protektor ein. »Mein Herr«, sagt er, »ich weiß nicht, wie ich mich entschuldigen soll. Die drei Wochen sind mir wie ein Traum vergangen, und doch wie ein sehr reeller Traum, denn ich habe das Geld bei mir«, und schlägt sich dabei auf die Tasche.

»Welches Geld?«

»Vierzehntausend Pfund Sterling, welche ich gewonnen, seit ich Sie sah. Nun wird mich nichts mehr in der Stadt zurückhalten, denn das, was ich so schnell gewonnen, könnte ich ebenso schnell wieder verlieren.«

»Daran tun Sie wohl, aber was wollen Sie damit sagen? Und was ist aus Ihrem Bruder geworden? Warum kam er nicht mit Ihnen?«

»Mein Bruder war ebenso beschäftigt, er wird noch zwei oder drei Tage in London bleiben, um sein Geld einzunehmen. Er hat noch mehr gewonnen als ich. Ich will mich aber so schnell als möglich retten, denn diese Stadt ist verhext, und ich werde die Hand auf die Tasche halten, bis ich hinaus bin!«

»Erklären Sie sich deutlicher. Was haben Sie vorgenommen? Wie sind Sie zu diesem Geld gekommen?«

»Als wir Sie verließen, durcheilten wir London, um bis zum Mittagessen die Zeit hinzubringen. Als wir in der Nähe der Bank durch eine kleine Straße gingen, die, wie ich später erfahren, Bartholomäi Street heißt, begegneten wir einem Schulkameraden, der soeben aus der Börse kam. Er war so eilig, daß er kaum stehenblieb, als wir ihn fragten, ob er in London wohne.

›Das wollt ich meinen‹, rief er, ›ich bin alle Tage hier auf der Börse und fürchte, noch ganz verrückt darüber zu werden. Wenn ich Geld hätte, so würde ich schon seit zehn Tagen mein Glück gemacht haben. Sie sehen mich eben im Begriff, zu einem meiner Freunde zu eilen, um ihm den Kurs der Gloucester Bergwerksaktien mitzuteilen. Wer deren heute kauft, wird morgen sein Kapital verdoppelt haben, oder vielmehr, seine Papiere können ihm in vierundzwanzig Stunden zweihundert Prozent eintragen!‹

Mein Bruder Robert blickte mich scharf an, und da er auf meinem Gesicht den seinen entsprechende Gedanken zu lesen glaubte, hielt er den Freund am Arm zurück und fragte, wieviel Geld man zu einem Geschäft brauche.

›Zwischen fünfzig bis tausend Pfund Sterling‹, antwortete unser Schulkamerad, worauf wir aus seinen Händen die Aktien kauften; und unser Geld trug uns zweihundert Prozent ein. – Jetzt war uns dieses alchimistische Laboratorium geöffnet, und es bedurfte keiner großen Überredungskunst, uns zu weitern Spekulationen zu veranlassen, wobei wir uns von unserm Freund leiten ließen. Die Umstände, vielleicht auch die Dummheit unserer Käufer, begünstigten uns, und wir haben ein bedeutendes Vermögen zusammengebracht. Ich habe mehr, als ich zum anständigen Leben brauche. Dabei bleibe ich auch; man gewinnt selten zweimal in der Lotterie.«

»Sie haben recht, es ist eine große Torheit, mehr zu wünschen, als man braucht. Sie haben hier in jeder Hinsicht gewonnen; Ihre Grundsätze sind noch unverdorben, und einige in diesem Treiben verbrachte Monate würden Ihnen das Herz erkalten, versteinern. Treten Sie in die Börse und sehen Sie, welche Leidenschaften sich in den Zügen der dort Anwesenden malen. Jenes habgierige Auge, jener unruhige Blick, der verschmitzte Ausdruck, die gerunzelte Stirn der Überlegenden und Berechnenden und die Gesichter der Verlierenden, die ihre Ansichten über den Kurs der Geschäfte geltend machen wollen. Diese Börse ist das Grab der Seele; der beste Teil des Menschen geht zugrunde, und der Mensch freut sich nicht einmal seines Geldes, dieses wird sein Herr!«

Und nun noch eine Anekdote. Einer unserer großen geschäftemachenden Bankiers stand schon lange mit einem andern Handelshaus auf der Börse in großer Rivalität. Er und dieses Handelshaus besaßen nämlich eine so beträchtliche Masse Aktien, daß ihre beiderseitigen Operationen einen entschiedenen Einfluß auf den Kurs übten. Diese Stellung ward unerträglich, und beide machten in ihrer Halsstarrigkeit bedeutende Verluste, weil keiner den Kombinationen des Rivalen weichen wollte. Ihre gegenseitige Feindseligkeit steigerte sich zu einer Art von Wut, und so standen die Sachen, als eine Krise im Kurs dieser Papiere eintrat. Der Bankier, welcher mehr Renten als das Handelshaus besaß, war natürlicherweise am meisten betroffen und verärgert, war jedoch der erste, welcher nachgab.

Eines Morgens redete er einen der Associés des Rivalhauses an. »Nun«, sagte er, »wie es scheint, schneiden wir uns die Kehlen zu unserem eigenen Vergnügen ab, das Publikum lacht uns aus; wir sollten uns auch einmal über das Publikum lustig machen. Lassen Sie uns vernünftig sein und soviel als möglich Geld in unsere Taschen stecken!«

»Das ist sehr vernünftig gesprochen«, sagte der andere, »wir beide vereint, könnten den Kurs angeben, nur Ihr Eigensinn trieb uns zur Verzweiflung.«

»Nun, so sprechen wir nicht mehr davon«, rief der Bankier lebhaft, »und vergleichen wir uns!«

Der Bankier besaß zweimal soviel Renten als sein Gegner, und man kam überein, daß der erstere einen Schritt tun sollte, der dem andern einen bedeutenden Verlust zuziehen würde, worauf das Bankhaus von dem Konkurrenten die Hälfte des Gewinns zurückerhalten sollte.

Dieses alles geschah genau, wie es besprochen war. Ich wage es nicht, die Zahl bloß auf Hörensagen anzugeben, die Summe war aber sehr bedeutend. Am Tag der Teilung erschien der Associé des verlierenden Bankhauses pünktlich zur bestimmten Stunde bei dem anderen und ward in einen kleinen Salon geführt. Da er mehrere Personen zugegen fand, wollte er sich zurückziehen.

»Sie sind in Geschäften«, sagte er, »und ich werde morgen wiederkommen.«

»Warum wiederkommen?« rief der Gewinner, wie wenn er ihn noch nie vorher gesehen hätte. »Sagen Sie nur, was Sie hierher geführt, Sie können getrost sprechen, ich habe keine Geheimnisse in Geschäften!«

Der Associé kam außer Fassung, doch suchte er sein Erstaunen zu verbergen. »Nein«, rief er, »ich werde morgen wiederkommen und hoffe, Sie dann allein zu finden.«

»Das ist nicht wahrscheinlich. Warum aber das Geheimnis? Ich habe vor keinem Menschen Geheimnisse!«

Eine zweite und dritte Visite hatten gleichen Ausgang. Der Bankier hatte sich an seinem Gegner gerächt — aber mit welcher Unverfrorenheit! Als der Verlierer an dem Betrug nicht mehr zweifeln konnte, beschloß er seinerseits, sich dadurch zu rächen, daß er die Sache bekanntmachte. Eines Tages gab der Bankier ein großes Diner mehreren vornehmen Personen, und der Betrogene, der davon erfuhr, glaubte eine gute Gelegenheit zur Rache gefunden zu haben, indem er die Schurkerei des anderen allen Gästen erzählen wollte.

Von einem Freund begleitet, erschien er im Hause seines Widersachers, gerade als man sich zu Tische setzte. Anstatt auf ein Hindernis zu stoßen, wurden sie angemeldet und in den Eßsaal eingeführt. Beim Anblick seines Gegners legte der Bankier kaltblütig Messer und Gabel ab und richtete seinen Blick ruhig auf den Rivalen.

»Sie kommen wohl, mir zu sagen, was alle Welt ohnehin schon weiß? Daß ich Ihr Geld gewonnen habe und daß Sie ein Dummkopf sind? Sie wollen mich einen Dieb, einen Schuft, einen Hund nennen und mir ins Gesicht spucken. — Sie können mich dadurch nicht verärgern — ich habe das Geld, und Sie haben keins! Nur zu! Eilen Sie sich, wir wollen speisen.«

Der betrogene Associé murmelte einige Verwünschungen in den Bart und verließ den Saal, während der andere ihm ein lautes Gelächter nachschickte.

»Gib acht«, sagte er dann zu seinem Bedienten, »daß er sich nicht in meinem Hause umbringt, das würde einen schlechten Effekt machen.«

Was soll man dazu sagen? Diese Geschichte ist allgemein bekannt, und man kennt noch viel schlimmere. Dennoch ist dieser Bankier einer der angesehensten und wird demungeachtet geehrt.

XVI.

Hunton, der Fälscher. – Geschichte einer Handelskrisis der ersten zwanzig Jahre des neunzehnten Jahrhunderts.

Man würde Huntons Geschichte nicht verstehen, wenn ich nicht erst einige, meinem Geistlichen entlehnte Betrachtungen vorausschickte, die ich wiedergebe, wie er sie mir vorgetragen hat.

Die Französische Revolution bewirkte eine große Veränderung in der englischen und französischen Gesellschaft. Kaum war der Vulkan ausgebrochen, als der Wert des Geldes plötzlich sank, woraus eine ganze Reihe von Handelskatastrophen erfolgte. Der gewöhnliche, geregelte Handel ward aufgegeben, und jeder stürzte sich in unbegrenzte Spekulationen, jeder wollte ein großes Spiel spielen.

Unsere jungen Handelsleute haben gar keinen Begriff von dem Londoner Leben vor dreißig bis fünfunddreißig Jahren. Heute machte der Kaufmann Bankrott, und morgen strömte ihm wieder der Reichtum zu. Jede Zahlungsunfähigkeit ward als vorübergehend betrachtet, und niemand schämte sich, seinen Verpflichtungen nicht genügen zu können. Der Bankrotteur fand tausend Gefährten, die für ihn gutsagten; man entschuldigte jedes Defizit als das Resultat gewagter Spekulationen.

Es war etwas Gewöhnliches, in Guildhall Gläubiger gegen einen Gefallenen klagen zu hören, die eine Woche später selbst unter die Gefallenen gerechnet werden mußten. Selbst die Gerechtigkeitsbehörden (wenn man der zur Beurteilung der Bankrotte in jener Epoche eingesetzten Kommission diesen Namen geben konnte!) teilten den allgemeinen Rausch. Die Vermögen gewannen und verloren sich mit unglaublicher Schnelligkeit, ungeheure Summen realisierten sich in wenigen Monaten. Man kann den Wechsel des Besitzers in jener Epoche nur mit der Art und Weise, wie das Gold beim Spieltisch aus einer Hand in die andere geht, vergleichen. Der Umsturz der Regierung oder eine gänzliche Umwälzung von deren Form hätte keine so große Veränderung in der Moralität des Silbers hervorrufen können.

Als Herr Pitt sich bemühte, den demokratischen Geist jener Zeit zu hemmen und den aristokratischen Reichtum zu erhalten, das heißt eine Revolution zu verhindern, waren die von ihm in Anwendung gebrachten Mittel nur geeignet, die größte Revolution vorzubereiten. Der Wechsel in Gewohnheiten, Sitten und Grundsätzen des Volkes brachte einen größeren Reichtum, als der ganze alte Adel zusammen besaß, in einige Hände und schuf so eine neue Aristokratie. Er brachte reiche Emporkömmlinge an das Ruder und zerstörte so den Einfluß des alten Adels. Diese Veränderung in der Gesellschaft trat sehr plötzlich ein und erschütterte die Moralität des ganzen Volkes bis in den tiefsten Grund.

Pitt erhob den Reichtum zum Götzen; ihm allein gab er Ehrenstellen und Macht und bewerkstelligte so in wenigen Jahren eine gänzliche Umwälzung des Nationalcharakters. Er war es, der den Kurs der englischen Renten ebenso veränderlich als den fremder Papiere gestaltete. Durch ihn ward das Land in Schulden gesteckt, aus denen es sich nie wieder wird reißen können. Pitt überhäufte die Reichen mit Ehrentiteln, die ihnen zur Schande gereichen würden, wenn man neben ihre Namen die Mittel einschreiben wollte, wodurch sie den Reichtum erlangt. Er dachte nicht an das Glück des Volkes, sondern nur an den Reichtum der Nation.

Mit allen diesen Ereignissen steht die Geschichte Huntons in enger Verbindung. Niemand hat bisher die wahren Gründe für die häufigen Fälschungsverbrechen jener Epoche angegeben.

Man muß sich klarmachen, daß der Handel zwischen 1794 und 1814 immer mehr schwand und ein System des Handels mit Wechseln eingeführt wurde, welches man bis zum Wahnsinn übertrieb. Der Handel hatte einen gewaltsamen, krankhaften Schwung erhalten, und in den Augenblicken der Krisen und Unterbrechungen fanden sich sehr zahlungsfähige Kaufleute in momentane Verlegenheiten gestürzt, woraus die Zahlungsunfähigen Entschuldigung für die Nichterstattung ihrer Verpflichtungen ableiten konnten. Da alle Zahlungen in englischen Papieren stattfanden, so war es dem Interesse der Bank angemessen, viele Wechsel abzusetzen, um den Handel des Landes aufrechtzuerhalten, auch gewährte man den einfachen Indossenten und in London zahlbaren Wechseln bedeutenden Kredit.

Heutzutage wird nur sehr bekannten Kaufleuten der Kredit der Bank eröffnet. In jener Epoche wurden aber alle kleinen Kaufleute zugelassen, und die bedeutenden Summen, die die Bank in die Hände einer im Vergleich sehr geringen Anzahl von Individuen strömen ließ, ward zum Diskontieren der Wechsel verwendet. Auf diese Art gingen sie in den Detailhandel über. Das Diskonto gehörte nicht mehr zu dem Geschäftskreis der Bankiers und einiger Handelsleute, sondern alle Welt gab sich damit ab. Jeder führte ein Pack Wechsel bei sich, welche er, selbst wenn er kein Geld hatte, als Geldeswert vorzeigte. Diejenigen, welche keine besaßen, trugen nachgemachte in ihrem Portefeuille, ohne übrigens die Absicht zu hegen, dieselben zu brauchen. So fand in den ersten sieben oder acht Jahren unseres Jahrhunderts der große Umlauf der Wechsel statt. Die Bankiers wetteiferten miteinander, wer den vorteilhaftesten Diskonto zahle, und errichteten zu diesem Zweck mehrere Geschäftshäuser, vor deren Tür man, nach dem damaligen Ausdruck, die Fahne des Diskontos aufrichtete. Die englische Bank hatte das Privileg erhalten, zu fünf Prozent zu diskontieren und noch nebenbei ihr eigenes Papier einzulösen; der Stempel dieser Wechsel brachte der Regierung ungeheuren Gewinn. Ein Drittel der Londoner Kaufleute machte bedeutende Geschäfte und hatte allen Anschein des Reichtums, obgleich mehr als die Hälfte von ihnen aller Wahrscheinlichkeit nach kaum zwölf Prozent ihrer Schulden hätte abtragen können.

In diesen Wirbel von Wechseln warfen sich Betrüger kopfunter, kopfüber, machten falsche, um zu spekulieren, und kümmerten sich wenig um die Folgen. Dieses Verfahren verbreitete sich immer mehr im Land.

Wollte man die unglücklichen Auswirkungen jener Unvorsichtigkeit der englischen Bank, ihre Papiere gegen gewöhnliche

Wechsel einzutauschen, schildern und den verderblichen Einfluß dieses Schrittes auf die Gemüter dartun, so müßte man die Geschichte aller Gefallenen und aller Bankrotte, aller Fälschungen und Hinrichtungen, welche seit fünfunddreißig Jahren stattgefunden, erzählen, was zugleich die Geschichte von beinahe allen jetzt herrschenden Lastern sein würde.

Was Hunton tat und was letztendlich zu seinem Prozeß geführt hat, steht also nicht allein. So entdeckte der Gouverneur der Bank von England eines Tages in seinen Händen eine Menge falscher, auf imaginäre Personen lautende Wechsel, welche größtenteils von Schreibern, Ladendienern, Portiers, ja zuweilen selbst von den Frauen der Commis der Bank akzeptiert waren. Während also die Zirkulation derselben in einer nicht sehr wohlhabenden Klasse sie als falsch erscheinen ließ, so erregte die Art, wie sie in den Handel eingeführt, und die Ausbreitung, die sie in demselben genommen, die Aufmerksamkeit der Geldfachleute, und das Komitee der Diskontoregulierung beschäftigte sich sehr ernstlich mit der Aufdeckung des Betruges.

Da trat eines Tages ein Tuchhändler, dessen Fall durch die eingeleiteten Maßnahmen der Bank herbeigeführt worden war, vor das Komitee, um seine Lage darzutun. Es handle sich darum, sagte er, der Bank eine einfache Information zu geben, und er sei entschlossen, nach diesem Schritt das Geschäft niederzulegen, wenn man noch fernerhin den Kredit ihm zu versagen gedenke. Hierauf verkündete er der Gesellschaft, daß alle von ihm ausgegebenen Wechsel falsch seien, und gab an, wie er dieselben fabriziert habe. Er sagte, daß er sein Kapital habe vergrößern müssen, um einem großen Unternehmen zu genügen, und daß, da er nicht den gehörigen Fonds gehabt, er sich des Kredits der Bank habe bedienen wollen, daß er aber nicht die Absicht eines Betruges gehegt. Er schlug dem Komitee vor, seinen Namen wie bisher auf dem Register der Bank stehenzulassen und für eine Summe von fünfzig Pfund Sterling wöchentlich seine Wechsel fernerhin zu diskontieren.

Dieser Schritt schien erst ungewöhnlich, doch willigte die

Bank in den Vorschlag. Herr Rogers, der erste Commis des Diskontobüros, würde das soeben Erzählte bestätigen, wenn er noch lebte, und mehrere Mitglieder der Bank könnten es tun. Der Tuchhändler zahlte pünktlich das, wozu er sich verpflichtet, und realisierte ein glänzendes Vermögen, und die Welt hielt ihn für einen ehrlichen Mann. Sein Kredit hat zugenommen, und ich bitte den Leser, nicht darüber ungläubig zu lächeln; ich verbürge die Wahrheit alles dessen, was ich hier berichte.

Hunton war einer jener Handelsleute, die ohne Kapitalien danach streben, sich deren zu machen. Er folgte hierin dem allgemeinen Beispiel. Er gab Wechsel aus, welche auf seinen Befehl verfertigt und von Personen, die er als in dieser oder jener Stadt des Landes wohnend angab, indossiert waren. Eigentlich aber fabrizierte er sie selbst. Sie waren immer erst nach dem Verlauf einiger Monate zu zahlen, und am Tag der Fälligkeit kehrten die präsentierten Wechsel in seine Hände zurück.

Dieses Mittel, Geld zu machen, ist ohne Zweifel nicht gesetzlich, aber Hunton hielt es nie für verbrecherisch. Er hatte zu sich selbst gesagt: Ich würde eine Fälschung begehen, wenn ich mich der Namen etablierter oder bekannter Menschen bediente, welche ihre Unterschriften ableugnen und mich dem Gesetz überantworten könnten. Indem ich mich aber des Namens nichtexistierender Personen bediene, kann mich niemand für einen Fälscher erklären! Und der Buchstabe des Gesetzes wird mich nicht verdammen können!

Hunton suchte sich über seine Geschäfte zu erheben, indem er eine Reihe Diskontos auf denselben Wechsel erhielt, welche, je nach dem Steigen und Fallen der Papiere und je nach dem Namen der Borger und der übrigen mehr oder weniger günstigen Umstände, ihm guten Erfolg verhießen. Wie Fountleroy pflegte Hunton durch sehr begreifliche Sophismen seine Befürchtungen zu bannen und die Stimme seines Gewissens zu beschwichtigen. Ihm schien jedes Mittel gut und ehrenvoll, was ihn in den Stand setzte, seine Schulden zu bezahlen.

Einige Jahre ehe Hunton vor Gericht gestellt ward, wurde durch einige von dem Bankhaus des Herrn Robert diskontierte, an Curtis & Company nicht bezahlte Wechsel ein leichter Verdacht erregt, welcher zu der Entdeckung der Fälschungen führte. Sir William Curtis ließ Hunton vor sich rufen, und nachdem er sich lange mit ihm in seinem Kabinett unterhalten, verkündete er ihm, daß das Haus ihn verfolgen werde. Aber ein Gefühl von Menschlichkeit ließ ihn hinzufügen: »Bezahlen Sie die Wechsel, die sich in unsern Händen befinden, und lassen Sie es sich zur Lehre für die Zukunft dienen.«

Hunton zahlte die Wechsel, ohne sein Verfahren einzustellen. Bald kaufte er ein großes Tuchmagazin in der Bishopsgate und assoziierte sich mit einem reichen Kaufmann von Cheapside. Man versichert, daß die falschen Papiere, die er bei dieser Gelegenheit in Umlauf gebracht, dazu bestimmt waren, seinen Verpflichtungen gegen diesen neuen Kompagnon nachzukommen.

Hunton war klein und von auffallender Tätigkeit, seine Manieren waren grob und hart. Er konnte keinen Augenblick in derselben Stellung verharren und erinnerte mich oft an den sich unaufhörlich in seinem Käfig bewegenden Affen. Wenn er in einen Laden trat, um einen Einkauf zu machen, mußte man ihn mit der größten Schnelligkeit bedienen, sowie man ihn nur im geringsten warten ließ, verließ er den Laden und eilte zu einem anderen Kaufmann. Ich habe nie einen so energischen und zugleich unruhigen Mann gekannt. Alle seine Fähigkeiten konzentrierten sich auf einen Gegenstand, und sein Blut kochte in den Adern. Mit einem Wort, er war der geschäftigste Kaufmann in dem Stadtviertel von St. Paul.

Als er erfuhr, daß seiner letzten Fälschungen wegen ein Prozeß gegen ihn angestrengt werde, litt er als Vater einer zahlreichen Familie in seinem Innern über die Folgen, die seine Schmach für die Kinder haben werde, und rang in Todesangst, als er seiner Frau den gefährlichen Zustand der Dinge und die Notwendigkeit einer Flucht mitteilen mußte.

Er schiffte sich auch wirklich nach Amerika ein, mit dem festen Entschluß, nie wieder sein Vaterland zu betreten, und als er die Planken des Schiffes betreten hatte, schlug sein Herz in

Hoffnung, und er glaubte sich gerettet. Er schrieb sogleich einen Brief an seine Frau, um diese zu beruhigen und ihr zu versichern, daß er vor jeglicher Verfolgung geborgen sei. Unglücklicherweise trat ein Sturm ein, und das Schiff ward an die englische Küste geworfen. Hunton verdankte seine Gefangennahme dem an seine Frau geschriebenen Brief, worin er unvorsichtigerweise seine Flucht mitgeteilt hatte.

Hunton war Quäker. Sein Betragen brachte über alle dieser religiösen Meinung Folgende Verdächtigungen und ward für die friedliche Sekte die Quelle von tausend Leiden. Demungeachtet taten seine Brüder, die Quäker, alles in ihrer Kraft Stehende. Sie wandten sich an den König und an Staatssekretäre mit Bittschreiben, die die achtungsvollsten Namen der City trugen, und jeder hegte die Hoffnung, für Hunton Begnadigung zu erlangen.

Das Gesetz jedoch nahm seinen Lauf. Der Rat hatte damals mehr als tausend Personen den Tod zuerkannt. Wir wollen aber den König nicht darum anklagen, denn wir wissen sehr wohl, daß einer der schönsten Charakterzüge Wilhelms seine Abneigung gegen das Todesurteil war. Wenn der Rat die Hinrichtung eines Verbrechers zu bestätigen hatte, pflegte er als einfaches Mitglied des Rates immer gegen den Tod zu stimmen.

Als die Advokaten Hunton benachrichtigten, daß er dem Urteil als Fälscher verfallen sei, wollte er es gar nicht glauben. Während seines ganzen Prozesses wankte seine Festigkeit nicht ein einziges Mal. Ohne Affektation, ohne dem Tod zu trotzen, noch ihn zu fürchten, nahm er seine Lage mit Traurigkeit auf und ertrug sein Unglück mit Ruhe.

Am Morgen seiner Hinrichtung, als er in das Ankleidezimmer der Verurteilten trat, redete er den Scharfrichtersknecht folgendermaßen an: »Mein Freund, wie befindest du dich? Hast du diese Nacht gut geschlafen? Ich konnte kein Auge schließen.«

Der Gehilfe band ihm die Hände.

»Nicht so fest!« rief er mit dem Ton des Vorwurfs. »Du mußt jedoch am besten wissen, was du zu tun hast«, setzte er beschwichtigend hinzu.

Nach diesen Entdeckungen wurden der Gouverneur und die Company der englischen Bank vorsichtiger als je in ihren Geschäften, und alle Kaufleute billigten die Vorsichtsmaßregeln. Das handelnde Publikum sprach seine Meinung aus, indem es in den Hauptstraßen von London Galgen errichtete, woran man Fälscher zu Hunderten in effigie aufhing.

Als man dem Parlament den Entwurf des Gesetzes vorlegte, das die Fälscher mit dem Tod bestrafte, erklärten die meisten mit der Untersuchung desselben beauftragten Bankiers, »wenn das Gesetz angenommen würde, nie dessen Ausführung zu verlangen«. — Demungeachtet hielten sie es aber doch für nötig, um dem so wachsenden Mißbrauch Einhalt zu tun. Künftige Generationen werden mit Schaudern vernehmen, wie vieler Menschen Leben der Geiz der englischen Bank hingeopfert hat!

XVII.

Betrug gegen eine Assekuranzgesellschaft. –
B . . . – Der junge Deportierte.

Die meisten der im vorigen Kapitel enthaltenen Reflexionen gehören, wie schon bemerkt, dem früher erwähnten Geistlichen an. Was mich selbst betrifft, so weiß ich sehr genau, daß es in London, in der Mitte der City, falsche Banknoten verfertigende Büros gibt, wo man für reichlichen Lohn falsche Zertifikate, falsche Diplome und falsche Akten ausstellt.

Ich habe einen Mann gekannt, der für das Gouvernement arbeitete und den man sehr hoch stellte. Er war sehr geschickt und verfertigte alle Arten von Akten, konnte alle Handschriften nachahmen und hatte durch Ordnung sein Glück gemacht. Eines Tages jedoch verwandte er sein Talent zu seinem eigenen Nutzen, indem er die Unterschrift eines Bankiers nachahmte. Er würde gehenkt worden sein, wenn er nicht die Flucht ergriffen hätte. Er war so glücklich, ein Asyl auf dem Kontinent zu finden.

Die sich auf dieses Handwerk Verstehenden werden gewöhnlich zum Verfertigen aller möglichen Zertifikate gebraucht, vorzüglich zu Markenbriefen und Papieren für die Marine. Zu den Zeiten von Seekriegen sind diese im Handel sehr nützlich, und alle Völker bedienen sich derselben. Es genügt zu sagen, daß das englische Gouvernement in diesem Punkt nicht gewissenhafter ist als die fremden Mächte.

Der Geistliche behauptet, bei so bewandten Umständen sei es ungerecht, drei oder vier arme Teufel, die sich der Unterschrift einiger Reicher bedient haben, um Geld aufzutreiben, früh um acht Uhr, bei einem kalten Novemberwind, nach Old Bailey zu fahren, um sie dort aufzuhängen.

Der Name und das Schicksal Huntons erinnert mich an B..., der mit ihm bekannt war und während seines Prozesses achtzehn Monate Gefängnis in Newgate aushalten mußte. Dieser Mann war reich; man schrieb ihm zwanzig- bis dreißigtausend Pfund Sterling Einkünfte zu. Als er sich ein Vermögen gemacht, verließ er die Geschäfte und kaufte ein Schloß. Ein vertrauter, mit dem Verkauf der Waren beauftragter Commis blieb während der Abwesenheit des Besitzers zu London im Magazin. Da kam Feuer auf; es wurde gelöscht, und der Schaden betrug nicht mehr als zehn Pfund Sterling. Da das Magazin in der Feuer-Assekuranz versichert und der Commis mit der Berechnung des Verlustes beauftragt war, bestach der Herr den Commis durch zwanzig Pfund Sterling. Er erhielt eine Berechnung von einhundert Pfund, die er in die Tasche steckte.

Nach diesem Betrug entzweiten sich der Herr und sein Commis, letzterer beschloß, sich zu rächen, begab sich nach dem Assekuranzbüro, wo er den Direktor von dem Ereignis in Kenntnis setzte. Demzufolge wurde B... vor den Gerichtshof geladen und zu achtzehn Monaten Gefängnis verurteilt. Einige Tage vor seiner beabsichtigten Abreise nach Amerika begab Hunton sich nach Newgate, um den Gefangenen zu bitten, daß er für eine Summe von neunhundertfünfzig Pfund Sterling für ihn gutsagen möchte, welche Bitte ihm abgeschlagen wurde. Hätte dieser sie ihm gewährt, so wäre er vom Schafott befreit gewesen.

Dieser B... war ein sehr geschickter Mann, ein Mann von Welt, der für alle, die ihm nichts schuldeten, ein Lächeln hatte; er war liebenswürdig, höflich, geistreich, aber ein entsetzlicher Egoist.

Das Verbrechen des Fälschens muß vom Gesetz streng bestraft werden. Warum aber schlägt das Schwert nur in manchen Fällen zu und bleibt bei andern in der Scheide?

Man möge mir verzeihen, wenn ich hier laut meine Überzeugung ausspreche, daß die Schuldigsten selten gehängt und am wenigsten bestraft werden. Die Geschichte eines jungen Mannes, der kürzlich auf vierzehn Jahre deportiert wurde, kommt meiner Behauptung zu Hilfe. Die Strenge der diesem Unglücklichen auferlegten Strafe erregte das Mitleid mehrerer bei der Administration stehenden Personen. Dieser unglückliche junge Mann schrieb nach seiner Verurteilung, auf Bitten eines Alderman, die Geschichte seines Verhältnisses mit dem Haus, das ihn angeklagt und das bei seiner Verurteilung sehr interessiert schien.

Ich werde hier einige Stellen dieses sehr rührenden Berichtes, die ich aus dem Manuskript abgeschrieben, mitteilen.

XVIII.

Geschichte eines jungen Deportierten.

Mein Vater starb vier Monate nach meiner Geburt. Gleich nach dem Begräbnis verließ meine Mutter London und begab sich in die Gegend von Glasgow, um im Schoß ihrer Familie eine Art von Schutz zu finden; meine Mutter war eine Schottin von Geburt. Ich will nicht von meiner Kindheit sprechen, welche der aller in gewissen wohlhabenden Verhältnissen stehenden schottischen Kinder glich. Nach meinem vierzehnten Jahr beredeten meine Verwandten meine Mutter, mich in die Lehre zu tun. Meine Mutter behauptete aber, ich sei von zu zarter Gesundheit und dürfe sie so bald nicht verlassen. Sie fürchtete für mich eine anstrengende Arbeit.

Zwei Jahre später weigerte sich meine Mutter abermals, mich von sich zu lassen; die mir gebotene Stellung hielt sie unter meiner Würde. Ein Freund meines Vaters kam jedoch in Geschäften nach Glasgow; er war Kaufmann in der Wood Street und machte sich anheischig, wenn ich ihm nach London folgen wollte, mir eine Stelle in einem guten Magazin zu verschaffen.

Meine Mutter wollte um jeden Preis einen Gentleman aus mir machen; das war ihre Marotte. Sie nahm das Anerbieten des Kaufmanns an unter der Voraussetzung, daß ein bei einem Handelsmagazin Beschäftigter wenigstens ein halber Gentleman sei. Hier begann mein trauriges Leben.

Einen Tag nach meiner Ankunft in London ward ich bei Herrn S... und Company angestellt, deren Haus im westlichen Teil der Hauptstadt steht. Man empfing mich mit väterlichem Wohlwollen und nahm mich, für hundert Pfund Sterling jährlich, auf fünf Jahre als Lehrling an; die Aufbringung dieser Summe nötigte meine arme Mutter zur strengsten Sparsamkeit.

Als ich am Tag nach meiner Anstellung mit dem untersten Commis zu Tisch ging, sagte mir einer meiner Kameraden, daß ich mich jetzt den Gesetzen des Hauses fügen müsse.

Ich machte keine Schwierigkeiten, den Willkomm zu zahlen; warum sollte ich aber an den letzten Tisch gebannt sein? Ich war empört, meine fünfhundert Pfund Sterling waren aber bezahlt. In der zweiten Woche erfuhr ich, daß ich die Wege gehen und die Arbeit zweier anderer, mit fünf Schilling Wochenlohn angestellter Commis, teilen müsse. Jeden Sonntag ging ich aus und konnte gehen, wohin ich wollte, ohne daß mein Patron oder meine Patronin von meinem Betragen Rechenschaft verlangt hätten, wenn ich nur zur bestimmten Stunde wieder zu Hause war.

Während zweiundeinemhalben Jahre war meine Lage nicht viel besser als die eines Lastträgers. Meine Mutter hatte eine bedeutende Summe gezahlt, damit ich einen Beruf erlernen sollte, und man gab mir eine Knechtsarbeit. Ich machte dem Patron Vorstellungen hierüber.

»Ja, Heinrich«, sagte er, »wir haben schon daran gedacht, dir ein Avancement zu geben, und da die Gelegenheit sich bietet, wirst du morgen eine neue Laufbahn betreten. Hast du den Gang gesehen, den der Zimmermann soeben vollendet? Der mit dem Marktplatz in Verbindung steht?«

»Ja.«

»Dieser ist dazu bestimmt, die Waren, die man uns bringt, aufzunehmen; wir werden kaufen und verkaufen, und du wirst sie in Empfang nehmen.«

Am folgenden Tag fing mein neues Geschäft an, wie man es mir versprochen hatte, und ich ward in einem dunklen Raum aufgestellt, wo die Vorübergehenden weder Waren noch Kaufmann sehen konnten. Ich glaubte im Anfang, meine Kameraden hätten den Kaufmann beredet, mir zum Scherz diesen Platz anzuweisen. Bald wußte ich aber, wie ich daran war.

Unser Haus verkaufte zu niederern Preisen als alle unsere Nachbarn und hatte ein ausgebreitetes Geschäft. Wir hatten alle Konkurrenten aus dem Feld geschlagen, und das ging sehr natürlich zu. Meine Patrone waren weiter nichts als Hehler, die gestohlene Waren kauften. Sowie ein Paket mir übergeben ward, brachte ich es zum Patron, der mir entweder den Befehl erteilte, den darauf bezeichneten Preis in Geld auszuzahlen oder das Paket zurückzugeben.

Unser Lager war wegen der geringen Preise berühmt, denn wir verkauften um zehn Prozent wohlfeiler als andere. Ich konnte lange nicht begreifen, warum die Manufakturen für uns zu so geringem Preis arbeiteten, während andere Kaufleute mehr zahlen mußten.

Noch außer dem Handel mit gestohlenem Gute hatte meine Herrschaft einen bedeutenden Gewinn, indem sie die Ellenzahl verminderte oder von der Breite des Stücks entwendete. Eines Tages fiel es mir ein, ein Paket Waren zu öffnen und mehrere darin enthaltene Stücke zu messen, und ich entdeckte, daß jedes sechs Ellen weniger enthielt, daß in jedem Paket acht Stecknadeln fehlten, obgleich die Reihen in gewöhnlicher Länge waren, und ich merkte bald, warum wir wohlfeiler verkaufen konnten, da wir im Durchschnitt das Publikum um zwanzig Prozent betrogen.

Damit der Leser unsern Handel verstehe, muß er wissen, daß die Bandwaren im Stück stets eine bestimmte Ellenzahl halten. Wenige Käufer, außer vielleicht Putzmacherinnen und Näherinnen, denken daran sich zu versichern, ob das Maß auch richtig sei. Ein Stück Zwirnband ist nur ein Stück Band, und so geht es mit vielen Handelsartikeln. Mein Patron, wie manches andere Handelshaus, erkannte bald den Nutzen, den man vom Vertrauen des Publikums ziehen könne, und kündigte einen Verkauf zu zehn Prozent herabgesetzten Preisen an.

Ich blieb noch sechs Monate nach meiner Lehrzeit in diesem Haus. An einem Sonnabendnachmittag lud mich mein Patron ein, mit ihm am andern Mittag zu speisen und den Abend in der Familie zuzubringen. Die Art und Weise dieser Einladung setzte mich in Erstaunen, denn ich war nicht an solche Höflichkeit von dieser Seite gewöhnt.

»Herr Heinrich«, sagte er, »wir werden doch das Vergnügen haben, Sie morgen um zwei Uhr bei uns zu Tische zu sehen?«

Ich kleidete mich an und stellte mich pünktlich ein. Nach dem Essen entfernten sich die Damen, und meine zwei Patrone, wie gute Handelsleute, kamen bald zur Sache.

Der Jüngere begann das Gespräch. »Herr Heinrich«, sagte er zu mir, »wir haben nie Ursache gehabt, uns über Ihr Betragen zu beschweren, und eingedenk der Dienste, die Sie uns geleistet haben, und Ihrer Fähigkeiten, haben wir beschlossen, etwas für Sie zu tun und wählten diesen Ruhetag, um Ihnen unsere Absichten mitzuteilen.«

»Ja«, sagte der andere, »wir haben ein Haus und ein Magazin in der Gerrard Street, und da wir in Ihre Ehre und Rechtlichkeit unser Vertrauen setzen, glauben wir keinen bessern Gebrauch davon machen zu können, als es auf Ihre eigene Rechnung in Ihre Hände zu geben.«

»Können Sie Geld auftreiben?«

»Ich will meinen Freunden in Schottland schreiben und die Börse meiner Verwandten sondieren«, antwortete ich.

Nach den nötigen Schritten bei meiner Mutter und meiner Familie erhielt ich zweihundert Pfund Sterling und begann den Handel auf eigene Rechnung. Da ich keinen Kredit hatte, so versahen mich meine Freunde mit einem Warenlager. Hätte ich mehr Erfahrung gehabt, so würde ich nicht so schnell dem Wunsch, unabhängig zu sein, nachgegeben haben.

Die zweihundert Pfund Sterling dienten als Zahlung für das Lokal, und zur Tilgung der Schuld für die von meinen alten Patronen gelieferten Waren mußte ich eine Verschreibung von eintausend Pfund Sterling und einen Kontrakt unterschreiben, kraft dessen ich mich verpflichtete, jeden Montagabend denen, die mich unterstützt hatten, die Einnahme der Woche einzuhändigen.

So waren mir Hände und Füße gebunden, ich konnte meine Waren nicht wählen und mußte die Ladenhüter des Magazins übernehmen. Ich bezahlte sie fünf Prozent teurer als in der Fabrik. Ich erkannte sogleich, daß die Absicht meiner sogenannten Wohltäter nicht gewesen, mir Dienste zu leisten, sondern die Artikel, die sie nicht verkaufen konnten, auf diese Art loszuwerden.

In dieser Lage gedachte ich schmerzlich meiner armen Mutter. Wie sollte ich ihr die zweihundert Pfund Sterling ersetzen? Ich schmeichelte mir jedoch zuweilen, daß ich durch Ausdauer mich aus dieser üblen Lage würde ziehen können. Ich hatte Rechnungen mit mehreren Häusern, welche meine Lage nicht kannten und mir Kredit gaben. Alle meine Bemühungen aber waren vergebens. Der ungeheure Preis, den ich meinen falschen Freunden zahlen mußte, brachte mich nach drei Jahren der Sorgen und Ängste dahin, meine Bilanz vorzulegen.

Mittels der Verschreibung bemächtigten sich meine alten Patrone meiner Habseligkeiten und überließen nur meine Person der Wut der Gläubiger, die mich des Diebstahls und des Betrugs anklagten. Was mein Herz an meisten kränkte, war, daß meine arme Mutter, nachdem ich sie in Armut gestürzt, bald starb; sie überlebte mein Unglück nur zwei Monate.

Meine Geschichte wird bald zu Ende sein. Nach mancher

Anstrengung, mich aus der peinlichen Lage aufzurichten, nahmen meine alten Herrn mich als Ladendiener zu sich und gewährten mir jährlich fünfundzwanzig Pfund Sterling Lohn.

Da erst ward ich zum Verbrecher.

Ich liebte eine junge Kammerjungfer des Hauses und gab ihr dreimal dem Laden entnommenes Band, ein andermal schenkte ich ihr ein Paar seidene Strümpfe. Ich ward ertappt, angeklagt, eingekerkert und zu vierzehnjähriger Deportation verurteilt.

Ich fühle, daß ich mein Vaterland verlassen muß. Ich hatte also keine Ursache, die Wahrheit zu verschweigen und habe sie ganz mitgeteilt. Ich habe meine Lebensgeschichte nicht erzählt, um mein Verbrechen zu entschuldigen. Ich bin schuldig und bereit, meine Schuld zu büßen. Nur auf die Bitte eines Alderman, der sich für mein Schicksal zu interessieren schien, habe ich die Feder ergriffen.

XIX.

Schluß. – Resümee der Denkwürdigkeiten.

Hier schließe ich. Mein Freund, der Chirurg, dem ich mancherlei Verpflichtungen schulde, hatte mich genötigt, die Feder zu ergreifen, und wenn das Publikum mich tadeln will, weil ich diese Blätter in Druck gegeben, so möge es denjenigen schelten, der die Verantwortlichkeit dafür übernommen hat. Das von mir während vieler Jahre bekleidete Amt und die Auftritte, deren Zeuge ich gewesen, gaben mir über Leben und Sitten der Verbrecher Kenntnisse, die, wir mir scheint, von Nutzen sein können.

Ich habe unter den während meiner Tätigkeit vorkommenden Prozessen die interessantesten gewählt; ich habe nur nach meinen eigenen Ansichten und Gefühlen gesprochen; jetzt werde ich bald meinen Wirkungskreis verlassen.

Ich wünsche, daß dieses Buch denen, welche Gesetze geben oder das Gesetz handhaben, zur Lehre dienen möge.

Nachschrift.

Der Verfasser dieses Werkes hat dasselbe vier Jahre vor seinem Tod geschrieben. Er hat bis zum letzten Hauch alle Geistesfähigkeiten beibehalten und in den letzten Jahren seines Lebens sich einem an Fanatismus grenzenden religiösen Eifer hingegeben.

Er pflegte täglich abends auszugehen, sich an Kreuzstraßen aufzustellen und die Vorübergehenden um sich zu versammeln.

»Freunde, Brüder«, pflegte er ihnen zu sagen, »ihr seid alle im Irrtum, und die Welt ist eine große Reihenfolge von Irrtümern. Leiht mir ein aufmerksames Ohr, und ich werde euch die Wahrheit berichten!«

Er fand Zuhörer, denen er lange Predigten hielt über die Bosheit der Menschen, die Irrtümer der großen Welt und die Illusionen derer, welche an ihre eigene Tugend glauben.

Quelle

Mémoires du bourreau de Londres; écrits par lui-mème, et publiés par le chirurgien de Newgate. A Paris, chez l'éditeur, Rue Coq-Héron, 3, 1839.

Die französische Fassung, die der deutschen Übersetzung von Ferdinand Freiherr von Biedenfeld (Weimar 1840) zugrunde liegt, wurde frei gestaltet nach der englischen Vorlage von *Charles Whitehead,* The Autobiography of a Notorious Legal Functionary. Second Edition. London: Edward Churton, 26, Holles Street, 1836.

Inhalt

Zweite Abteilung

John Ketch als Scharfrichter und Philosoph

ISBN 3-360-00072-2

1. Auflage

Lizenz-Nr.: 409-160/219/87 · LSV 7324
Umschlag- und Einbandgestaltung: Jens Prockat
Printed in the German Democratic Republic
Gesamtherstellung: Karl-Marx-Werk Pößneck V 15/30
622 764 9

00890